Word 2010

initiation

Guide de formation avec exercices et cas pratiques

Word 2010

initiation

Guide de formation avec exercices et cas pratiques

ÉDITIONS EYROLLES
61, bd Saint-Germain
75240 Paris Cedex 05
www.editions-eyrolles.com

Avant-propos

Conçu par des pédagogues expérimentés, son originalité est d'être à la fois un manuel de formation et un manuel de référence complet présentant les bonnes pratiques d'utilisation.

FICHES PRATIQUES

La première partie, *Manuel Utilisateur*, présente sous forme de fiches pratiques les fonctions de base de Word 2010 et leur mode d'emploi. Ces fiches peuvent être utilisées soit dans une démarche d'apprentissage pas à pas, soit au fur et à mesure de vos besoins, lors de la réalisation de vos propres documents. Une fois les bases du logiciel maîtrisées, vous pourrez également continuer à vous y référer en tant qu'aide-mémoire. Si vous vous êtes déjà aguerri sur une version plus ancienne de Microsoft Word ou sur un autre logiciel de traitement de texte, ces fiches vous aideront à vous approprier rapidement Microsoft Office Word version 2010.

EXERCICES DE PRISE EN MAIN

Dans la deuxième partie, *Exercices de prise en main*, il s'agit de réaliser des documents simples, comprenant chacun une étape guidée pas à pas pour revoir les manipulations, et une étape de mise en pratique. Ces exercices s'adressent en priorité aux utilisateurs débutants, mais ils seront également utiles aux utilisateurs déjà aguerris sur une précédente version de Word, qui veulent passer directement à la pratique de la nouvelle interface d'Office Word 2010.

La réalisation du parcours complet permet de s'initier seul en autoformation.

Un formateur pourra aussi utiliser cette partie pour animer une formation aux manipulations de base de Microsoft Word 2010 : mis à disposition des apprenants, ces exercices permettent à chaque élève de progresser à son rythme et de poser ses questions au formateur sans ralentir la cadence des autres élèves.

CAS PRATIQUES

La troisième partie, *Cas pratiques*, consiste à réaliser des documents complets en se servant des commandes de Microsoft Office Word 2010. Cette partie vous propose onze cas pratiques, qui vous permettront de mettre en œuvre la plupart des fonctions étudiées dans les deux parties précédentes, tout en vous préparant à concevoir vos propres documents de manière autonome.

Les fichiers nécessaires à la réalisation de ces cas pratiques peuvent être téléchargés depuis le site Web `www.editions-eyrolles.com`. Il vous suffit pour cela de taper le code **G12879** dans le champ <RECHERCHE> de la page d'accueil du site, puis d'appuyer sur ⏎. Vous accéderez ainsi à la fiche de l'ouvrage sur laquelle se trouve un lien vers le fichier à télécharger. Une fois ce fichier téléchargé sur votre poste de travail, il vous suffit de le décompresser dans le dossier `C:\Exercices Word 2010` ou un autre dossier si vous préférez.

Les cas pratiques sont particulièrement adaptés en fin de parcours de formation, à l'issue d'un stage ou d'un cours de formation en ligne sur Internet, par exemple.

Téléchargez les fichiers des cas pratiques depuis www.editions-eyrolles.com

Conventions typographiques

Pour faciliter la compréhension visuelle par le lecteur de l'utilisation pratique du logiciel, nous avons adopté les conventions typographiques suivantes :

Ruban :   les onglets, les groupes, les boutons et les zones qui sont sur le Ruban.

Nom :   les noms des boutons, des outils, des dialogues (*), des icônes...

Section :   noms des sections dans les menus ou dans les dialogues (*).

Commande :   noms des commandes dans les menus contextuels et des dialogues (*).

`Saisie` :   noms de dossier, noms de fichier, texte à saisir.

[Bouton] :   boutons de commandes qui sont dans les dialogues (*).

■ Actions :   les actions à réaliser sont précédées d'une puce.

(*) Dans cet ouvrage, le terme « dialogue » désigne une « boîte de dialogue ».

Table des matières

PARTIE 3
CAS PRATIQUES 133

PARTIE 1
MANUEL UTILISATEUR

ERGONOMIE
WORD 2010

1

On peut lancer Word 2010 de diverses manières : à l'aide du menu des programmes Windows en cliquant sur le bouton ![] *Démarrer* situé sur la gauche de la barre des tâches Windows, en cliquant sur un raccourci posé sur le Bureau, ou en ouvrant un fichier Word enregistré dans un dossier sur disque. Les images de cet ouvrage sont prises sous Windows 7.

Word démarre toujours avec un document ouvert dans la fenêtre Word : un document vierge ou le document que vous avez choisi d'ouvrir.

AVEC LE MENU TOUS LES PROGRAMMES

- Cliquez sur le bouton ![] *Démarrer* à gauche de la barre des tâches Windows, puis cliquez sur *Tous les programmes*, ensuite sur *Microsoft Office*, enfin sur *Microsoft Word 2010* ❶.

Si le nom du programme Word 2010 a été épinglé au menu Démarrer, vous pouvez cliquer directement sur Microsoft Word 2010 dans le menu *Démarrer* ❷.

Pour épingler le programme sur le menu *Démarrer* ❷, cliquez droit sur le nom du programme sous *Microsoft Office* puis sur la commande Épingler au menu Démarrer dans le menu contextuel.

AVEC UN RACCOURCI POSÉ SUR LE BUREAU

Si un raccourci existe sur le Bureau, double-cliquez simplement sur le raccourci vers le programme Microsoft Word 2010.

Le raccourci vers Word 2010 n'est pas mis en place par l'installation d'Excel. Pour ajouter un raccourci vers un programme sur le Bureau, cliquez droit sur le nom du programme dans le menu Démarrer, puis sur Envoyer vers, puis sur Bureau (créer un raccourci) dans le menu contextuel.

EN OUVRANT DOCUMENT WORD DEPUIS UN DOSSIER

Un document Word est enregistré dans un fichier d'extension .doc (en mode compatibilité avec les anciennes versions Word) ou .docx (au format spécifique des versions Word 2010 ou 2007).

- Ouvrez la fenêtre de dossiers en cliquant sur l'icône ![] *Démarrer*, puis sur Documents. La fenêtre de dossiers s'ouvre sur le dossier *Documents* : sélectionnez le dossier qui contient le fichier Excel (extension .doc ou .docx), puis double-cliquez sur le nom du fichier.

La fenêtre de dossiers est l'équivalent, sous Windows Vista et Windows 7, de la fenêtre *Poste de travail* dans les versions antérieures de Windows.

EN OUVRANT UN DOCUMENT WORD RÉCEMMENT UTILISÉ

- Cliquez sur l'icône ![] *Démarrer*, puis sur Documents récents puis, dans la liste proposée par Windows, sélectionnez le fichier Word (extension .doc ou .docx) parmi les fichiers récemment ouverts sous Windows. (Sous Windows 7, la commande Documents récents doit avoir été activée dans les propriétés du menu *Démarrer* : <☑ Stocker et afficher les fichiers récemment ouverts dans le menu Démarrer et la barre des tâches>.)

ARRÊTER WORD OU BASCULER VERS UN DOCUMENT

Arrêter Word consiste à arrêter le programme Word et à le retirer de la mémoire, donc à fermer tous les documents Word. Fermer un document consiste à enlever le document de la mémoire tout en y laissant le programme Word. Basculer vers un autre document consiste à mettre au premier-plan la fenêtre d'un autre document (de Word ou d'un autre programme) ; on peut ensuite revenir au document qu'on a laissé, car il a simplement été mis en arrière-plan.

ARRÊTER WORD

- Cliquez sur l'onglet **Fichier** ❶ puis, au bas du menu, sur la commande **Quitter**.

Tous les documents Word sont alors fermés. Si des modifications apportées à un document ouvert n'ont pas été enregistrées, Word affiche un message d'invite :

Dans ce cas, cliquez sur l'un de ces trois boutons : [Enregistrer] pour enregistrer le classeur, [Ne pas enregistrer] pour ne pas enregistrer les modifications, [Annuler] pour annuler l'arrêt de Word et revenir au document en cours.

FERMER UN DOCUMENT

- Vous pouvez fermer un document sans arrêter le programme Word : cliquez sur l'onglet **Fichier** puis sur **Fermer**. Si le document a été modifié en mémoire, vous être invité à enregistrer les modifications dans le fichier (voir ci-dessus).

- Si plusieurs documents Word sont ouverts, chacun apparaissant dans une fenêtre, vous pouvez aussi fermer la fenêtre document : pour cela, cliquez sur la case de fermeture ❷ de la fenêtre document Word ou Alt-F4. Attention tout de même, s'il ne reste plus qu'une seule fenêtre document Word, fermer cette fenêtre arrête le programme Word.

BASCULER VERS UNE AUTRE APPLICATION OU UN AUTRE DOCUMENT WORD

Plusieurs programmes (par exemple Word, Excel et Paint) peuvent avoir été lancés, et pour chaque programme plusieurs fichiers document peuvent avoir été ouverts. Il est possible de basculer rapidement de l'un à l'autre, notamment pour copier/coller des informations de l'un vers l'autre. La barre des tâches contient un bouton pour chaque document de chaque programme.

Avec Windows 7 ou Vista, les boutons de tous les documents d'un même programme sont empilés en superposition, propriété (modifiable) des tâches de Windows. Lorsque vous cliquez sur cette pile en superposition, des miniatures s'affichent pour les différents documents ouverts, vous cliquez alors sur la miniature dont vous voulez mettre la fenêtre au premier plan.

- Dans la barre des tâches Windows, cliquez sur le bouton associé au programme, puis cliquez sur la miniature associée au fichier document ouvert à mettre au premier plan.

Ici, trois applications actives

Vous pouvez aussi utiliser Alt+⇆ pour passer successivement d'une fenêtre document Windows à la suivante. Lorsque le document voulu est affiché, vous relâchez la pression.

- Pour revenir au document Word : dans la barre des tâches, cliquez sur le bouton associé au programme Word puis sur la miniature associée au document voulu ou utilisez Alt+⇆.

LA FENÊTRE DE WORD

PHYSIONOMIE DE LA FENÊTRE WORD

❶ **Barre de titre** : elle affiche le nom du document en cours, si le document n'a encore jamais été enregistré il est nommé automatiquement DocumentN (N pour énième document créé). À droite les cases *Réduire*, *Niveau inférieur/Agrandir*, *Fermer* la fenêtre ▭ ◻ ✖.

❷ **Barre d'outils Accès rapide** : dans cette barre, vous placez les outils du Ruban que vous utilisez le plus fréquemment, et même certains outils en plus de ceux disponibles sur le Ruban.

❸ **Ruban** : il contient les commande de Word sous forme de boutons (outils), chaque onglet contient plusieurs groupes d'outils, par exemple l'onglet **Accueil** contient les groupes **Presse-papiers**, **Police**, **Paragraphe**, **Style** et **Modification**. L'onglet **Fichier** permet d'accéder aux commandes de fichier : **Nouveau**, **Ouvrir**, **Fermer**, **Enregistrer**, **Imprimer**...

❹ **Règle horizontale** : elle sert à placer directement avec la souris les taquets de tabulation, les retraits de paragraphes et à modifier la taille des marges. La règle verticale sert à positionner des objets flottants sur la page. Pour rendre visibles les règles ou les masquer : onglet **Affichage**>groupe **Afficher**, cochez ou décochez la case **<☑ Règle>**.

❺ **Barre de défilement vertical** : pour faire défiler le document dans la fenêtre, ligne à ligne ou fenêtre à fenêtre, ou selon votre choix page à page, section à section, titre à titre, etc.

❻ **Barre d'état** : elle affiche le numéro de page en cours/nombre de pages, le nombre de mots, la langue de vérification, et présente dans sa partie droite les boutons permettant de changer le mode d'affichage du document et un curseur permettant d'ajuster le zoom d'affichage.

PERSONNALISER LA BARRE D'ÉTAT

- Cliquez droit sur la barre d'état, puis dans la liste cochez ou décochez l'information que vous voulez voir figurer dans la barre d'état, terminez en cliquant dans le document.

La barre d'état peut indiquer :
– le numéro de page mis en forme – le numéro de section – le numéro de page/nombre de pages
– la position verticale (en cm) – le numéro de ligne du point d'insertion – le numéro de colonne du point d'insertion – le nombre de mots – la langue de vérification – les indicateurs (Insérer/Refrappe, Verr.maj, mode de sélection, mode enregistrement de macro) – les boutons de mode d'affichage – le curseur de zoom.

LE RUBAN, LES ONGLETS ET LES OUTILS

LE RUBAN, LES ONGLETS ET LES GROUPES D'OUTILS

Le Ruban en haut de la fenêtre donne accès à des onglets (orientés tâches)

L'onglet **Fichier** donne accès au mode dit « backstage », dans le panneau de gauche les commandes de fichier, **Enregistrer, Ouvrir, Fermer, Informations, Imprimer**... Le panneau central propose des sous-commandes ou des paramétrages de la commande sélectionnée à gauche.

Les autres onglets présentent les outils disponibles rangés par groupes. Lorsque vous réduisez la largeur de la fenêtre Word, les groupes d'outils de l'onglet ouvert se réduisent horizontalement en affichant moins d'icônes. Ce sont les commandes les plus utilisées qui restent présentes.

LE RUBAN, LES ONGLETS ET LES OUTILS

- Pour réduire le ruban : Ctrl + F1 ou double-cliquez sur l'onglet actif du Ruban. On ne voit plus alors que les noms des onglets et il faut cliquer sur un onglet pour faire apparaître le ruban le temps d'exécuter la commande, puis il disparaît à nouveau.
- Pour annuler la réduction du ruban : Ctrl + F1 ou double-cliquez sur un onglet du Ruban

LA BARRE D'OUTILS ACCÈS RAPIDE

La barre d'outils *Accès rapide* est située en haut à gauche. Vous y placez les outils que vous voulez avoir immédiatement sous la main.

Par défaut, trois boutons standards sont affichés : *Enregistrer, Annuler* et *Rétablir* ou *Répéter*.

- Pour afficher les autres boutons standards : cliquez sur la flèche ❶ à droite de la barre *Accès rapide*, puis cliquez sur l'item : Nouveau, Ouvrir, Courrier électronique, Impression rapide, Aperçu avant impression et imprimer, Grammaire et orthographe, Dessiner un tableau, Ouvrir un fichier récent.
- Pour masquer un bouton standard : effectuez la même procédure que pour le rendre visible, ce qui a pour effet de le désactiver.
- Pour ajouter un bouton : cliquez droit sur un bouton dans un groupe d'outils sous un onglet, puis sur Ajouter à la barre d'outils Accès rapide.
  Vous pouvez aussi cliquer sur la flèche à droite de la barre *Accès rapide*, puis sur Autres commandes... dans le dialogue : choisissez la catégorie de commande, sélectionnez l'outil, cliquez sur [Ajouter>>], spécifiez si vous voulez personnaliser pour tous les documents (par défaut) ou seulement pour le document actif, validez par [OK].
- Pour supprimer un bouton : cliquez droit sur le bouton, puis sur Supprimer de la barre d'outils Accès rapide.

UTILISATION DU CLAVIER

L'utilisation du clavier pour exécuter des commandes est toujours possible avec Word 2010 et l'interface correspondante a été améliorée par rapport à celle de la version 2007 de Word.

UTILISER LES INFOBULLES DE CLAVIER

- Appuyez sur la touche Alt ou sur F10.

  Sur chaque onglet apparaît une infobulle indiquant le caractère à taper pour activer cet onglet.

- Par exemple, appuyez sur L pour activer l'onglet **Accueil**.

  Une fois l'onglet **Accueil** activé, une infobulle apparaît sur chaque bouton outil sous cet onglet, indiquant le(s) caractère(s) à taper pour exécuter la commande associée au bouton.

- Par exemple, appuyez sur ù pour activer le bouton de commande **Bordures**.

  Le menu présente les commandes précédées d'une infobulle avec une touche par commande.

- Par exemple, appuyez sur F pour *Bordure inférieure*.

NAVIGUER DANS LE RUBAN EN UTILISANT LE CLAVIER

- Affichez pour commencer les infobulles de clavier en appuyant sur Alt ou sur F10.
- Utilisez les touches fléchées pour sélectionner l'onglet, la commande puis l'item dans le menu :
- d'abord, → ← pour passer d'un onglet à l'autre ;
- puis l'onglet étant sélectionné, ↓ pour passer dans la zone des boutons outils sous l'onglet ;
- ensuite, → ↓ ↑ ← pour passer d'un bouton outil à un autre dans un onglet.
- Le bouton étant sélectionné validez par ↵ pour exécuter la commande.
- Si un menu apparaît, utilisez ↓ ↑ pour sélectionner l'item, validez par ↵.

LES BOÎTES DE DIALOGUE

Un simple clic sur un bouton sur le ruban ou sur la barre d'outils *Accès rapide* déclenche l'exécution d'une commande. Certaines commandes nécessitent des paramètres qui ne sont pas tous implicites dans les boutons, c'est pourquoi vous trouverez à droite de certains intitulés de groupes une icône appelée **lanceur** de dialogue qui donne accès à la boîte de dialogue pour spécifier tous les paramètres détaillés.

Voici par exemple, les dialogues pour les groupes *Police* et *Paragraphe* de l'onglet **Accueil** :

Dans d'autres cas, la boîte de dialogue s'obtient en cliquant sur la flèche déroulante d'une icône, par exemple sous l'onglet **Accueil**>groupe **Paragraphe** cliquez sur la flèche du bouton **Bordures**, le menu contient une commande Bordure et trame...❶ qui donne accès au dialogue Bordure et trame.

Un dialogue propose les paramètres de la commande regroupés sous des onglets : dans l'exemple les onglets Bordures, Bordure de page et Trame de fond. Sélectionnez donc d'abord l'onglet puis spécifiez les paramètres (case à cocher, choix dans une liste, valeur à saisir...), enfin cliquez sur le bouton [OK] pour valider les paramètres spécifiés.

LES COMMANDES ET LES MENUS

COMMANDES ACCESSIBLES PAR DES BOUTONS OUTILS

Cliquer sur un bouton déclenche l'exécution d'une commande, souvent une commande simple qui s'applique directement sur le texte ou l'objet sélectionné, par exemple ☰ *Centrer* le texte, ⓖ Mettre en gras.

Certains boutons présents sur le Ruban sont dotés d'une flèche déroulante. Ils donnent accès à une galerie de choix prédéfinis et parfois à un menu de commandes en fin de liste.

Par exemple, si vous cliquez sur la flèche du bouton **Bordures** (onglet **Accueil**>groupe **Paragraphe**), une galerie de bordures prédéfinies s'affiche et en fin de liste un menu de commandes : Ligne horizontale, Dessiner un tableau, Afficher le quadrillage, et Bordure et trame... qui ouvre le dialogue *Bordure et trame*.

COMMANDES DANS LES MENUS CONTEXTUELS

Un menu contextuel a la particularité de n'afficher que les commandes applicables à l'élément sélectionné (un mot, un paragraphe, un tableau, une image, etc.). On invoque le menu contextuel d'un élément en cliquant avec le bouton droit de la souris sur l'élément.

Par exemple, le menu ❶ est le menu contextuel d'un texte ou d'un paragraphe sélectionné, le menu ❷ est le menu contextuel d'une image.

ASPECT DES COMMANDES DANS LES MENUS

Une commande suivie de trois points affichera un dialogue.

Lorsqu'une commande est précédée d'une icône, cela indique qu'elle a son équivalent sous forme de bouton sous un onglet du Ruban, ou que vous pouvez ajouter à la barre d'outils *Accès rapide*.

Une commande suivie d'une flèche affichera un sous-menu.

Une commande en grisé n'est pas disponible dans le contexte en cours.

Une commande précédée d'une case à cocher sert à activer ou à désactiver une option.

MODES D'AFFICHAGE : PAGE, BROUILLON, WEB, PLAN ET PLEIN ÉCRAN

Vous pouvez choisir le mode d'affichage le plus adapté à la tâche que vous voulez réaliser : saisie, mise en forme, relecture, remaniement du plan...

- Onglet **Affichage**>groupe **Affichages document**.

Vous pouvez aussi changer le mode d'affichage à l'aide des boutons d'affichage qui sont sur la barre d'état, sans être obligé de revenir à l'onglet **Affichage** sur le ruban.

❶ Mode *Page* (Alt + Ctrl +P) : ce mode montre les différents éléments positionnés dans les pages du document, tels qu'ils apparaîtront à l'impression. On visualise les marges, les images flottantes, les en-têtes/pieds de page, la numérotation des pages et les notes...

❷ Mode *Lecture plein écran* : ce mode a pour but de faciliter la lisibilité d'un document à l'écran. Le texte est grossi et il n'est pas tenu compte de la mise en page du document.

❸ Mode *Web* (Alt + Ctrl +O) : ce mode fait voir le texte comme il sera affiché sous forme de page Web si vous exportez le document vers une page Web. Le texte s'adapte automatiquement à la largeur de la fenêtre et est renvoyé à la ligne en fonction de la largeur de la fenêtre. Vous utiliserez ce mode pour préparer des pages Web.

❹ Mode *Plan* : ce mode sert à faire apparaître la structure du document, copier, déplacer, et réorganiser du texte en faisant glisser les titres.

❺ Mode *Brouillon* (Alt + Ctrl +N) : ce mode n'affiche pas les marges, ni les en-têtes/pieds de page, ni les notes de bas de page, ni les colonnes, ni les objets flottants (images, dessins...), la mise en forme du texte reste visible. Vous pourrez utiliser ce mode d'affichage pour saisir rapidement du texte à la volée.

ZOOM D'AFFICHAGE

- Onglet **Affichage**>groupe **Zoom**, cliquez sur un des outils ou sur *Zoom* pour accéder à la boîte de dialogue.

Lorsque vous choisissez d'afficher plusieurs pages, le zoom s'adapte en conséquence.

- Il est plus pratique de faire glisser le curseur de zoom situé à droite de la barre d'état, le facteur de réduction ou d'agrandissement étant affiché à gauche de la ligne du curseur.

Pour diminuer le facteur de zoom de 10 %, cliquez sur l'icône ⊖. Pour augmenter ce facteur de zoom, cliquez sur l'icône ⊕.

LE VOLET DE NAVIGATION

Le volet de navigation s'ouvre sur la gauche de la fenêtre Word, mais vous pouvez le placer ailleurs. Il sert à repérer rapidement un endroit d'un long document et à se positionner dessus. Pour cela, il liste, au choix, les titres et sous-titres du document, ou les pages en miniature avec leur numéro, ou les occurrences d'un texte cherché.

- Ouvrez le volet de navigation : Onglet **Affichage**>groupe **Afficher**, cochez <☑ **Volet de navigation**>.
- Cliquez sur l'onglet du mode de navigation que vous voulez : ❶ Parcourir les titres de votre document, ou ❷ Parcourir les pages de votre document ou ❸ Parcourir les résultats de la recherche actuelle.
- Faites défiler les éléments dans le volet de navigation puis cliquez sur l'élément voulu, la partie correspondante du document s'affiche dans la fenêtre.

Si vous avez affiché les titres dans le volet de navigation

- Cliquez sur ▷ devant le titre pour le développer ou sur ◢ devant le titre pour le réduire.
- Pour limiter l'affichage à un niveau particulier de titre : cliquez droit sur un titre puis sur Afficher les niveaux des en-têtes et choisissez un niveau.
- Pour développer tous les titres, cliquez droit sur un titre puis sur Développer tout. Pour réduire tous les titres, cliquez droit sur un titre puis sur Réduire tout.

En cliquant droit sur un titre, vous pouvez insérer un nouveau titre (désigné par en-tête dans le menu contextuel) avant ou après, ou un nouveau sous-titre. Vous pouvez aussi supprimer un titre. Mais attention, cela supprime aussi tout le contenu sous le titre jusqu'au titre suivant.

LES RÈGLES

- Affichez/masquez les règles en cliquant sur le bouton 🔲 en haut de la barre de défilement vertical, ou sous l'onglet **Afficher**>Groupe **Afficher**, cochez la case <☑ **Règle**>.

La règle horizontale

La règle horizontale sert à positionner rapidement les taquets de tabulation et les retraits de paragraphes ou les marges de la section en cours par un simple glisser-déplacer.

❶ Sélecteur du type de tabulation	❸ Retrait à gauche du paragraphe	❺ Marge gauche
❷ Retrait de première ligne	❹ Retrait à droite du paragraphe	❻ Marge droite

La règle verticale

- Cette règle est utile pour positionner ou aligner verticalement des objets flottants (images, dessins). Elle ne sert qu'en mode Page, et ne s'affiche qu'avec l'option Word : onglet **Fichier** puis **Options**, dans la catégorie *Options avancées*, sous Afficher, cochez ou non la case <☑ Afficher la règle verticale en mode Page>.

PERSONNALISER L'AFFICHAGE

Le dialogue suivant vous donne la possibilité de personnaliser l'affichage en cochant les éléments devant être visibles à l'écran ou à l'impression, et en décochant les autres.

- Cliquez sur l'onglet **Fichier** puis sur **Options**, ensuite sélectionnez la catégorie *Affichage*.

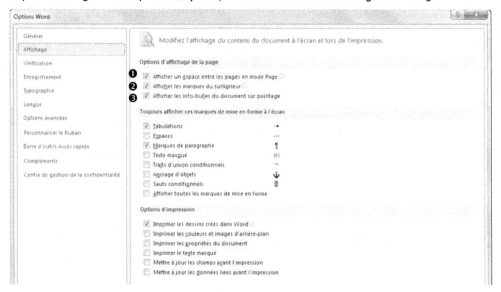

- Cochez les options que vous souhaitez utiliser, validez par [OK].

OPTIONS D'AFFICHAGE DE LA PAGE

Ces options utiles essentiellement à l'écran sont actives par défaut.

❶ Désactivez si vous ne voulez voir ni les marges haute/basse ni les en-têtes/pieds de page.

❷ Désactivez si vous voulez masquer les surlignages à l'écran et à l'impression.

❸ Désactivez si vous ne voulez pas voir les infobulles lorsque vous placez le pointeur sur un lien hypertexte, une marque d'appel de commentaire ou un contenu similaire.

AFFICHER À L'ÉCRAN LES MARQUES SPÉCIALES DE MISE EN FORME

Vous pouvez rendre visibles à l'écran ces marques spéciales non-imprimables : les tabulations, les espaces, les marques de paragraphe (et de fin de ligne qui vont avec), les traits d'union conditionnels...

L'ancrage d'objets est une ancre qui s'affiche lorsque vous sélectionnez un objet flottant, il indique à quel paragraphe est attaché l'objet.

Le texte masqué est un texte auquel a été appliqué un effet masqué (par le dialogue *Police*).

La dernière option permet d'activer toutes les marques spéciales à la fois, ce sera plus facile de les activer ou de les désactiver en cliquant sur le bouton ¶ situé sous l'onglet **Accueil**>groupe **Paragraphe**, ou par le raccourci Ctrl + ⇧ +8 (sur le clavier principal).

OPTIONS D'IMPRESSION DES ÉLÉMENTS AFFICHÉS

Certains éléments n'ont pas en général à être imprimés, par exemple les textes masqués, les propriétés... car ils sont pratiques, surtout pour l'affichage. Mais vous pouvez forcer leur impression en modifiant ces options de Word.

Les dessins créés sont par défaut imprimés, mais vous pourriez désactiver temporairement cette option pour n'imprimer que le texte sans les dessins.

Une option sert à forcer la mise à jour des champs avant l'impression du document, une autre à mettre à jour les données liées avant l'impression.

UTILISER L'AIDE

- Cliquez sur l'icône *Aide sur Microsoft Word* située à droite au-dessus du ruban ou tapez sur la touche F1. Ou, onglet **Fichier**, cliquez sur **Aide**, puis sur l'icône *Aide de Microsoft Office*.

- Cliquez sur l'icône ❶ pour afficher la table des matières.

La barre d'outils contient neuf boutons :

- *Précédent* : .... article précédent.
- *Suivant* : .... article suivant.
- *Arrêter* : .... arrête la recherche en cours.
- *Actualiser* : .... actualise le résultat de la recherche.
- *Accueil* : .... affiche la page d'accueil de l'aide.
- *Imprimer* : .... imprime l'article en cours.
- *Modifier taille de la police* : .... pour choisir entre 5 tailles de police d'affichage.
- *Masquer la table des matières* : ..... affiche ou non la table des matières dans le volet de gauche.
- *Maintenir sur le dessus* : .... maintient l'Aide au-dessus de la fenêtre Word même active.

Pour lancer une recherche

- Saisissez les mots (ici mise en page) dans la zone <Rechercher>❷, puis cliquez sur le bouton [Rechercher], le résultat de la recherche est la liste des noms d'articles trouvés. Cliquez sur un article pour l'ouvrir.

La flèche du bouton *Rechercher* permet de spécifier si la recherche doit s'effectuer sur le contenu de l'aide dans votre ordinateur (de cet ordinateur) ou sur le contenu dans Office.com.

Si aucun résultat n'est trouvé, vous pouvez changer les mots de recherche ou étendre la recherche à d'autres sources grâce au lien Lisez les conseils de recherche, qui vous transporte vers une page de recherche sur tout Microsoft.com (si la recherche se fait « online »).

UTILISER L'AIDE

INFOBULLE D'AIDE SUR UN OUTIL

- Amenez le pointeur sur l'outil, une infobulle décrit l'usage de l'outil. Si le texte de message l'indique, vous pouvez appuyer sur F1 pour obtenir plus d'informations d'aide.

L'affichage des infobulles peut être activé ou désactivé par les options Word : cliquez sur l'onglet **Fichier** puis sur **Options**, cliquez sur *Général*, puis dans la zone <style d'info-bulles> choisissez l'option.

OBTENIR DE L'AIDE SUR UN DIALOGUE

Lorsqu'un dialogue est ouvert, cliquez sur le bouton ? situé à droite de la barre de titre du dialogue, ou tapez F1. La fenêtre d'aide affiche alors les articles relatifs aux options du dialogue.

AIDE OFFICE ONLINE OU HORS CONNEXION

- Cliquez sur le bouton [État de la connexion…] situé au bas à droite de la fenêtre de l'Aide, vous pouvez choisir entre *Afficher un contenu à partir d'Office.com* ou *à partir de cet ordinateur seulement*. Ensuite, chaque fois que vous ouvrirez une fenêtre d'aide dans un des programmes Microsoft Office, la fenêtre d'aide affichera le contenu de la source choisie.

L'aide à partir d'Office.com est plus à jour et peut-être plus complète que celle qui est installée sur votre ordinateur. Si votre connexion Internet est coupée, l'indicateur *Hors connexion* reste affiché.

MAINTENIR LA FENÊTRE D'AIDE AU PREMIER PLAN

La fenêtre d'Aide est configurée par défaut pour rester en permanence au premier plan, le dernier bouton de la barre d'outils se présente dans ce cas comme une épingle vue de dessus . Vous pouvez travailler dans votre document en conservant la fenêtre d'aide sous vos yeux, la dimensionner et la déplacer. En cliquant sur ce bouton, vous désactivez l'affichage au premier plan de la fenêtre d'aide, le bouton se présente alors comme une épingle vue de côté .

IMPRIMER UNE RUBRIQUE D'AIDE

- Cliquez sur le bouton pour imprimer la rubrique d'aide affichée.

DEMANDEZ DE L'AIDE À D'AUTRES UTILISATEURS

- Les forums Microsoft : `http://www.microsoft.com/france/communautes/forum/` vous permettront de participer à des questions/réponses. Voici également un site sur lequel vous trouverez des forums, des tutoriels, des conseils… `www.word.developpez.com`.

SUPPORT TECHNIQUE MICROSOFT

- Cliquez sur l'onglet **Fichier** puis sur **Aide**.
- Votre ID produit : il est indiqué sous **A propos de Microsoft Word**, dans le panneau de droite de la page. L'ID de votre produit vous sera demandé pour accéder au support technique.
- Pour obtenir un support Microsoft : cliquez sur **Nous contacter**, les différentes modalités de support par e-mail, par Chat, par téléphone ou par Twitter sont décrites (si la question est technique, en général le service sera payant).
- Pour récupérer les dernières mises à jour du produit, cliquez sur **Rechercher les mises à jour**.

ANNULER, RESTAURER, RÉPÉTER, RÉCUPÉRER

ANNULER OU RESTAURER

Pour annuler la dernière commande ou action

- Cliquez sur le bouton ⟲ dans la barre d'accès rapide ou appuyez sur [Ctrl]+Z.
- Il est possible d'annuler en une fois les n dernières actions effectuées. Cliquez sur la flèche associée au bouton ⟲ ▾ puis cliquez sur le énième item de la liste.

Pour rétablir la dernière action qui vous venez d'annuler

Si la dernière action est une annulation, le bouton ↻ *Rétablir* est activé :

- Cliquez sur le bouton ↻ *Rétablir* pour rétablir l'action qui a été annulée.
  Pour rétablir plusieurs annulations successives, vous devrez taper plusieurs fois successivement sur l'outil *Rétablir*.

RÉPÉTER LA DERNIÈRE ACTION

La répétition peut être utile lorsque vous venez d'appliquer un ensemble de paramètres à un élément, et vous voulez appliquer la même action à d'autres éléments. Cliquez ces éléments un à un et à chaque fois cliquez sur le bouton ↻ *Répéter* ou utilisez le raccourci [Ctrl]+Y.

RÉCUPÉRER LE DOCUMENT APRÈS INCIDENT

Si Word a été arrêté anormalement, lors de son redémarrage Word récupère les documents qui étaient en cours d'utilisation, le plus à jour possible, à partir des fichiers de récupération qui ont été enregistrés automatiquement. Les noms des documents récupérés sont affichés dans le volet *Récupération de document*.

Chaque document récupéré peut présenter trois versions récupérées par ordre d'ancienneté, la plus à jour se trouvant en haut de liste. Si le nom d'une version de document contient (version), elle est plus à jour que la version dont le nom contient (Original).

Cliquez sur la version récupérée la plus à jour, examinez le classeur et, s'il semble correct, cliquez avec le bouton droit sur ce choix, puis cliquez sur Enregistrer sous pour enregistrer le fichier. À ce stade, votre fichier est récupéré. Sinon, essayez avec une version plus ancienne.

Par défaut, la récupération automatique est active, mais vous pouvez la désactiver pour Word ou pour un document ouvert en particulier dans les options Word (rubrique *Enregistrement*).

Si un fichier document reste endommagé, vous pouvez essayer de l'ouvrir :

- Sous l'onglet **Fichier**, cliquez sur **Ouvrir**, sélectionnez le fichier à réparer, cliquez sur la flèche associée au bouton [Ouvrir], puis cliquez sur Ouvrir et réparer...

CRÉER, OUVRIR, ENREGISTRER, IMPRIMER DES DOCUMENTS

2

CRÉER UN DOCUMENT

Un nouveau document peut être basé sur le modèle par défaut de Word (*Normal.dotm* : document vide au format A4, en orientation portrait et des marges de 2,5 cm), ou sur un modèle existant (fourni avec Word ou téléchargé sur le Web ou créé par l'utilisateur), ou sur un document existant.

CRÉER UN DOCUMENT VIERGE (BASÉ SUR LE MODÈLE PAR DÉFAUT)

Au lancement de Word, un document vierge basé sur le modèle par défaut est automatiquement affiché. Si Word est déjà démarré, pour créer un nouveau document vierge.

- Cliquez sur l'onglet **Fichier** puis sur **Nouveau**, double-cliquez sur la vignette *Document vierge* ❶ (qui représente le modèle par défaut) dans le panneau central sous Accueil, ou ;
- appuyez sur Ctrl +N (raccourci clavier), ou ;
- cliquez sur le bouton 🗋 *Nouveau* de la barre d'Accès rapide (si ce bouton y a été ajouté).

CRÉER UN DOCUMENT BASÉ SUR UN MODÈLE EXISTANT

- Cliquez sur l'onglet **Fichier** puis sur **Nouveau**. Dans le panneau central, sous Accueil, ouvrez le dossier *Mes modèles*, ou *Modèles récents*, ou *Exemples de modèles*. Sélectionnez le modèle. Cliquez sur [Créer] dans le panneau de droite.

Le dossier nommé *Mes Modèles* est le dossier recommandé pour enregistrer les modèles que vous créez. Le chemin d'accès en est `C:\Utilisateurs\nom_user\AppData\Roaming\Microsoft\Templates` sous Windows Vista et Windows 7.

CRÉER UN DOCUMENT BASÉ SUR UN DOCUMENT EXISTANT

- Cliquez sur l'onglet **Fichier** puis sur **Nouveau**, dans le panneau central cliquez sur l'icône *Créer à partir d'un document existant...*, sélectionnez le dossier puis le document à utiliser comme modèle et cliquez sur le bouton [Créer] dans le panneau de droite.

CRÉER UN DOCUMENT BASÉ SUR UN MODÈLE OFFICE.COM

- Cliquez sur l'onglet **Fichier** puis sur **Nouveau**. Dans le panneau central, sous Modèles Office.com, sélectionnez un dossier de modèles, puis sélectionnez le modèle. Un aperçu du modèle s'affiche dans le panneau de droite. Cliquez sur [Télécharger].

La barre de navigation ❶ vous permet de vous déplacer dans les dossiers de modèles

Le modèle est d'abord téléchargé dans votre dossier Modèle (défini dans les options de Word). Un nouveau document est ensuite créé, basé sur le modèle qui a été téléchargé.

OUVRIR UN DOCUMENT

Un document Word peut être ouvert en double-cliquant sur le nom du fichier ou à l'aide de la commande *Ouvrir* du programme Word. Si le fichier Word est au format Word 2007-2010, il a pour extension `.docx` , s'il est au format compatible Word 97-2003, il a l'extension `.doc`.

OUVRIR UN DOCUMENT AVEC LA COMMANDE OUVRIR

- Cliquez sur l'onglet **Fichier** puis sur **Ouvrir**, ou `Ctrl`+O, ou `Ctrl`+`F12`, ou cliquez sur l'outil *Ouvrir* sur la barre d'outil *Accès rapide* (si vous avez activé cet outil). Le dialogue *Ouvrir* s'affiche.
- Dans le dialogue *Ouvrir* : ❶ sélectionnez le dossier, ❷ Sélectionnez le nom du fichier document, ❸ puis cliquez sur [Ouvrir].

> Vous pouvez ouvrir plusieurs documents à la fois en les sélectionnant ensemble dans le volet de droite du dialogue *Ouvrir* (`Ctrl`+clic sur les noms de document).

Conseil : créez des liens favoris vers les dossiers dans lesquels vous enregistrez souvent des documents, il suffit ensuite de cliquer sur un lien favori ❸ dans le dialogue *Ouvrir* pour accéder directement au dossier. Pour créer un lien favori : dans le dialogue *Ouvrir* ou *Enregistrer sous*, faites glisser le nom du dossier sous les *Favoris*.

RECHERCHER LE DOCUMENT À OUVRIR

Dans le dialogue *Ouvrir*, sélectionnez un dossier en ❶, puis dans la zone <Rechercher> ❹ tapez un mot à chercher, la recherche démarre aussitôt et renvoie tous les noms de fichiers et de dossiers qui contiennent le mot. Si vous n'avez pas trouvé, cliquez sur le message [Rechercher dans le contenu des fichiers]. Si le nom du fichier est trouvé, vous pouvez l'ouvrir dans le résultat de la recherche.

OUVRIR UN DOCUMENT RÉCEMMENT UTILISÉ

- Cliquez sur l'onglet **Fichier**. La liste des N derniers documents les plus récemment utilisés s'affiche dans le panneau de gauche. Cliquez sur le nom du document à ouvrir, s'il fait partie de ces N derniers.

Le nombre N des derniers documents listés dans le panneau de gauche peut être changé : cliquez sur l'onglet **Fichier** puis sur **Récent**, activez l'option <☑ Accéder rapidement à ce nombre de documents récents> au bas du panneau central et spécifiez le nombre.

- Vous pouvez aussi accéder à une liste plus longue, par Onglet **Fichier**>**Récent**, le nombre affiché par cette commande **Récent** étant paramétrable dans les options de Word.

OUVRIR UN DOCUMENT

SI LE DOCUMENT EST DÉJÀ OUVERT PAR UN AUTRE UTILISATEUR

Quand un document se trouve dans un dossier partagé, il est possible qu'un autre utilisateur du réseau ait déjà ouvert le document que vous cherchez à ouvrir.

Word affiche alors le dialogue *Fichier en cours d'utilisation*.

- Choisissez l'option, puis validez par [OK].

❶ Vous pourrez seulement consulter le document sans pouvoir le modifier.

❷ Vous travaillerez sur une copie locale du document. Plus tard, vous pourrez comparer votre copie modifiée avec le document modifié par l'autre utilisateur, par la fonction *Comparaison et fusion de document*, et intégrer ses modifications.

❸ Vous voulez attendre que le document ait été fermé par l'autre utilisateur, et vous voulez être prévenu quand ce sera fait.

INSÉRER UN DOCUMENT DANS UN AUTRE

Pour insérer le contenu d'un document à la position du point d'insertion :

- Placez le point d'insertion où le contenu doit être inséré, puis sous l'onglet **Insertion**>groupe **Texte**, cliquez sur la flèche déroulante du bouton **Objet**, puis sélectionnez Texte d'un fichier.
- Dans le dialogue *Insérer un fichier*, sélectionnez le dossier puis le nom du document à insérer.
- Si vous ne voulez récupérer qu'une partie du document qui a été au préalable marquée par un signet, cliquez sur le bouton [Plage], saisissez le nom du signet, cliquez sur [OK].
- Cliquez sur le bouton [Insérer].

Note : une petite flèche est associée au bouton *[Insérer]* qui permet de dérouler un menu, la commande Insérer comme Lien permet de créer un lien vers le document sélectionné, ce qui garantit que chaque modification dans le fichier original sera répercutée dans la copie insérée.

OUVRIR UN DOCUMENT ENDOMMAGÉ

Si un document est endommagé, vous recevez un message d'erreur à l'ouverture du fichier. Vous pouvez tenter de récupérer le contenu textuel du document :

- Dans le dialogue *Ouvrir*, sélectionnez le nom du document, puis cliquez sur la flèche du bouton [Ouvrir▼], puis cliquez sur la commande Ouvrir et réparer. Un dialogue s'affiche : cliquez d'abord sur [Réparer] puis, si la réparation n'aboutit pas, recommencez en cliquant sur [Extraire des données] pour essayer de récupérer du texte.

MODES D'OUVERTURE

Dans le dialogue *Ouvrir*, une petite flèche est présente sur le bouton [Ouvrir]. Cliquez sur cette flèche pour choisir le mode d'ouverture.

- *Ouvrir* : ouverture normale, équivaut au clic sur le bouton [Ouvrir].
- *Ouvrir en lecture seule* : les modifications ne pourront être enregistrées.
- *Ouvrir une copie...* : crée une copie du classeur et ouvre cette copie.
- *Ouvrir dans un navigateur* : ouvre le fichier dans un navigateur.
- *Ouvrir en mode protégé* : la plupart des fonctions d'édition sont désactivées.
- *Ouvrir et réparer* : tente de réparer le fichier détérioré tout en l'ouvrant (voir ci-dessus).

ENREGISTRER ET FERMER UN DOCUMENT

Les documents sont enregistrés dans des dossiers. Les applications Office proposent par défaut le dossier *Documents* sous Windows Vista et Windows 7 (ou *Mes documents* dans les versions antérieures de Windows). Il est possible de choisir un autre dossier par défaut ou à chaque enregistrement, ce dossier peut être local ou sur le réseau.

ENREGISTRER UN NOUVEAU DOCUMENT

- Cliquez sur l'onglet **Fichier** puis sur **Enregistrer** dans le panneau de gauche, ou cliquez sur le bouton *Enregistrer* dans la barre d'outils *Accès rapide*, ou appuyez sur Ctrl+S.
- Sélectionnez le dossier dans la section *Bureau* (ou *Dossiers*)❶ ou dans la section *Favoris* ❷, puis dans la zone <Nom de fichier> ❸: saisissez le nom et validez par [Enregistrer] ❹.

Note : le dossier proposé initialement ❺ dans ce dialogue est le dossier par défaut défini dans les options de Word, ou le dossier dans lequel un enregistrement de fichier a été fait précédemment depuis que vous avez démarré Word.

ENREGISTRER UN DOCUMENT EXISTANT

Le document existe déjà sur disque soit parce que vous avez ouvert un fichier existant, soit parce que vous avez créé le document et vous l'avez déjà enregistré une fois.

Enregistrer dans le même fichier (écrase la version précédente du fichier)

Il existe trois façons de procéder.

- Cliquer sur le bouton *Enregistrer* dans la barre d'outils *Accès rapide*.
- Appuyer sur Ctrl+S.
- Cliquer sur l'onglet **Fichier** puis sur **Enregistrer**.

Aucun dialogue ne s'affiche et la version en mémoire remplace et écrase la dernière version enregistrée. C'est facile et rapide, enregistrez souvent un document en cours de modification.

Enregistrer dans un autre fichier (copie du document dans un autre fichier)

- Cliquez l'onglet **Fichier** puis sur **Enregistrer sous**, ou tapez F12. Puis dans le dialogue *Enregistrer sous,* sélectionnez un autre dossier si vous voulez enregistrer dans un autre dossier, saisissez un autre nom si vous voulez changer le nom de document, validez par [Enregistrer].

Utiliser les liens favoris vers un dossier

Les liens favoris permettent d'accéder directement à certains dossiers que vous avez définis comme favoris. Notez que si vous supprimez un lien favori, vous ne supprimez pas le dossier, mais simplement le lien vers le dossier.

- Dans le dialogue *Enregistrer sous*, dans la section *Liens favoris* : cliquez sur le lien que vous voulez utiliser, s'il n'est pas visible, cliquez sur *Autres>>* et sélectionnez le lien.

Note : sous Windows Vista ou Windows 7, vous pouvez créer un lien favori dans le dialogue *Ouvrir* ou le dialogue *Enregistrer sous* : faites glisser le nom du dossier de la section *Dossiers* dans la section *Favoris*.

Enregistrer dans un dossier sur le réseau

Pour enregistrer le document dans un dossier réseau (dossier partagé par un autre ordinateur) :

- Dans le dialogue *Enregistrer sous*, dans le volet de gauche, double-cliquez sur *Réseau*.

- Double-cliquez sur l'ordinateur serveur, puis double-cliquez sur le nom du dossier partagé dans le volet de droite, cliquez sur [Enregistrer] pour enregistrer le fichier dans ce dossier partagé.

FERMER UN DOCUMENT

Cela consiste à retirer un document de la mémoire lorsque vous avez fini de travailler dessus. Si des modifications ont été apportées depuis le dernier enregistrement, Word vous demande si vous voulez enregistrer les dernières modifications.

- Cliquez sur l'onglet **Fichier** puis sur **Fermer**, ou cliquez sur la case de fermeture de la fenêtre du document, ou appuyez sur Ctrl +W, ou Alt+F4.

Si un message demande si les modifications doivent être enregistrées :

- Cliquez sur [Enregistrer] pour enregistrer les modifications ou [Ne pas enregistrer] pour les abandonner.

Fermer tous les documents ouverts et quitter Word

- Cliquez sur l'onglet **Fichier** puis sur **Quitter**.
  Si des documents ont été modifiés, des messages demandent s'il faut enregistrer les modifications document par document, cliquez sur [Oui] ou [Non] selon que vous voulez enregistrer ou non.

Annuler toutes les modifications depuis le dernier enregistrement

Pour cela, vous fermez le document en cours sans enregistrer les modifications.

- Cliquez sur l'onglet **Fichier** puis **Fermer**, ou cliquez sur la case de fermeture de sa fenêtre, ou appuyez sur Ctrl +W. Puis, cliquez sur [Non] pour ne pas enregistrer les modifications.

ENREGISTRER ET FERMER UN DOCUMENT

OPTIONS D'ENREGISTREMENT DES DOCUMENTS

- Cliquez sur l'onglet **Fichier** puis sur **Options**, sélectionnez la catégorie *Enregistrement*.

- ❶ Définissez le format par défaut. Si vous voulez des documents qui puissent être lus sur les précédentes versions de Word, choisissez *Document Word 97-2003 (*.doc)*.
- ❷ Cochez cette case si vous voulez que des informations de récupération automatique soient enregistrées toutes les N minutes, spécifiez N : le nombre de minutes (ici 10).
- ❸ Définissez le dossier par défaut : cliquez sur le bouton [Parcourir], puis sélectionnez le dossier. Le dossier par défaut est le dossier proposé initialement lorsque vous ouvrez un document ou lorsque vous enregistrez un nouveau document la première fois.
- Sélectionnez la catégorie *Options avancées*.

- ❶ À la fermeture de Word, un message demande si vous souhaitez enregistrer les modifications apportées au modèle par défaut (Modèle Normal) au cas où il aurait été modifié.
- ❷ Une copie de sauvegarde est faite à chaque enregistrement du document, nommée `Copie de secours de nomfichier.wbk`. Chaque copie remplace la copie précédente.
- ❸ Lorsque vous ouvrez un document d'un lecteur réseau ou amovible, une copie locale se fait sur votre disque. À l'enregistrement, Word reporte vos modifications dans la copie d'origine.
- ❹ Pour pouvoir travailler sur le document pendant l'enregistrement. Une jauge de progression apparaît dans la barre d'état pendant l'enregistrement en arrière-plan.
- Validez les choix en cliquant sur [OK].

PROTÉGER UN DOCUMENT PAR UN MOT DE PASSE

- Dans le dialogue *Enregistrer Sous*, cliquez sur le bouton [Outils], puis *Options générales...*

Vous pouvez définir un mot de passe autorisant la lecture et un mot de passe autorisant aussi la modification.

Le bouton [Protéger le document] permet de restreindre la mise en forme au changement de certains styles seulement, ou d'interdire les modifications (*Lecture seule*), ou de les restreindre aux *Commentaires|Marques de révision|Remplissage de formulaire*.

PROPRIÉTÉS, STATISTIQUES ET SYNTHÈSE

Les propriétés de document décrivent le document, elles comprennent des informations comme le titre que vous donnez au document, le nom de l'auteur, l'objet et des mots-clés...Word y renseigne diverses statistiques. En remplissant les propriétés de manière pertinente, vous facilitez le classement et l'identification de vos documents. Vous pourrez rechercher vos documents à partir de leurs propriétés, par exemple selon la date de création, de dernière mise à jour, un mot-clé...

AFFICHER ET MODIFIER LES PROPRIÉTÉS D'UN DOCUMENT

■ Cliquez sur l'onglet **Fichier** puis sur **Informations**, le panneau de droite affiche les principales propriétés. Pour les modifier, cliquez sur **Propriétés** puis sur *Afficher le panneau de documents*.

■ Pour afficher le dialogue entier des propriétés, cliquez sur la flèche après ❶, puis sur *Propriétés avancées...* Ou, cliquez sur l'onglet **Fichier** puis sur **Informations**, cliquez sur **Propriétés** enfin sur *Propriétés avancées*.
Spécifiez les propriétés et validez par [OK].

■ Au moment d'enregistrer, vous pouvez modifier certaines propriétés directement dans le dialogue *Enregistrer sous* : <Auteurs>, <Mots-clés>, <Titre>.

> L'onglet *Personnalisation* sert à créer des propriétés personnalisées.

AFFICHER LES STATISTIQUES DE MODIFICATION

L'onglet *Statistiques* du dialogue *Propriétés* affiche les dates de création, de modification et d'ouverture les plus récentes du fichier classeur.

IMPRIMER UN DOCUMENT

L'impression passe automatiquement par l'aperçu avant impression, afin que vous puissiez visualiser à l'écran les pages telles qu'elles seront imprimées.

- Cliquez sur l'onglet **Fichier**, puis sur **Imprimer**, ou cliquez sur l'outil *Aperçu avant impression et imprimer* sur la barre d'outils *Accès rapide* (si vous l'y avez ajouté).

Le panneau droit affiche l'aperçu avant impression, une page à la fois. Le panneau central fournit des outils pour ajuster la mise en page et visualiser immédiatement le résultat.

NAVIGUER DANS LES PAGES DE L'APERÇU

- Pour passer d'une page à la suivante ou à la précédente, cliquez au-dessous ou au-dessus du curseur dans la barre de défilement vertical ③, ou sur les flèches de navigation ②.
- Pour aller directement à une page, entrez le numéro de page dans la zone prévue ①.

ZOOM PROGRESSIF

- Sur l'échelle de zoom ④, cliquez sur l'icône ⊕ pour augmenter l'échelle de l'affichage de 10 % en 10 %, cliquez sur l'icône ⊖ pour diminuer l'échelle d'affichage de 10 % en 10 %. Vous pouvez aussi faire glisser le curseur vers le ⊖ ou vers le ⊕ et lire simultanément le pourcentage d'affichage.

ZOOM AUTOMATIQUE DE PAGE ENTIÈRE

- Cliquez sur l'icône ⊞ ⑤ pour faire un zoom sur la page. La page s'affiche alors en entier et l'échelle de l'affichage s'ajuste automatiquement pour cela. Si vous changez la dimension de la fenêtre Word, l'échelle de l'affichage s'ajuste dynamiquement.

IMPRIMER UN DOCUMENT

AJUSTER LA MISE EN PAGE

- **Orientation ❻** : choisissez entre *Portrait* ou *Paysage*.
- **Marges ❽** : cliquez sur le bouton et choisissez entre Marges normales, Marges larges, Marges étroites ou Marges personnalisées ou Dernier paramètre de personnalisation. Le lien Mise en page permet d'ouvrir le dialogue *Mise en page*.

PARAMÉTREZ L'IMPRESSION

- **Nombre de copies ❶** : si vous voulez imprimer plusieurs exemplaires.
- **Imprimante à utiliser ❷** : vous pouvez changer d'imprimante si plusieurs pilotes d'imprimantes sont installés sur votre ordinateur. Le lien Propriétés de l'imprimante permet d'ouvrir le dialogue des propriétés du pilote de l'imprimante choisie.
- **Pages à imprimer ❸** : choisissez entre imprimer toutes les pages, Imprimer la page active, Imprimer la sélection (si une sélection de texte a été faite), ou Imprimer la plage personnalisée (spécifiez des pages ou une section à imprimer). Au bas du menu, Imprimer les pages impaires uniquement, Imprimer les pages paires uniquement.
- **Recto seul ou recto verso ❹** : pour imprimer sur un seul côté de la feuille ou sur les deux, dans ce cas vous avez à recharger le papier lorsque le système vous invite à imprimer les versos.
- **Assemblage en cas de copies multiples ❺** : Assemblé (chaque exemplaire est imprimé entièrement avant d'imprimer le suivant) ou Non Assemblé (chaque page est imprimé en n copies avant la suivante).
- **Format du papier** que vous utilisez dans le bac ❼ : Choisissez entre A4, A5, Enveloppe...
- **Mise à l'échelle ❾** : choisissez entre 1 page par feuille, 2 pages par feuille... 16 pages par feuille, Mettre à l'échelle du papier.

DÉCLENCHER L'IMPRESSION

- Lorsque vous avez fini d'ajuster la mise en page et que vous aurez spécifié les paramètres de l'impression, cliquez sur le bouton [Imprimer] ❿ pour passer le travail d'impression dans la file d'attente de l'imprimante et la sortie papier.

L'IMPRESSION RAPIDE

Vous pouvez imprimer rapidement sans passer par l'aperçu avant impression en cliquant sur le bouton *Impression rapide* que vous pouvez activer sur la barre d'outils *Accès rapide*, ou en utilisant la combinaison de touches Ctrl+P.

L'impression est lancée en prenant les paramètres d'impression en cours : ce sont les paramètres par défaut si aucun changement de paramètre n'a encore été fait depuis que Word a été démarré ou les paramètres qui ont été modifiés lors de la précédente impression.

OPTIONS D'IMPRESSION

- Certaines options de Word concernent l'impression. Pour cela, cliquez sur l'onglet **Fichier** puis sur **Options**, sélectionnez la catégorie *Affichage*.

    Notamment, c'est là que vous précisez :
    - si vous voulez ou non mettre à jour les données liées ou les champs avant l'impression ;
    - si vous voulez imprimer les couleurs et les images d'arrière-plan ;
    - si vous voulez imprimer le texte masqué.

Options d'impression

☑ Imprimer les dessins créés dans Word ⓘ

☐ Imprimer les couleurs et images d'arrière-plan

☐ Imprimer les propriétés du document

☐ Imprimer le texte masqué

☐ Mettre à jour les champs avant l'impression

☐ Mettre à jour les données liées avant l'impression

SAISIR ET
METTRE EN FORME

3

SAISIE DE TEXTE

La saisie du texte s'effectue sans se préoccuper du retour à la ligne qui se fait automatiquement quand le point d'insertion atteint la marge droite.

FIN DE LIGNE, FIN DE PARAGRAPHE ET SAUT DE PAGE

- ⏎ insère une fin de paragraphe.
- ⏎ x fois insère des lignes vierges (paragraphes vierges).
- ⇧+⏎ insère une fin de ligne au sein d'un paragraphe.
- Ctrl+⏎ insère un saut de page.

Les marques de fin de paragraphe, de fin de ligne, des espaces et des tabulations, peuvent être affichées ou masquées (elles ne sont jamais imprimées) : onglet **Accueil**>groupe **Paragraphe**, cliquez sur le bouton ¶ ou tapez Ctrl+⇧+8 (sur la rangée supérieure du clavier des lettres).

Un saut de page est matérialisé par : `············Saut de page············¶` .

EFFACER DU TEXTE

- ← ou Suppr efface le caractère à gauche ou à droite du point d'insertion.
- Ctrl+← ou Ctrl+Suppr efface le mot précédant ou suivant la position du point d'insertion.
- Sélectionnez le bloc de texte à effacer et appuyez sur Suppr.

MODE INSERTION/MODE REFRAPPE

Insérer : les caractères sont insérés au point d'insertion, le texte à droite est repoussé.

Refrappe : les caractères tapés recouvrent le texte qui se trouve à la droite du point d'insertion.

La barre d'état peut être personnalisée pour afficher l'indicateur **Insérer** ou **Refrappe**.

Le mode *Insérer* est le mode par défaut. Si vous voulez utiliser le mode *Refrappe* par défaut, ou si vous voulez vous servir de la touche Inser pour passer d'un mode à l'autre, vous pouvez activer les options pour cela :

- Cliquez sur l'onglet **Fichier** puis sur **Options**, sélectionnez la catégorie *Options avancées*.

MAJUSCULES

Pour saisir une lettre en majuscule (ou obtenir le caractère supérieur d'une touche)

- Maintenez appuyée la touche ⇧ et tapez sur la touche.

Pour saisir un ou plusieurs mots en majuscules

- Appuyez sur la touche ⇩ (le cadenas) afin de bloquer le clavier en mode majuscule, tapez le texte, appuyez sur la touche ⇩ pour revenir en mode minuscule.

Changer la casse (majuscule ou minuscule) d'un texte sélectionné

- ⇧+F3 alterne *Premier caractère en majuscule* | *Tous en majuscules* | *Tous en minuscules*, ou onglet **Accueil**>groupe **Police**, cliquez sur le **lanceur** du groupe, puis activez <☑ Majuscule>.

SAISIE DE SYMBOLES SPÉCIAUX

- Pour obtenir le symbole de l'euro, appuyez sur AltGr+E.
- Pour obtenir le troisième caractère sur les touches qui en affichent trois (le symbole @ par exemple), maintenez appuyée la touche AltGr et tapez sur la touche.
- Pour placer un accent circonflexe ou un tréma sur un caractère, tapez sur la touche de l'accent ou du tréma, puis tapez ensuite sur la touche de la lettre à mettre en dessous.
- Il existe aussi une commande onglet **Insertion**>groupe **Symbole**, cliquez sur le bouton Ω *Symbole* qui sert à insérer les caractères spéciaux.

DÉPLACEMENTS DANS LE TEXTE

Pour placer le point d'insertion dans un texte existant, utilisez les touches fléchées du clavier ou amenez le pointeur à la position souhaitée, puis cliquez à cet endroit. Pour insérer le point d'insertion dans une zone vierge du document, positionnez le pointeur et faites un double clic.

DÉPLACEMENTS DU POINT D'INSERTION À L'AIDE DU CLAVIER

- Déplacement d'un caractère   `→` `←` `↓` `↑`
- Mot suivant ou précédent   `Ctrl`+`→` ou `Ctrl`+`←`
- Début/Fin de ligne   `↖` ou `Fin`
- Paragraphe suivant ou précédent   `Ctrl`+`↓` ou `Ctrl`+`↑`
- Début ou fin du document   `Ctrl`+`↖` ou `Ctrl`+`Fin`
- N lignes plus bas /haut   `▼` ou `▲` (N : nombre de lignes visibles dans la fenêtre)

DÉFILEMENT DU TEXTE

Seule une partie du document est visible dans la fenêtre, pour amener dans la fenêtre une autre partie du document, il faut faire défiler le document. Mais le point d'insertion n'est pas pour autant déplacé, il faut donc ensuite cliquer dans la nouvelle partie de texte visible pour l'y insérer.

- Défilement ligne par ligne, vers le haut ou vers le bas : cliquez sur les flèches ❶ ou ❷.
- Défilement vertical : faites glisser le curseur de défilement ❸.
- Défilement fenêtre par fenêtre : cliquez en dessous ou au-dessus du curseur ❸.
- Défilement Page précédente/suivante : cliquez sur les doubles flèches ❹ ou ❺, après avoir sélectionné *Parcourir par Page* à l'aide de l'icône ❼.
- Défilement horizontal : faites glisser le curseur de défilement ❻.

ATTEINDRE UNE PAGE PAR SON NUMÉRO

- Quatre procédés : sous l'onglet **Accueil**>groupe **Modification**, cliquez sur la flèche du bouton **Rechercher** ▼, cliquez sur **Atteindre…** ; ou appuyez sur `Ctrl`+B : ou tapez sur `F5` ; ou enfin cliquez sur l'*indicateur de page* à l'extrémité gauche de la barre d'état. Le dialogue *Rechercher et remplacer* s'affiche avec l'onglet Atteindre sélectionné
- Tapez le numéro de la page à atteindre, puis cliquez sur [Atteindre], puis sur [Fermer], le curseur est placé au début de la page.

PARCOURIR PAR ÉLÉMENTS

- Cliquez sur l'icône ❼ dans la barre de défilement vertical, puis cliquez sur une icône figurant un type d'élément : *Tableau, Graphique, Titre, Modification, Rechercher, Atteindre, Page, Section, Commentaire, Note bas de page, Notes de fin, Champ*. Cliquez ensuite sur les icônes doubles flèches `▲` `▼` de la barre de défilement vertical pour parcourir les différents éléments du type sélectionné.

SÉLECTIONNER UN BLOC DE TEXTE

De nombreuses commandes nécessitent que l'on sélectionne la partie du texte sur laquelle elles doivent s'appliquer, le texte sélectionné apparaît surligné temporairement. Il existe une exception : Word considère que le mot dans lequel se trouve inséré le curseur est sélectionné, même s'il n'a pas été surligné (c'est une option par défaut de Word).

SÉLECTIONNER À L'AIDE DE LA SOURIS

Une partie du texte : cliquez et faites glisser le pointeur sur la partie du document.

Des mots : double-cliquez dans le premier mot, puis faites glisser le pointeur.

Des lignes : cliquez entre le bord gauche de la fenêtre et le texte (zone de sélection) au niveau de la première ligne, puis faites glisser vers le bas.

Des phrases : maintenez appuyée la touche Ctrl, cliquez dans la première phrase et faites glisser.

Des paragraphes : double-cliquez dans l'espace entre le bord gauche de la fenêtre et le texte (zone de sélection) au niveau du premier paragraphe, puis faites glisser le pointeur vers le bas.

Tout le document : Ctrl+A, ou cliquez trois fois dans l'espace entre le bord gauche de la fenêtre et le texte (zone de sélection), ou sous l'onglet **Accueil**> groupe **Modification**, cliquez sur **Sélectionner**, puis sur Sélectionner tout.

Un bloc de texte : maintenez Alt appuyée, faites glisser le pointeur.

SÉLECTIONNER EN UTILISANT LA TOUCHE MAJ

Au clavier

- Insérez le point d'insertion au début du texte à sélectionner, en maintenant ⇧ appuyée déplacez le point d'insertion à l'aide des touches fléchées jusqu'à la fin du bloc de texte.

Avec la souris

- Cliquez au début du bloc à sélectionner, en maintenant la touche ⇧ appuyée et cliquez à la fin du texte à sélectionner.

SÉLECTIONNER EN UTILISANT LA TOUCHE F8 (EXTENSION)

La touche F8 est particulièrement utile pour sélectionner facilement une partie d'un document long : cliquez au début de la partie à sélectionner, tapez F8, faites défiler le document, puis cliquez à la fin de la partie à sélectionner, l'indicateur **Étendre la sélection** apparaît sur la barre d'état. Vous pouvez aussi sélectionner :

- Un mot : F8 deux fois sélectionne le mot dans lequel se trouve le curseur.
- Une phrase : F8 trois fois sélectionne la phrase dans laquelle se trouve le curseur.
- Un paragraphe : F8 quatre fois sélectionne le paragraphe dans lequel se trouve le curseur.
- Une section : F8 cinq fois sélectionne la section dans laquelle se trouve le curseur.

Important : pour annuler l'effet extension de la touche F8 tapez sur Echap.

SÉLECTIONNER PLUSIEURS BLOCS DE TEXTE DISTINCTS

- Sélectionnez le premier bloc de texte, appuyez et maintenez appuyée la touche Ctrl et sélectionnez les autres blocs de texte.

ANNULER UNE SÉLECTION

- Cliquez n'importe où dans le texte ou, si vous avez sélectionné avec la touche F8, appuyez sur Echap puis cliquez n'importe où dans le texte.

COPIER/DÉPLACER DU TEXTE OU DES ÉLÉMENTS

COPIER DU TEXTE OU DES ÉLÉMENTS

- Par glisser-déposer : sélectionnez le texte ou l'élément à copier, maintenez appuyée la touche Ctrl et faites glisser la sélection jusqu'à l'endroit où vous voulez copier, puis relâcher Ctrl.
- Par copier-coller : utilisez les boutons **Copier** et **Coller** de l'onglet **Accueil**>groupe **Presse-papiers** : sélectionnez le bloc à copier, cliquez sur le bouton **Copier** ou appuyez sur Ctrl+C, placez le curseur là où la copie doit apparaître, cliquez sur le bouton **Coller** ou appuyez sur Ctrl+V.

Que deviennent les mises en forme ? Trois options sont possibles : ❶ *Conserver la mise en forme source*, ou ❷ *Fusionner la mise en forme* (l'adapter au texte avoisinant), ou ❸ *Conserver uniquement le texte* (supprime toute la mise en forme directe du texte).

Copiez-collez le texte à l'aide de la méthode de votre choix, une balise apparaît à proximité du bloc de texte collé, cliquez sur l'icône représentant l'option.

DÉPLACER DU TEXTE OU DES ÉLÉMENTS (OBJETS, IMAGES...)

- Par glisser-déposer : sélectionnez le texte ou l'élément à copier, faites glisser la sélection jusqu'à l'endroit où vous voulez le copier.
- Par couper-coller : utilisez les boutons **Couper** et **Coller** de l'onglet **Accueil**>groupe **Presse-papiers** : sélectionnez le texte ou l'élément à copier, cliquez sur le bouton **Couper** ou appuyez sur Ctrl+X, placez le curseur là où la copie doit apparaître, cliquez sur le bouton **Coller** ou Ctrl+V.

Que deviennent les mises en forme ? Procédez comme lors d'une copie en utilisant la balise.

UTILISER LE PRESSE-PAPIERS OFFICE

Le Presse-papiers Office est commun à toutes les applications Office, il peut contenir jusqu'à vingt-quatre éléments (textes, tableaux, images) provenant d'une ou de plusieurs applications, que l'on pourra ensuite coller où l'on voudra.

- Onglet **Accueil**>groupe **Presse-papiers**, cliquez sur le **lanceur** du groupe.

Le Presse-papiers Office s'affiche dans un volet à gauche de la fenêtre.

- Faites glisser sa barre de titre pour le transformer en fenêtre flottante.
- Refixez-le dans un volet à gauche par un double clic sur sa barre de titre.
- Fermez le Presse-papiers par un clic sur la case de fermeture x.

Les éléments copiés ou coupés s'ajoutent successivement dans le Presse-papiers Office, et lorsqu'il est plein, le nouvel élément copié remplace le plus ancien.

- Coller un élément : cliquez dans le document, puis cliquez sur l'élément.
- Supprimer un élément : cliquez droit sur l'élément, puis sur Supprimer.
- Coller tout le contenu : cliquez dans le document, puis cliquez sur le bouton [Coller tout].
- Effacer tous les éléments : cliquez sur le bouton [Effacer tout].

METTRE EN FORME LES CARACTÈRES

Vous pouvez mettre en forme les caractères en cours de saisie, la mise en forme prend effet à partir de la position du point d'insertion pour le texte saisi. Vous pouvez aussi mettre en forme une fois la saisie effectuée, c'est la meilleure méthode, dans ce cas sélectionnez le texte à mettre en forme et appliquez le format.

La mise en forme directe s'ajoute à la mise en forme de police définie dans le style appliqué.

UTILISER LES OUTILS DU RUBAN

- Utilisez les outils de l'onglet **Accueil**>groupe **Police**.

 ←Lanceur du dialogue Police

UTILISER LES RACCOURCIS CLAVIER

Ctrl + ⇧ +B	Gras	Ctrl + ⇧ +K	Petite majuscule
Ctrl +I	Italique	Ctrl + ⇧ +A	Majuscule
Ctrl +U	Souligne les mots et les espaces	Ctrl + ⇧ ->	Taille supérieure
Alt + Ctrl +U	Double souligné	Ctrl +<	Taille inférieure
Alt + ⇧ +U	Souligne les mots pas les espaces	Ctrl + ⇧ + Alt ->	Taille + un point
Ctrl + ⇧ ++	Exposant	Ctrl + Alt +<	Taille - un point
Ctrl +=	Indice	Ctrl + ⇧ +Q	Police Symbol
Ctrl + ⇧ +H	Masqué		

UTILISER LE DIALOGUE POLICE

- Cliquez sur le **lanceur** du groupe **Police** ou Ctrl +D, puis spécifiez les paramètres, [OK].

ANNULER TOUTE MISE EN FORME DIRECTE DE CARACTÈRES

Ctrl +Espace supprime toute mise en forme directe appliquée sur les caractères. Les caractères sélectionnés reprennent le format de caractères du style du paragraphe qui les contient.

METTRE EN FORME LES CARACTÈRES

LES POLICES ET LES TAILLES

Les polices précédées du symbole T sont de type TrueType, les autres sont les polices propres à votre imprimante. Pour que vos documents s'impriment de manière similaire sur d'autres postes, privilégiez l'utilisation des polices TrueType. Si vous utilisez des polices exotiques, une option de Word permet d'incorporer les polices utilisées dans le document.

La taille d'une police, ou le corps, en terme typographique, se mesure en points (1 point = environ 0,35 mm). Cliquez sur la flèche du bouton **Taille de police** 12 , vous pouvez choisir une des tailles proposées, mais aussi saisir une taille qui ne se trouve pas dans la liste. Deux boutons A˙ A˙ permettent d'agrandir ou de réduire la taille selon les incréments prévus dans la liste.

SOULIGNEMENT ET SURLIGNAGE

Le bouton **Soulignement** S est doté d'une flèche qui permet de choisir le type de soulignement ainsi que sa couleur.

Le surlignage est une couleur d'arrière-plan des caractères que l'on veut mettre en valeur, utilisez le bouton *Couleur de surbrillance* dans l'onglet **Accueil**>groupe **Police**.

- Avant toute sélection, cliquez sur le bouton , puis cliquez sur la couleur (le pointeur se transforme en marqueur), faites glisser le marqueur sur les mots à surligner, puis Echap.
- Sélectionnez du texte, cliquez sur le bouton , puis cliquez sur la couleur.

L'EFFET MASQUÉ

Masquez du texte pour le rendre invisible, vous pouvez l'afficher le temps d'une mise au point en cliquant sous l'onglet **Accueil** >groupe **Paragraphe** le bouton **Afficher Tout** ¶ . Le texte masqué est alors affiché souligné en pointillés, il ne sera pas imprimé (sauf option d'impression texte masqué).

Note : les champs insérés dans le texte sont formatés par Word en texte masqué. En les affichant temporairement, vous pouvez faire des recherches/remplacements ou des modifications sur ces champs. Par exemple, modifier un mot d'index dans toutes les occurrences des entrées d'index.

ESPACEMENT DES CARACTÈRES

L'*échelle* sert à agrandir ou réduire les caractères en conservant la taille de police.

L'*espacement*, étendu ou condensé, permet de resserrer ou d'espacer les caractères, il peut être utile pour faire tenir un texte sur la même ligne.

La *position* permet de décaler des caractères vers le haut ou vers le bas par rapport à la ligne. Sélectionnez un décalage haut ou bas, puis spécifiez une hauteur en points (pt). Ce sera utile pour positionner, par rapport aux caractères, une petite image qui est alignée dans le texte.

Le *crénage* est le rapprochement de deux caractères pour en améliorer l'esthétique. Sélectionnez les caractères, cochez l'option <☑ Crénage> et indiquez à partir de quelle taille vous voulez que le crénage s'applique. Par exemple, A V peut donner après crénage AV.

MODIFIER LA CASSE

La casse est la forme majuscule ou minuscule des caractères. Pour définir la casse, vous pouvez :

- Spécifier l'effet dans le dialogue **Police**, <☑ Majuscules> ou <☑ Petites majuscules>.
- Utiliser le raccourci clavier ⇧+F3 pratique pour basculer entre *1re lettre en majuscule | tout en majuscules | tout en minuscules*, ou Ctrl+⇧+A qui convertit en Majuscules.
- Cliquez sur le bouton **Modifier la casse** Aa qui ajoute deux possibilités : *Inverser la casse* et *Majuscule en début de phrase*.

TYPOGRAPHIE

RACCOURCIS POUR CARACTÈRES TYPOGRAPHIQUES UTILES

- Symbole de l'euro `AltGr`+E
- Symbole © `Alt`+`Ctrl`+C
- Symbole ™ `Alt`+`Ctrl`+T
- Tiret insécable `Ctrl`+Tiret (touche 8)
- Espace insécable `Ctrl`+`⇧`+Espace

- Tiret conditionnel `Ctrl`+Tiret (touche 6)
- Symbole … `Alt`+`⇧`+`Ctrl`+.
- Symbole ® `Alt`+`Ctrl`+R
- Tiret cadratin `Alt`+`Ctrl`+Tiret (pavé num.)
- Tiret demi-cadratin `Ctrl`+Tiret (pavé num.)

INSÉRER DES SYMBOLES SPÉCIAUX

- Onglet **Insertion**>groupe **Symboles**, cliquez sur le bouton **Symboles**, une mini-fenêtre affiche les plus récents symboles utilisés et la commande Autres symboles… donne accès au dialogue *Caractères spéciaux*.

- Sous l'onglet Symboles, sélectionnez le nom de la police ❶ (par exemple : *Symbol, Wingdings, Webdings* ou *ZapfDingbats*), faites défiler ❷ les symboles dans la zone d'affichage, puis double-cliquez sur le symbole ou cliquez sur le symbole et cliquez sur [Insérer].
- Pour fermer le dialogue cliquez sur [Fermer] ou `Echap`.

LETTRINE

Créer une lettrine consiste à agrandir et à mettre en valeur le premier caractère d'un paragraphe.

- Cliquez dans le paragraphe que vous voulez faire commencer par une lettrine, puis sous onglet **Insertion**>groupe **Texte**, cliquez sur le bouton **Lettrine**, puis sur la commande Options de lettrine…

Définissez :
❶ la position de la lettre dans le texte ou dans la marge,
❷ la police de la lettrine,
❸ la hauteur en nombre de lignes,
❹ la distance au texte.

- Faites vos choix et cliquez sur [OK].

METTRE EN FORME LES PARAGRAPHES

La mise en forme de paragraphe peut se faire en cours de saisie, mais il est préférable de la faire une fois la rédaction du texte (ensemble des paragraphes) terminée. Pour modifier la mise en forme d'un paragraphe après la saisie, il suffit de cliquer dans le paragraphe, il n'est pas utile de le sélectionner en entier. Vous pouvez sélectionner plusieurs paragraphes à la fois, en sélectionnant du texte recouvrant plusieurs paragraphes.

La mise en forme directe s'ajoute à la mise en forme du style de paragraphe.

UTILISER LES OUTILS DU RUBAN

- Utilisez les outils de l'onglet **Accueil**>groupe **Paragraphe**.

Lanceur du dialogue Paragraphe

UTILISER LES RACCOURCIS CLAVIER

Ctrl + ⇧ +G	Aligné à gauche	Ctrl +T	+ Retrait négatif 1re ligne
Ctrl + ⇧ +D	Aligné à droite	Ctrl + ⇧ +T	− Retrait négatif 1re ligne
Ctrl +J	Justifié/Aligné gauche	Ctrl +5^L	Interligne 1,5 ligne
Ctrl +E	Centré/Aligné gauche	Ctrl +2^L	Interligne double
Ctrl + ⇧ +J	Justifié (dernière ligne comprise)	Ctrl + ⇧ +L	Interligne simple
Ctrl +R	Augmente (+) le retrait gauche	Ctrl +0^L	Espace avant d'une ligne
Ctrl + ⇧ +M	Réduit (−) le retrait gauche	5^L signifie 5 sur le clavier des lettres	

UTILISER LE DIALOGUE PARAGRAPHE

- Cliquez sur le **lanceur** du groupe **Paragraphe**, spécifiez les paramètres, [OK].

ANNULER TOUTE MISE EN FORME DIRECTE DE PARAGRAPHE

Ctrl +Q supprime toute mise en forme directe de paragraphe. Les paragraphes sélectionnés reprennent la mise en forme du style de paragraphe qui lui est appliqué.

METTRE EN FORME LES PARAGRAPHES

UTILISER LA RÈGLE

Sur la règle, vous pouvez faire glisser les retraits : ❶ *retrait gauche de la première ligne*, ❷ *retrait gauche du paragraphe*, ❸ *retrait droit du paragraphe*.

Si vous faites glisser le rectangle inférieur du retrait gauche 🔲, le retrait première ligne se déplace aussi. Pour le dissocier, faites glisser le triangle supérieur de la marque de retrait gauche 🔺.

L'INTERLIGNAGE

L'interligne sépare verticalement les lignes d'un paragraphe, mais chaque ligne peut avoir son interligne ajusté automatiquement pour afficher une police ou un graphisme plus grand.

Lorsque vous cliquez sur la flèche du bouton **Interligne** 📋, une liste de coefficients d'accroissement de l'interligne est proposée. Pour un interligne plus précis, sélectionnez Options d'interligne... qui lance le dialogue *Paragraphe*.

- Les interlignes *Simple (x1)*, *1,5 ligne (x1,5)*, *Double (x2)*, *Multiple* correspondent à un coefficient d'accroissement de l'interligne de base, qui dépend de la police par défaut du paragraphe.
- *Exactement* : définit la hauteur de ligne (en pt) sans ajustement.
- *Au moins* : définit la hauteur de ligne minimum (en pt) avec ajustement vers le haut possible.

ESPACEMENT AVANT ET APRÈS

Pour espacer des paragraphes, il est préférable d'utiliser les espaces avant ou après, plutôt que des lignes ou des paragraphes vides. Par défaut, les espaces avant et après paragraphe ne se cumulent pas entre deux paragraphes, c'est le plus grand des deux qui s'applique.

Note : une option Word concerne le cumul des espaces avant et après : cliquez sur l'onglet **Fichier** puis sur **Options**, sélectionnez la catégorie *Options avancées*. Puis au bas de la liste, dans le panneau de droite, cliquez sur ⊞ Options de mise en page, cochez la case <☑ Ne pas utiliser l'espacement automatique de paragraphe HTML>.

TRAME DE FOND ET SURLIGNAGE

La trame de fond est une couleur d'arrière-plan du paragraphe s'étendant du retrait gauche au retrait droit, on utilise sous l'onglet **Accueil**>groupe **Paragraphe** le bouton **Trame de fond** 🖌.

- Cliquez dans un paragraphe ou sélectionnez du texte à cheval sur plusieurs paragraphes, cliquez sur le bouton **Trame de fond** 🖌, cliquez sur la couleur.

Le surlignage des caractères, s'il est défini, se superpose à la trame de fond du paragraphe. Pour supprimer la trame de fond, cliquez sur la flèche à côté du bouton, et cliquez sur Aucune Couleur.

ENCHAÎNEMENT DE PARAGRAPHES

- Une veuve est la première ligne d'un paragraphe restant seule au bas d'une page, une orpheline est la dernière ligne d'un paragraphe reportée seule sur la page suivante. Pour les éviter, laissez coché <☑ Éviter veuves et orpheline> (option active par défaut).
- Pour rendre solidaires deux paragraphes, cochez <☑ Paragraphes solidaires> au premier des deux (si vous l'appliquez aux deux, ils seront solidaires du troisième).
- Pour empêcher un saut de page au milieu d'un paragraphe, cochez <☑ Lignes solidaires>.
- Avec l'attribut <☑ Saut de page avant>, le paragraphe commencera toujours sur une nouvelle page. Cet attribut est pratique, par exemple, pour un style de titre de début de chapitre.

METTRE EN FORME LES PARAGRAPHES

ALIGNEMENT À GAUCHE, À DROITE OU JUSTIFIÉ

L'alignement gauche/droit se fait sur le retrait gauche/droit du paragraphe. La justification aligne le texte à droite et à gauche entre les retraits en ajoutant des espaces entre les mots de la ligne.

Vous pouvez améliorer le rendu de la justification : cliquez sur l'onglet **Fichier** puis sur **Options**, sélectionnez la catégorie *Options avancées*, cliquez sur *Options de mise en page* tout en bas, l'option <☑ Justification complète comme dans Wordperfect 6.x pour Windows> (Wordperfect compresse les espaces entre les mots, tandis que Word les développe).

RETRAITS DE PARAGRAPHE

Le retrait gauche/droit est le décalage du paragraphe par rapport à la marge gauche/droite.

– Lorsque vous définissez le retrait gauche par les boutons 🔳 🔳 de l'onglet **Accueil**> groupe **Paragraphe** ou par les touches de raccourci, les retraits se positionnent tous les 1,25 cm (ou sur les positions de tabulation s'il en existe).

– Via le dialogue *Paragraphe*, vous pouvez être plus précis sur les positions de retrait, en entrant les mesures précises exprimées en cm. Le rendu des retraits est immédiatement visible dans la zone *Aperçu* du dialogue.

BORDURES

■ Onglet **Accueil**>groupe **Paragraphe** cliquez sur la flèche du bouton **Bordures** 🔳, choisissez la bordure dans le menu déroulant (pour appliquer la même bordure à nouveau, il suffit de cliquer sur le bouton après avoir sélectionné le paragraphe).

– Si vous avez sélectionné un groupe de paragraphe :
  - Bordures extérieures : place les paragraphes dans un même cadre.
  - Toutes les bordures : encadre chacun des paragraphes.

– Pour supprimer toute bordure, choisissez Aucune Bordure.

– Pour obtenir des bordures plus épaisses ou en couleur ou d'un style différent, dans le menu déroulant choisissez Bordure et trame... qui affiche le dialogue *Bordure et trame*.

TABULATIONS

On définit d'abord des taquets de tabulation pour le paragraphe, ensuite la touche ⭾ insère un caractère de tabulation qui s'étend et décale le texte jusqu'au taquet suivant.

En l'absence de taquet de tabulation à droite de la position du curseur, si vous insérez un caractère de tabulation par ⭾, il s'étend jusqu'à la position de tabulation implicite suivante. Les positions de tabulation implicite sont tous les 1,25 cm (à peu près un demi-pouce).

POSER DES TAQUETS DE TABULATION AVEC LA RÈGLE

Poser une tabulation

- Sélectionnez un type de taquet de tabulation en cliquant plusieurs fois sur l'icône ❶, puis cliquez dans le bas de la règle ❷ pour poser le taquet de tabulation du type sélectionné.

L	Texte aligné à gauche (défaut)	**⌐**	Texte aligné à droite
⊥	Texte centré	**⊥.**	Chiffres décimaux alignés sur la virgule

| Insère une barre verticale dans le texte du paragraphe (ne joue pas le rôle de taquet)

Déplacer une tabulation

- Faites glisser sur la règle le taquet de tabulation, si vous appuyez en même temps sur la touche Alt vous faites apparaître les mesures en cm.

Supprimer une tabulation

- Faites glisser le taquet de tabulation hors de la règle.

POSER DES TAQUETS DE TABULATIONS AVEC LE DIALOGUE

- Cliquez sur le lanceur du dialogue **Paragraphe**, cliquez sur le bouton [Tabulations…].

Dans l'affichage ci-dessous les tabulations sont visibles, l'option affichage des spéciaux est active.

Définir une position de taquet de tabulation

- Saisissez en ❶ la valeur définissant la position de la tabulation, puis choisissez l'alignement pour la tabulation en ❸, choisissez les points de suite (remplissage de l'espace tabulation) en ❹, cliquez sur [Définir] ❺, après avoir défini les tabulations validez par [OK].

Modifier les propriétés du taquet de tabulation

- Sélectionnez en ❷ la position de la tabulation à modifier, puis procédez comme ci-dessus pour en changer les caractéristiques.

Supprimer des taquets de tabulation

- [Effacer] : efface la tabulation sélectionnée en ❷, [Effacer tout] : efface toutes les tabulations.

LISTES À PUCES/NUMÉROS À UN SEUL NIVEAU

Une liste à puces est une suite de paragraphes commençant chacun par une puce, une liste numérotée est une suite de paragraphes commençant chacun par un numéro automatique.

Créer une liste à puces ou numérotée

- Saisissez les paragraphes, puis sélectionnez-les, puis sous l'onglet **Accueil**>groupe **Paragraphe**, cliquez sur la flèche déroulante du bouton **Puces** ❶ ou **Numérotation** ❷, puis choisissez la puce (ou la numérotation) dans la galerie proposée.

En première ligne, le symbole, puce ou numéro, est mis automatiquement en retrait de 0,63 cm, les lignes suivantes sont mises en retrait de 0,63 cm par rapport à la première ligne.

Si vous insérez un paragraphe à l'intérieur d'une liste, il adopte automatiquement la puce ou la numérotation en cours. Si vous supprimez la puce ou la numérotation de paragraphes insérés dans une liste, la liste n'est pas pour autant interrompue pour les autres paragraphes de la liste.

Supprimer la puce ou la numérotation

- Cliquez à nouveau sur le bouton **Puces** ❶ ou **Numérotation** ❷,

Transformer une liste à puces en liste numérotée (ou inversement)

- Cliquez sur un paragraphe de la liste à puces, puis cliquez sur le bouton ❷ **Numérotation** (ou inversement sur le bouton ❶ **Puces**).

Modifier le symbole de puce ou de numérotation

- Cliquez sur la puce (ou le numéro) d'un paragraphe de la liste, toutes les puces (ou numéros) de même niveau deviennent grisées. Cliquez sur la flèche déroulante du bouton **Puces** (ou **Numérotation**), choisissez une autre puce (ou numéro) ou cliquez sur Définir une puce... (ou Définir un nouveau format de numérotation...).

Liste automatique lors de la frappe

Vous pouvez commencer une liste à puces ou numérotée directement à la saisie :

- Tapez * (astérisque) pour commencer une liste à puces, ou 1., 1), A), I), 1., A., I., pour commencer une liste numérotée, puis appuyez sur Espace ou ⇥. Saisissez le texte voulu, puis appuyez sur ↵ pour ajouter le paragraphe suivant à la liste. Word insère automatiquement le numéro ou la puce dans le paragraphe qui suit.
- Pour terminer la liste, appuyez deux fois sur ↵, ou appuyez sur Eff.arr pour supprimer la dernière puce ou le dernier numéro de la liste.

Ce formatage automatique en liste à puces, ou numéros, se fait parce qu'il est défini dans les options de correction automatique de Word, par < ☑ Listes à puces automatique> et <☑ Listes numérotées automatique>, options que vous pourriez désactiver.

LISTES À PUCES/NUMÉROS À PLUSIEURS NIVEAUX

CRÉER PLUSIEURS NIVEAUX DANS UNE LISTE À PUCES OU NUMÉROTÉE

- Pour créer des sous-niveaux de liste, cliquez dans un paragraphe de la liste, puis sur un bouton ⊞ **Augmenter le retrait** et ⊟ **Diminuer le retrait** (sous l'onglet **Accueil**>groupe **Paragraphe**).
  Vous pouvez aussi cliquer sur la puce/numéro devant le paragraphe (sauf le premier de la liste) puis sur ⊞ et ⇧+⊞ (☑ Définir les retraits à gauche et de 1re ligne à l'aide des touches TAB et RET. ARR est une des options de correction automatique de Word).

Chaque niveau de liste peut avoir une mise en forme différente.

PERSONNALISER UNE LISTE À PLUSIEURS NIVEAUX

- Cliquez dans un paragraphe de la liste, puis cliquez sur le bouton ⊞ **Liste à plusieurs niveaux**, puis sur la commande *Définir une nouvelle liste à plusieurs niveaux* ❶.

- Sélectionnez le niveau ❷ et spécifiez la mise en forme de la numérotation ❸ et la position de la numérotation ❹ pour chaque niveau utile. Validez par [OK].
- Pour intégrer un paragraphe dans cette liste personnalisée, cliquez dans le paragraphe puis sur le bouton ⊞ **Liste à plusieurs niveaux**, puis cliquez sur la vignette de la liste personnalisée sous Listes dans les documents actuels.
- Si vous voulez réutiliser une liste personnalisée dans un autre document :
- Vous pouvez l'enregistrer dans la bibliothèque des listes : cliquez sur le bouton ⊞ **Liste à plusieurs niveaux**, cliquez droit sur la vignette de la liste sous Listes dans les documents actuels, puis sur la commande Enregistrer dans la bibliothèque de listes.
- Vous pouvez aussi créer un style de liste : cliquez sur le bouton ⊞ **Liste à plusieurs niveaux**, puis sur Définir un nouveau style de liste ❺, nommez le style puis validez par [OK].
  Il est possible de demander à la création du style qu'il soit enregistré dans le modèle du document pour le réutiliser dans les nouveaux documents basés sur le même modèle, il est aussi possible de copier le style de liste d'un document dans un autre.
- Pour modifier une liste de la *Bibliothèque des listes*, cliquez dans un paragraphe de la liste et utilisez la commande Définir une nouvelle liste à plusieurs niveaux ❶, pour modifier la liste. Ensuite cliquez droit sur la nouvelle liste sous Listes dans les documents actuels, puis sur Enregistrer dans la bibliothèque de listes et nommez le style. Enfin, utilisez la commande Supprimer de la bibliothèque de listes, sur la vignette de liste précédente.

AUTRES TECHNIQUES DE MISE EN FORME

MINI-BARRE D'OUTILS ET MENUS CONTEXTUELS

Mini-barres d'outils contextuels

Lorsque vous venez de sélectionner un texte à l'aide de la souris, une mini-barre d'outils contextuels s'affiche en semi-transparence si vous laissez le pointeur sur la sélection. Elle se précise avec plus de netteté si vous déplacez le pointeur sur la mini-barre d'outils.

Menus contextuels

Lorsque vous cliquez droit sur un texte ou une sélection ou sur une image, un menu contextuel propose les commandes contextuelles donnant accès aux dialogues (*Police*, *Paragraphe*, *Puces* et *Numérotation*). La mini-barre d'outils contextuels s'affiche au-dessus du menu contextuel.

REPRODUIRE LA MISE EN FORME

Pour reproduire la mise en forme d'un mot ou d'un paragraphe à d'autres mots ou paragraphes : utilisez, sous l'onglet **Accueil**>groupe **Presse-papiers**, le bouton **Reproduire la mise en forme** ✎ .

Reproduire une mise en forme de caractères

- Sélectionnez le mot mis en forme, cliquez sur le bouton ✎ (le pointeur prend alors la forme d'un pinceau), sélectionnez avec la souris les mots à mettre en forme à l'identique.

Reproduire la mise en forme d'un paragraphe

- Cliquez simplement dans le paragraphe, cliquez sur le bouton ✎ (le pointeur prend alors la forme d'un pinceau), cliquez dans le paragraphe à mettre en forme à l'identique ou sélectionnez plusieurs paragraphes à la fois.

Note : pour reproduire une mise en forme à plusieurs endroits successivement, double-cliquez sur le bouton ✎ , vous pouvez reproduire plusieurs fois la mise en forme à différents endroits. Pour terminer l'opération, il est alors nécessaire d'appuyer sur ‖Echap‖ à la fin de l'opération.

RÉVÉLER ET COMPARER LA MISE EN FORME

- ⇧+F1 sert à afficher la fenêtre *Révéler la mise en forme*, pour comparer la mise en forme de deux textes en vue d'homogénéiser le second avec le premier :
- Sélectionnez le premier texte, cochez la case <☑ Comparer avec une autre sélection>, sélectionnez le second texte. Les différences de mise en forme apparaissent dans la fenêtre sous la section Différences de mise en forme.
- Pour modifier le format du second texte : cliquez sur le lien hypertexte (Bordure, Espacement, Police, Alignement,...), effectuez les changements dans le dialogue, [OK].

EFFACER TOUTE MISE EN FORME DIRECTE

- Sélectionner le texte, puis sous l'onglet **Accueil**> groupe **Police**, cliquez sur le bouton **Effacer la mise en forme** ✎ .

  Ce bouton efface toutes les mises en forme des caractères et des paragraphes (les caractères et les paragraphes reprennent les caractéristiques du style du paragraphe).

INSÉRER UNE LIGNE SÉPARATRICE HORIZONTALE

- Cliquez sur la flèche du bouton **Bordure et trame**, cliquez sur Ligne horizontale, ou cliquez sur la commande Bordure et trame puis cliquez sur le bouton [Ligne horizontale...] situé au bas du dialogue, puis choisissez la forme de ligne. La ligne s'insère sous le paragraphe en cours.

RECHERCHER, REMPLACER

RECHERCHER

Il est possible de rechercher du texte, mais aussi d'autres éléments tels que les marques de paragraphe, les tabulations, les sauts de page, des caractères spéciaux, les tableaux... et éventuellement de les remplacer par d'autres éléments. Il également possible de rechercher des mises en forme, des styles et de les remplacer par d'autres.

- Placez le point d'insertion à l'endroit où vous voulez commencer la recherche ou sélectionnez une partie du document. Puis, sous l'onglet **Accueil**>groupe **Modification**, cliquez sur la **flèche** de l'outil **Rechercher** puis sur Recherche avancée. Cliquez sur [Plus»] pour afficher les options de recherche, [«Moins] pour masquer les options.

- Dans la zone <Rechercher> : saisissez le texte à rechercher. Choisissez éventuellement les options. Puis lancez la recherche en cliquant sur l'un des boutons suivants :
- [Rechercher dans] et choisissez *Document principal* ou *Sélection actuelle, En-têtes et pieds de page, Zones de texte dans le document principal*. Les occurrences trouvées sont toutes sélectionnées dans le domaine choisi (elles se désélectionnent dès que vous cliquez dans le document).
- [Suivant] pour trouver et sélectionner la prochaine occurrence à partir du point d'insertion dans le sens choisi dans la sélection actuelle, si elle a été effectuée, sinon dans tout le document principal.
- [Lecture du surlignage] puis cliquez sur Tout surligner pour surligner toutes les occurrences trouvées dans le document, vous pouvez cliquer et travailler dans le document, les surlignages restent effectifs. Pour supprimer les surlignages [Ctrl]+F, puis cliquez sur [Lecture du surlignage] puis sur Supprimer le surlignage.

Remarque : vous pouvez relancer instantanément la précédente recherche effectuée en appuyant sur [⇧]+[F4] ou en cliquant sur une des doubles flèches bleues dans la barre de défilement vertical.

Options de recherche

- ⓪ Sens de la recherche : *Tous | Vers le bas | Vers le haut*.
- ❶ Différencie majuscules et minuscules.
- ❷ Recherche le texte seulement s'il constitue un mot entier.
- ❸ Autorise les caractères génériques.
- ❹ Recherche le texte seulement en début de mot.
- ❺ Recherche le texte seulement en fin de mot.
- ❻ Trouve les occurrences d'un groupe de mots, même s'il existe des différences de ponctuation.
- ❼ Trouve les occurrences d'un groupe de mots, même s'il existe des espacements différents.

RECHERCHER, REMPLACER

Recherche incluant une mise en forme

Vous pouvez rechercher un texte avec mise en forme de police, de paragraphe... un style, ou bien une mise en forme seule quel que soit le texte, si vous laissez vide la zone <Rechercher>.

- Dans le dialogue *Rechercher et remplacer*, cliquez sur le bouton [Format], choisissez une catégorie de format. Dans le dialogue qui s'affiche, spécifiez la mise en forme à rechercher, cliquez sur [OK].

Les attributs de mise en forme apparaissent sous la zone <Rechercher>. Ce choix restera actif pour les recherches suivantes, jusqu'à ce que vous le supprimiez en cliquant sur le bouton [Sans attributs] dans le dialogue de *Rechercher et remplacer*.

Recherche incluant des caractères spéciaux

Dans le dialogue *Rechercher et remplacer*, vous pouvez insérer dans la zone de recherche des caractères spéciaux tels que marques de paragraphe, sauts de section, tabulations...

- Cliquez sur le bouton [Spécial], sélectionnez le code spécial à insérer dans la recherche.

REMPLACER

Vous pouvez remplacer un texte par un autre, une mise en forme par une autre, ou un caractère spécial par un autre telles les fins de paragraphe....

- Placez le point d'insertion à l'endroit où vous voulez commencer le remplacement, ou sélectionnez une partie du document.
- Onglet **Accueil**>groupe **Modification**, cliquez sur le bouton **Remplacer** ou Ctrl +H.
  Cliquez sur [Plus»] pour afficher les options de recherche, [«Moins] pour masquer les options.
- Dans la zone <Rechercher> : saisissez le texte recherché, dans la zone <Remplacer par > : saisissez le texte de remplacement, choisissez éventuellement les options de recherche, puis lancez la recherche :
- Cliquez sur [Suivant] pour trouver la prochaine occurrence.
- Cliquez sur [Remplacer] pour remplacer l'occurrence trouvée.
- Cliquez sur [Remplacer tout] pour remplacer toutes les occurrences dans tout le document.

Remplacer une mise en forme par une autre

- Cliquez dans la zone <Rechercher>, puis sur le bouton [Format] et spécifiez la mise en forme à remplacer, puis cliquez dans la zone <Remplacer par> puis sur le bouton [Format] et spécifiez la mise en forme de remplacement, lancez le remplacement.

Remplacer un caractère spécial par un autre

- Cliquez dans la zone <Rechercher>, puis sur le bouton [Spécial] et sélectionnez le code spécial, (Marque de paragraphe, Tabulation...Appel de note...), puis cliquez dans la zone <Remplacer par> et sélectionnez le code spécial de remplacement, lancez le remplacement.

UTILISER LES CARACTÈRES GÉNÉRIQUES

Lorsque vous avez coché <☑ Utiliser les caractères génériques>, <☑ Respecter la casse> et <☑ Mot entier> sont automatiquement activées et grisées, vous ne pouvez pas les désactiver.

Pour rechercher un caractère qui est un caractère générique, tapez une barre oblique inverse \ avant le caractère. Par exemple, tapez \? pour rechercher un point d'interrogation.

Les parenthèses servent à délimiter le texte entre les caractères génériques. Par exemple, tapez <(pré)*(és)> pour rechercher préparés et présentés.

Le caractère générique \n sert à rechercher une expression pour la remplacer par une autre. Par exemple, tapez (Le Goff)(Pierre) dans la zone <Rechercher> et \2 \1 dans la zone <Remplacer par>, afin que Word remplace Le Goff Pierre par Pierre Le Goff.

RECHERCHER, REMPLACER

LISTE DES CARACTÈRES GÉNÉRIQUES

?	N'importe quel caractère unique : `1?t` trouve `lot` et `lit`.
*	N'importe quelle chaîne de caractères : `R*r` trouve `Remplacer` et `Retourner`.
<	Début d'un mot : `<(cadr)` trouve `cadrage` et `cadre` mais pas `recadrage`.
>	Fin d'un mot : `(on)>` trouve `bon` et `salon`, mais pas `bons`.
[xz]	Un des caractères spécifiés : `m[ai]c` trouve `mac` et `michel`.
[x-z]	N'importe quel caractère compris dans la plage spécifiée : `tou[r-t]` recherche `tour` et `tous`. Les limites de la plage doivent être indiquées dans l'ordre croissant.
[!x-z]	N'importe quel caractère unique, à l'exception de ceux compris dans la plage indiquée entre les crochets droits : `t[!a-m]t` trouve `toto` et `tutu` mais pas `tata` ou `titi`.
x{n}/(x){n}	Exactement n occurrences du caractère x ou de l'expression (x) qui précède : `ro{2}m` trouve `room` mais pas `romain`, `bo{2}` trouve `bobologue` pas `botin`.
x{n;}/(x){n;}	Au moins n occurrences du caractère x ou de l'expression (x) qui précède : `ro{1,}m` trouve `room` et `romain`, `ba{1;}c` trouve `babacool` et `bac`.
x{n;m}/(x){n;m}	De n à m occurrences du caractère x ou de l'expression (x) qui précède : `10{2;4}` trouve `10, 100, 1000 et 10000`, `(10){2;4}` trouve `101010` mais pas `100010`.
x@/(x)@	Une ou plusieurs occurrences du caractère x ou de l'expression (x) qui précède : `co@p` trouve `copie` et `coopter`, `(co)@n` trouve `coconner`, `conclure`.

NAVIGUER PAR UNE RECHERCHE DE TEXTE

- Sous l'onglet **Accueil**>groupe **Modification**, cliquez sur le bouton **Rechercher**. Le volet de navigation s'ouvre sur la gauche de la fenêtre du document Word. L'onglet *Parcourir les résultats de la recherche actuelle* est sélectionné ❶.

- Dans la zone de recherche ❷ du volet de navigation, saisissez le texte que vous recherchez. Les occurrences s'affichent dans des blocs dans le volet de navigation, en plus elles sont surlignées dans le corps du document. Cliquez sur le bloc de l'occurrence voulue ❸, la partie du document qui contient cette occurrence s'affiche dans la fenêtre du document Word.

- Vous pouvez alors modifier le texte dans le document. Notez que dès que vous commencez à modifier, les blocs disparaissent dans le volet de navigation ainsi que le surlignage.

- Le volet de navigation étant resté ouvert, vous pouvez réafficher les blocs des occurrences, en cliquant sur l'icône ❹, pour partir à la recherche d'une autre occurrence du texte cherché.

TRI DE PARAGRAPHES, LISTES OU TABLEAUX

Le tri permet de classer rapidement des lignes ou des paragraphes par ordre alphabétique ou numérique. On peut également trier des listes créées à l'aide de séparateurs (point-virgule ou tabulation, par exemple) et des lignes d'un tableau.

TRIER DES PARAGRAPHES

- Sélectionnez les paragraphes à trier, sous l'onglet **Accueil**>groupe **Paragraphe**, cliquez sur le bouton **Trier**, cliquez sur [OK] pour lancer le tri.

Les paragraphes sont triés par défaut dans l'ordre alphabétique (type : *Texte*).
Si les paragraphes commencent par un nombre ou par une date, vous pouvez choisir de trier sur le type *Numérique* ou *Date*.

TRIER UNE LISTE DE DONNÉES

Si vous triez des listes avec séparateurs de données délimitant des champs, vous pouvez utiliser jusqu'à trois clés de tri.

```
Rang;Pays;PIB/Habitant¶
1;Suisse;50524 ¶
2;Irlande;48350 ¶
3;Danemark;47999 ¶
```

- Sélectionnez les lignes, sous l'onglet **Accueil**>groupe **Paragraphe**, cliquez sur le bouton **Trier**. Dans le dialogue *Trier le texte*, cliquez sur [Options], spécifiez les options, cliquez sur [OK].

❶ Spécifiez le séparateur de champ (tabulation, point-virgule ou autre) s'il n'a pas été détecté.

❷ Indiquez aussi si la casse doit être respectée.

- Dans le dialogue *Trier le texte*, cochez l'option <⊙ Oui> sous Ligne d'en-tête si la première ligne doit être traitée comme une ligne d'en-tête, puis pour chaque clé choisissez le champ, le type de tri (*Texte* / *Numérique* /*Date*) et l'ordre de tri (<Croissant> ou <Décroissant>).
- Cliquez sur [OK] pour lancer le tri.

TRIER LES LIGNES D'UN TABLEAU

- Cliquez dans le tableau ou sélectionnez des cellules, puis sous l'onglet **Outils de tableau/ Disposition**>groupe **Données** cliquez sur le bouton **Trier**. Le dialogue *Trier* s'affiche.

Vous pouvez utiliser jusqu'à trois clés de tri, et pour chaque clé vous choisissez le type de tri (*Texte, Numérique, Date*) et l'ordre de tri (<Croissant> ou <Décroissant>). Avec le bouton [Options] vous pourrez éventuellement choisir de trier des colonnes seules si elles ont été sélectionnées.

Il existe pour chaque clé une zone <Utilisant> qui sert à spécifier sur quel champ trier lorsque la colonne clé contient plusieurs champs séparés par le même séparateur (tabulation, point-virgule, ou autre). Par exemple, si la colonne contient Prénom;Nom, vous pourrez choisir le champ à trier Nom dans la zone <Utilisant>.

METTRE EN PAGE

4

SAUT DE PAGE ET SAUT DE SECTION

INSÉRER UN SAUT DE PAGE

Insérer manuellement un saut de page

- Onglet **Insertion**>groupe **Pages**, cliquez sur un des boutons.
- ❶ Pour insérer un saut à la page suivante.
- ❷ Pour insérer une page vierge (insère deux sauts de page).
- ❸ Pour insérer une page de garde en début de section courante.

- Vous pouvez aussi utiliser le raccourci clavier : Ctrl + ↵ ou, sous l'onglet **Mise en page**>groupe **Mise en page**, cliquez sur la flèche déroulante du bouton ⌐ Sauts de pages ▼ et choisissez *Page*.

Les marques de saut de page ne sont visibles que si vous affichez les caractères spéciaux :

Supprimer un saut de page

- affichez les marques de mise en forme, puis cliquez sur la marque de saut de page et appuyez sur la touche Suppr.

Saut de page automatique avant un paragraphe

Pour que chaque paragraphe d'un certain style, par exemple (Titre 1), commence automatiquement sur une nouvelle page, modifiez le style avec l'option <☑ Saut de page avant> : dans le volet *Styles*, cliquez droit sur le style puis sur la commande Modifier..., puis sur le bouton [Format], puis sur Paragraphe... Sous l'onglet Enchaînements, cochez <☑ Saut de page avant>.

INSÉRER UN SAUT DE SECTION

Un saut de section permet de commencer une nouvelle partie du document qui aura une mise en page différente (marges, en-tête ou pied de page, numérotation, colonne...).

- Onglet **Mise en page**>groupe **Mise en page**, cliquez sur la flèche déroulante du bouton **Sauts de pages**.

Sous la section Sauts de section, cliquez sur :

- **Page suivante** : débute la section sur la page suivante.
- **Continu** : continue la section sur la même page (pour passer d'une à deux colonnes en cours de page, par exemple).
- **Page paire** : débute la section sur la page paire suivante.
- **Page impaire** : débute la section sur la page impaire suivante.

Word insère une marque de fin de section (visible en affichage *Brouillon*) qui indique si la section suivante commence sur la page suivante, paire ou impaire ou continue sur la page.

  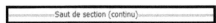

Pour supprimer un saut de section : passez en affichage *Brouillon*, cliquez sur la marque de saut de section et appuyez sur la touche Suppr.

Une marque de fin de section contient les paramètres de mise en page de la section qui précède, si vous la supprimez, le texte se remet en page comme la section qui suit.

Vous pouvez reproduire la mise en page d'une section en copiant la marque de fin de section et en la collant à la fin d'une autre partie du même document ou d'un autre document.

Un indicateur du numéro de la section en cours peut être affiché dans la barre d'état.

TAILLE DU PAPIER ET MARGES

TAILLE DU PAPIER

- Onglet **Mise en page**>groupe **Mise en page**, cliquez sur le bouton **Taille**.
- Choisissez le format (par défaut A4, standard européen), ou si le format que vous souhaitez n'y figure pas, cliquez sur la commande Autres tailles de papiers..., puis dans la zone <Format de papier> choisissez *Taille personnalisée* et entrez vos mesures.

Si votre imprimante dispose de deux bacs d'alimentation papier, il est possible de sélectionner un bac différent pour la première page et pour les suivantes.

MARGES ET ORIENTATION

- Onglet **Mise en page**>groupe **Mise en page**, cliquez sur le bouton **Marges**, les marges actuelles sont présentées dans la vignette supérieure, marquée d'une étoile.
- si vous souhaitez changer les marges, choisissez une autre vignette de marges prédéfinies ou si les marges prédéfinies ne vous conviennent pas, cliquez sur Marges personnalisées...

Vous pouvez aussi faire glisser les marques de marge sur les règles horizontale et verticale.

- Pour changer l'orientation : sous l'onglet **Mise en page**>groupe **Mise en page** cliquez sur le bouton **Orientation** puis cliquez sur Paysage ou Portrait.

EN-TÊTE ET PIED DE PAGE, PAGE DE GARDE

L'en-tête et le pied de page se retrouvent en haut ou en bas de chaque page. Ils peuvent être différents d'une section à une autre ou selon les pages paires et impaires.

INSÉRER UN EN-TÊTE OU UN PIED DE PAGE PRÉDÉFINI

- Onglet **Insertion**>groupe **En-tête et pied de page**, cliquez sur **En-tête ❶** ou sur **Pied de page ❷**. Le menu déroulant affiche une galerie de vignettes ❸ d'en-têtes (ou de pieds de page) prédéfinis.

- Amenez le pointeur sur une vignette pour afficher un aperçu de cet en-tête ou pied de page. Cliquez sur la vignette, le document passe en affichage *En-tête et Pied de page*, avec un onglet contextuel sur le Ruban. L'en-tête ou le pied de page sont insérés avec des zones à renseigner.

- Cliquez sur chaque champ à renseigner pour saisir les informations, [Nom chapitre] affiche avec le texte du précédent titre de style Titre 1, [Sélectionner la date] permet de choisir une date dans un calendrier, [Tapez le texte] est un champ de saisie de texte.

- Après avoir complété l'en-tête ou le pied de page, cliquez sur le bouton **Fermer l'en-tête et le pied de page** ou repassez en affichage *Page*.

INSÉRER UN EN-TÊTE/PIED DE PAGE À DÉFINIR

- Onglet **Insertion**>groupe **En-tête et pied de page**, cliquez sur **En-tête ❶** ou sur **Pied de page ❷**.
- Sélectionnez la vignette nommé **Vide** ou **Vide (trois colonnes)** qui comprend trois zones de texte à remplir.

L'en-tête ou le pied de page est créé, vous pouvez cliquer dans chacune des zones existantes pour saisir du texte, insérer des images ou des champs et mettre en forme.

- Insérez la date du jour formatée : onglet **Insertion**>groupe **Texte**, cliquez sur le bouton **Date et heure**, sélectionnez le format, [OK] ; si vous cochez la case <☑ Mettre à jour automatiquement>, la date sera toujours celle du jour actuel, lorsque vous ouvrirez le document.
- Insérez une propriété du document : cliquez sur le bouton **QuickPart**, puis sur la commande Propriétés du document, puis cliquez sur la propriété, par exemple Auteur, Titre...
- Insérez un champ Word : cliquez sur le bouton **QuickPart**, sur la commande Champ..., puis dans le dialogue *Champ* : sélectionnez le champ (numéro de page, nombre de page...), [OK].

MODIFIER LES EN-TÊTES OU LES PIEDS DE PAGE

En mode affichage *Page*, vous pouvez double-cliquer directement sur l'en-tête (le pied de page) pour accéder en modification à l'en-tête (au pied de page). Sinon, sous l'onglet **Insertion**>groupe **En-tête et pied de page**, cliquez sur le bouton **En-tête (Pied de page)**, puis cliquez sur Modifier l'en-tête (ou Modifier le pied de page).

Ensuite, pour passer de la modification de l'en-tête à celle du pied de page : sous l'onglet contextuel En-tête et pied de page, vous pouvez utiliser les boutons ❶ et ❷.

Lorsque vous insérez une nouvelle section, l'en-tête (et le pied de page) de la nouvelle section sont liés à ceux de la section précédente : toute modification d'en-tête (ou du pied de page) de l'une des deux sections est reproduite dans l'autre (le bouton [Lier au précédent] est surligné en orange). Pour rendre indépendant l'en-tête (ou le pied de page) d'une section par rapport à la précédente : cliquez dans l'en-tête (ou le pied de page), puis cliquez sur le bouton [Lier au précédent] pour le désactiver.

Inversement, si l'en-tête (ou le pied de page) d'une section n'est pas lié à celui de la section précédente, cliquez sur [Lier au précédent] ❸ pour rétablir la liaison. Le bouton [Lier au précédent] est une bascule.

Les boutons ❹ **Section précédente** et ❺ **Section suivante** servent à passer directement à l'en-tête/pied de page précédent ou suivant.

DISPOSITION DES EN-TÊTES ET PIEDS DE PAGE

Les en-têtes et pieds de page peuvent être différents sur les pages paires et impaires, ainsi que sur la première page d'une section. La position de l'en-tête ou du pied de page par rapport au bord de la feuille de papier peut être définie avec précision.

- Onglet **Mise en page**>groupe **Mise en page**, cliquez sur le **lanceur** du groupe, puis dans le dialogue, cliquez sur l'onglet Disposition.

- Spécifiez ❶ si les en-têtes et pieds de page sont différents sur les pages paires et impaires, et ❷ s'ils sont différents sur la première page du document.
- Spécifiez ❸ la distance de l'en-tête par rapport au bord haut du papier et ❹ la distance du pied de page par rapport au bord bas de la page.
- Validez en cliquant sur [OK].

Vous pouvez aussi utiliser les boutons sur le Ruban, de l'onglet contextuel **En-tête et pied de page**>groupe **Options**. Onglet qui ne s'affiche que lorsque vous êtes en mode modification de l'en-tête ou de pied de page.

Si vous avez choisi <☑ Première page différente> et <☑ Pages paires et impaires différentes>, le contenu de l'en-tête et du pied de page doivent être définis sur la première page, puis sur une page paire et enfin sur une page impaire (autre que la première).

Si vous avez choisi des pages en vis-à-vis sous l'onglet Marges, vous devrez cocher <☑ Pages paires et impaires différentes>, si le contenu de l'en-tête ou du pied de page n'est pas centré.

PAGE DE GARDE

L'utilisation de cette fonction suppose que votre document n'est pas enregistré en mode compatibilité avec les versions antérieures Word 97-2003.

- Onglet **Insertion**>groupe **Pages**, cliquez sur le bouton ❶ *Page de garde*. Une galerie propose des vignettes de page de garde. Choisissez une page de garde. Si vous en avez déjà une, la nouvelle remplacera l'ancienne.
- Pour supprimer une page de garde, onglet **Insertion**>groupe **Pages**, cliquez sur le bouton ❶ **Page de garde**. Puis, cliquez sur la commande Supprimer la page de garde actuelle.

NUMÉROTATION DES PAGES

Le numéro de page est généralement placé dans le pied de page du document ou dans l'en-tête. Un numéro de page inséré vaut pour la section courante et pour les sections qui lui sont reliées.

INSÉRER LE NUMÉRO DE PAGE

- Onglet **Insertion**>groupe **En-tête et pied de page**, cliquez sur le bouton **Numéro de page**, puis cliquez sur Haut de page, Bas de page ou Marges de la page selon l'emplacement des numéros de page que vous souhaitez (Position actuelle insère le numéro de page à la position du curseur d'insertion dans le texte).

- Dans la galerie proposée, choisissez un style de numérotation de page. La galerie affiche sous forme de vignette des numéros simples avec leur alignement à gauche au centre ou à droite, et des formes diverses.

Attention : si un numéro de page existe déjà dans l'en-tête ou le pied page, ou dans une marge, et que vous en insérez un autre, le précédent sera supprimé et remplacé par le nouveau.

SUPPRIMER LES NUMÉROS DE PAGE

- Onglet **Insertion**>groupe **En-tête et pied de page**, cliquez sur le bouton **Numéro de page**, puis cliquez sur Supprimer les numéros de page.

Les numéros de page sont tous supprimés dans l'en-tête, le pied de page et les marges de la page, mais pas les numéros de page qui ont été insérés dans le corps du texte du document.

Si les en-têtes/pieds de page sont différents sur la 1re page, les pages paires et impaires, ou dans des sections non liées, les numéros sont à supprimer dans chacun des en-têtes /pieds de page.

FORMAT DE LA NUMÉROTATION

- Onglet **Insertion**>groupe **En-tête et pied de page**, cliquez sur le bouton **Numéro de page**, cliquez sur Format Numéro Page...

❶ Choisissez le type de numéro : 1 ou –1– ou a ou A ou i...

❷ Cochez la case pour avoir une numérotation incluant le numéro de chapitre (dont le style doit être spécifié dans la zone en-dessous) : par exemple 1-A, 1-B...

❸ Indiquez si la numérotation des pages de la section courante doit se faire en séquence de celle de la section précédente ou si elle doit commencer à une valeur spécifiée.

Si vous spécifiez 0 dans <À partir de>, la numérotation démarre à 1 à partir de la deuxième page.

MODIFIER LA POLICE ET LA TAILLE DES NUMÉROS DE PAGE

- Double-cliquez sur l'en-tête, le pied de page ou la marge qui contient le numéro de page.
- Sélectionnez le numéro de page puis amenez le pointeur sur la sélection.
  Dans la mini-barre d'outils qui s'affiche au-dessus du numéro de page sélectionné :
  - Pour changer la police, cliquez sur un nom de police dans la zone Arial .
  - Pour agrandir le texte, cliquez sur A˙ *Agrandir la police* (raccourci clavier : Ctrl + ⇧ +>).
  - Pour réduire le texte, cliquez sur A˙ *Réduire la police* (raccourci clavier : Ctrl + ⇧ +<).

Vous pouvez également spécifier une taille de police sous l'onglet **Accueil**>groupe **Police**.

BORDURE DE PAGE ET FILIGRANE

Les outils pour définir la bordure de page ou le filigrane (texte ou une image estompé en arrière-plan) se trouvent sous l'onglet **Mise en page**>groupe **Arrière-plan de page.**

BORDURE DE PAGE

- Onglet **Mise en page**>groupe **Arrière-plan de page**, cliquez sur **Bordures de page**

- Sélectionnez le style ❶, la couleur ❷, la largeur ❸ et un motif ❹, le type de bordure ❺. Pour formater différemment chaque côté, choisissez le type *Personnalisé* ❻, et après avoir choisi le style, la couleur, la largeur et le motif, cliquez dans l'aperçu sur la bordure à personnaliser ❼.
- Choisissez ❽ la partie du document sur laquelle vous voulez appliquer la bordure : *À tout le document* ou *À cette section* ou dans cette section *Uniquement la 1ère p.* ou *Tous sauf la 1ère p.*

Le bouton [Options] permet de préciser l'espace entre la bordure de page et le bord du papier.

FILIGRANE

- Onglet **Mise en page**>groupe **Arrière-plan de page**, cliquez sur le bouton **Filigrane**. Puis, cliquez sur la vignette du filigrane qui vous convient dans la galerie.

Si aucun filigrane ne convient, définissez un filigrane personnalisé en cliquant sur Filigrane personnalisé... puis dans le dialogue *Filigrane imprimé* : spécifiez le filigrane, puis sur [Appliquer].

- Activez ❶ pour supprimer tout filigrane.
- Activez ❷ pour une image en filigrane, puis sélectionnez un fichier image, adaptez l'échelle.
- Activez ❸ pour un texte en filigrane, puis sélectionnez ou saisissez le texte, choisissez la police, la couleur, la disposition.

Un filigrane texte ou image est en fait un objet inséré dans l'en-tête.

Pour enregistrer le filigrane personnalisé dans la galerie de filigranes

- Affichez l'en-tête, cliquez sur l'objet filigrane pour le sélectionner, cliquez sur le bouton **Filigrane** puis sur la commande Enregistrer la sélection dans la galerie de filigranes...

TEXTE EN COLONNES

La disposition en colonnes s'applique à la section courante ou à plusieurs sections si elles ont été sélectionnées ensemble. Si vous avez sélectionné une partie de texte, Word peut insérer automatiquement un saut de section continu avant et un autre saut de section continu après.

MISE EN COLONNES

- Onglet **Mise en page**>groupe **Mise en page**, cliquez sur le bouton **Colonnes**.

- Choisissez le nombre de colonnes dans la galerie : *Un, Deux, Trois, Gauche, Droite*, ou si vous voulez définir une disposition en colonne particulière, cliquez sur la commande Autres colonnes... qui affiche le dialogue *Colonne*.
  - ❶ Sélectionnez le nombre de colonnes.
  - ❷ Décochez la case <Largeurs de colonne identique> pour définir les largeurs une à une.
  - ❸ Pour chaque numéro de colonne, spécifiez la largeur et l'espacement avec la suivante.
  - ❹ Vous pouvez spécifier une ligne séparatrice verticale entre les colonnes.
  - ❺ Spécifiez la partie du document à laquelle s'appliquera la nouvelle disposition en colonne : *À cette section* (par défaut), *À partir de ce point* (Word insérera un saut de section continu avant), ou *À tout le document*. Si vous avez sélectionné du texte, vous avez le choix entre : *Au texte sélectionné, Aux sections sélectionnées*, ou *À tout le document*.

SAISIE DU TEXTE EN COLONNES

La saisie s'effectue de manière habituelle. Pour forcer le passage du curseur au début de la colonne suivante, insérez un saut de colonne :

- Appuyez sur Ctrl+⇧+↵, ou onglet **Mise en page**>groupe **Mise en page**, puis cliquez sur le bouton **Saut de page** et choisissez Colonne.

MODIFIER LA LARGEUR DES COLONNES

- Placez le curseur dans le texte en colonnes, amenez le pointeur à la limite d'une colonne sur la règle : il se transforme en une double flèche. Faites glisser la marque de fin de colonne pour modifier la largeur de la colonne ou le repère entre les colonnes.

Si, lors de la définition des colonnes, vous avez coché la case <☑ Largeurs de colonne identiques>, la nouvelle largeur s'applique à toutes les colonnes.

ÉQUILIBRER LES FINS DE COLONNE

- Placez le curseur sur la fin du dernier paragraphe mis en colonne, insérez un saut de section continu : sous l'onglet **Mise en page**, cliquez sur le bouton **Saut de page**, cliquez sur Continu.

STYLES ET MODÈLES

5

COMPRENDRE LES STYLES

Un style est un ensemble de mises en forme identifié par un nom et applicable en une seule commande. Il existe cinq types de styles :

- **Style de paragraphe** : ils s'appliquent aux paragraphes et portent sur la mise en forme du paragraphe (alignement, retrait...) et englobent une police de paragraphe (fonte, taille...).
- **Style de caractère** : ils s'appliquent seulement aux caractères, caractères isolés, mots ... et portent uniquement sur la mise en forme de la police (fonte, taille, attributs...).
- **Style lié** : ils peuvent aussi bien jouer le rôle de style de paragraphe que de style de caractère.
- **Style de tableau** : ils s'appliquent aux tableaux et portent sur la mise en forme du tableau.
- **Style de liste** : ils s'appliquent aux listes et portent sur la mise en forme de la liste (type puce ou de numéro, retraits...).

Plutôt que d'appliquer des mises en forme directes, les styles offrent les avantages suivants :

- Ils facilitent la révision des documents : il suffit de modifier les caractéristiques d'un style pour modifier d'un coup la mise en forme des paragraphes, tableaux ou listes dotés de ce style.
- Ils sont facilement réutilisables dans d'autres documents : Word enregistre un nouveau style dans le document en cours quand il est créé, mais il est possible de l'enregistrer dans le modèle du document en cours, ou de copier des styles entre des documents et des modèles.

Notez que Word utilise des styles prédéfinis qu'il applique automatiquement à certains éléments, tels que les titres, notes de bas de page, les appels de notes, l'index ou la table des matières. Pour modifier la mise en forme de l'un de ces éléments, modifiez le style prédéfini associé.

APPLIQUER UN STYLE

- Sélectionnez le texte ou l'élément sur lequel vous voulez appliquer un style.
- Onglet **Accueil**>groupe **Style**, cliquez sur la vignette du style dans la galerie des styles rapides★, ou sélectionnez le nom du style dans le dialogue *Appliquer les styles* ou dans le volet *Styles*.

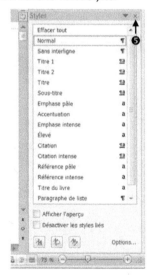

❶ Flèches haut et bas pour faire défiler les lignes de la galerie.

❷ Flèche déroulante pour agrandir la fenêtre d'affichage de la galerie des styles rapides.

❸ Lanceur pour afficher le volet *Styles* que vous pouvez refermer en cliquant sur la case ✕ ❺.

❹ Commande Appliquer les styles... qui affiche le dialogue *Appliquer les styles* que vous pouvez garder à portée de clic (vous y avez aussi accès par le raccourci clavier [Ctrl]+[⇧]+S).

La galerie des styles rapides présente les styles les plus souvent utilisés, dont les styles prédéfinis de Word. Vous pouvez ajouter ou enlever des styles de cette galerie des styles rapides.

CRÉER DES STYLES

Les styles prédéfinis suffiront souvent, toutefois vous avez la possibilité de créer vos propres styles. Ces styles personnels seront enregistrés dans le document, mais vous pourrez aussi les enregistrer dans le modèle ou les intégrer à la galerie des styles rapides.

ENREGISTRER LA SÉLECTION EN TANT QUE NOUVEAU STYLE RAPIDE

- Insérez un paragraphe contenant un seul mot : saisissez un mot suivi d'une fin de paragraphe.
- Placez le point d'insertion dans le mot, mettez en forme directe le paragraphe (alignement, retrait, espacement, bordure ou trame...) et la police (fonte, taille, attributs...).
- Cliquez droit sur le paragraphe, puis sur la commande Styles, puis sur Enregistrer la sélection en tant que nouveau style rapide..., dans le dialogue saisissez un nom pour le style, validez par [OK].

CRÉER UN STYLE PAR LE DIALOGUE

- Affichez le volet *Styles* : cliquez sur le lanceur des styles, puis dans le volet *Styles* cliquez sur le bouton ⭄ *Nouveau Style* situé au bas du volet, spécifiez les paramètres, cliquez sur [OK].

La zone centrale affiche un aperçu de la mise en forme définie pour le style.

❶ Saisissez le nom du style.

❷ Choisissez le type de style : *Paragraphe*, *Caractère*, *Lié*, *Tableau* ou *Liste*.

❸ Sélectionnez le style sur lequel vous voulez baser le **nouveau** style, le nom proposé ici par défaut est celui du style du paragraphe dans lequel est placé le point d'insertion.

❹ Sélectionnez le nom du style du paragraphe suivant, c'est-à-dire le style qui sera appliqué au paragraphe qui suit lorsque vous tapez une fin de paragraphe.

❺ Spécifiez la mise forme soit à l'aide des boutons et zones directement accessibles dans le dialogue, soit en cliquant sur le bouton [Format] pour accéder à toutes les options de formatage, par exemple *Bordure*...

> Pour affecter un raccourci clavier au style, cliquez sur [Format] puis sur la commande Touche de raccourci... Tapez la combinaison [Ctrl] ou [Alt] + la touche, cliquez sur [Attribuer].

❻ Laissez cette case cochée pour que le nouveau style soit ajouté à la galerie des styles rapides.

❼ Évitez de cocher cette option, pour qu'une modification de mise en forme directe dans le document sur un élément doté de ce style ne mette à jour automatiquement le style.

❽ Vous activerez l'option <⊙ Nouveaux documents basés sur ce modèle> si vous voulez enregistrer le nouveau style dans le modèle.

STYLES DE LISTE À PLUSIEURS NIVEAUX

Une liste à plusieurs niveaux présente des éléments (paragraphes) précédés d'une puce ou d'un numéro automatique à plusieurs niveaux. Vous pouvez créer des styles de liste pour pouvoir les réutiliser facilement dans vos autres documents.

CRÉER UN STYLE DE LISTE À PLUSIEURS NIVEAUX

- Onglet **Accueil**>groupe **Paragraphe**, cliquez sur le bouton ⟨≡⟩ **Liste à plusieurs niveaux**, la galerie déroulante des listes propose plusieurs sections : la Liste actuelle, celle qui s'applique par un simple clic sur le bouton ⟨≡⟩, la Bibliothèque de listes qui sont des listes non modifiables sauf ponctuellement, et les Styles de liste que vous avez créés.

- Pour créer un style de liste : au bas de la galerie des listes, cliquez sur Définir un nouveau style de liste... Saisissez le nom du style en ❶, ensuite définissez successivement chaque niveau de la liste : sélectionnez le niveau en ❷, choisissez en ❸ un type de puce ou de numérotation et sélectionnez en ❹ les options pour le format des nombres, la police et la position.

- Pour définir la position des puces ou du numéro, cliquez sur le bouton [Format] ❺, puis sur la commande Numérotation..., le dialogue *Modifier la liste à plusieurs niveaux* s'affiche : Choisissez un niveau en ❼, vous pouvez définir un <Alignement> (distance entre la marge et la puce/numéro), et un <Retrait du texte à > (distance entre la marge et le texte).

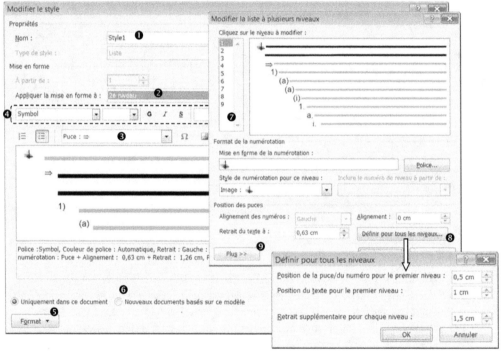

- Plutôt que de définir chaque niveau, vous pouvez utiliser le bouton [Définir pour tous les niveaux...] ❽ pour homogénéiser : positionnement du 1er niveau, puis un retrait supplémentaire pour chaque niveau inférieur par rapport au niveau immédiatement supérieur (ici 1,5 cm).

- Cliquez sur [OK] pour valider chaque dialogue.

Le style de liste à plusieurs niveaux que vous venez de définir est défini sous la section Liste de styles dans la galerie des listes.

L'option ❻ <⊙ Nouveaux documents basés sur ce modèle> sert à enregistrer le style de liste, créé ou modifié, dans le modèle attaché au document en cours. Par ailleurs un style de liste peut, comme tout style, être copié du document dans un autre document ou autre modèle.

STYLES DE LISTE À PLUSIEURS NIVEAUX

Le bouton [Plus>>] ❾ dans le dialogue *Modifier la liste à plusieurs niveaux*, permet d'affecter un style de paragraphe à chaque niveau de liste, sinon c'est le style intégré *Paragraphe de liste* qui est appliqué par défaut aux éléments de la liste à puces ou numérotée.

Dans la figure de gauche, aucun style de paragraphe n'a été défini pour les niveaux de liste, dans la figure de droite le style *Titre 2* a été défini pour le niveau 1 et le *Titre 3* pour le niveau 2.

Si vous définissez des styles de paragraphe pour les associer aux niveaux de liste, pensez à définir le même style comme style du paragraphe suivant.

UTILISER UN STYLE DE LISTE À PLUSIEURS NIVEAUX

- Placez le point d'insertion à l'endroit où vous voulez commencer la liste
- Cliquez sur le bouton **Liste à plusieurs niveaux**, faites défiler la galerie jusqu'à faire apparaître la section Styles de liste, cliquez sur la vignette du style de liste à appliquer.
- Saisissez la liste en terminant chaque élément par une fin de paragraphe.
- Pour modifier le niveau d'un paragraphe de la liste :
- Tapez sur la touche ⇥ pour abaisser d'un niveau, ⇧+⇥ pour remonter d'un niveau.

L'utilisation des touches ⇥ et ⇧+⇥ pour changer de niveau est active si l'option est cochée dans les options de correction automatique de Word : < ☑ Définir les retraits à gauche et de 1re ligne à l'aide des touches tab et ret.arr>.

- Cliquez sur la **flèche** du bouton **Liste**, puis sur la commande Modifier le niveau de liste, puis cliquez sur le niveau de liste que vous voulez attribuer à l'élément.

Vous pouvez aussi saisir tous les éléments de la liste, puis les sélectionner et appliquer le style de liste comme indiqué ci-dessus, ensuite définissez le niveau de chaque élément.

MODIFIER UN STYLE DE LISTE À PLUSIEURS NIVEAUX

Il suffit de modifier les caractéristiques d'un style de liste pour changer automatiquement l'aspect de toutes les listes sur lesquelles le style a été appliqué.

- Cliquez sur le bouton ⊞ **Liste à plusieurs niveaux**, faites défiler la galerie jusqu'à faire apparaître la section Liste dans les documents actuels, cliquez droit sur la vignette du style de liste à modifier puis cliquez sur la commande Modifier.
- Effectuez les modifications des paramètres des différents niveaux du style, puis validez en cliquant sur [OK].

Vous pouvez aussi afficher le dialogue *Appliquer les styles* par Ctrl+⇧+S, sélectionner le style par son nom dans l'exemple *Style1*, puis cliquer sur [Modifier].

MODIFIER DES STYLES

METTRE À JOUR LE STYLE POUR CORRESPONDRE À LA SÉLECTION

- Cliquez sur un élément sur lequel le style a été appliqué, modifiez la mise en forme de l'élément.
- Cliquez droit sur l'élément mis en forme, puis sur la commande Mettre à jour pour correspondre à la sélection, ou dans le volet *Styles* amenez le pointeur sur le nom du style à mettre à jour, puis sur la commande Mettre à jour pour correspondre à la sélection.

Attention : avec ce procédé, toutes les mises en forme directes qui avaient été appliquées aux autres paragraphes dotés de ce style sont supprimées. Cela peut être très gênant, car il faut alors les refaire partout manuellement avec un fort risque d'en oublier.

MODIFIER UN STYLE PAR LE DIALOGUE

- Affichez le dialogue *Modifier le style*, par l'une des méthodes suivantes :
- – Si le style fait partie des styles rapides, cliquez droit dans la galerie des styles rapides sur la vignette du style à modifier, puis sur la commande Modifier...
- – Dans le volet *Styles*, amenez le pointeur sur le nom du style à modifier, puis cliquez sur la flèche déroulante qui apparaît à sa droite, puis sur la commande Modifier...
- – Ctrl + ⇧ +S pour afficher le dialogue *Appliquer les styles*, sélectionnez le style, puis cliquez sur le bouton [Modifier].
- – Si le style à modifier n'apparaît pas dans le volet *Styles* ni dans le dialogue *Appliquer les styles*, il est peut-être masqué. Alors, cliquez sur le bouton 🎨 *Gérer les styles* au bas du volet *Styles*, dans le dialogue *Gérer les styles* cliquez sur l'onglet Modifier, sélectionnez le style (au besoin triez les styles par ordre alphabétique), puis cliquez sur [Modifier].

- Modifiez la mise en forme soit à l'aide des boutons et des zones accessibles directement dans le dialogue soit en cliquant sur le bouton [Format].
- Cliquez sur [OK] pour valider les modifications ou [Annuler] pour les annuler.

LES JEUX DE STYLES RAPIDES

Word fournit un ensemble de jeux de styles rapides intégrés prêts à l'emploi entre lesquels vous pouvez choisir : Élégant, Formel, Manuscrit... sous l'onglet **Accueil**>groupe **Styles**, cliquez sur le bouton **Modifier les styles**, puis sur la commande Jeux de styles.

Chaque jeu de styles rapides correspond à un ensemble harmonisé de mises en forme des styles pour créer un document cohérent et attrayant, dont la conception répond à un objectif précis. Essayez-les pour choisir celui qui conviendra le mieux à votre document.

Si vous avez modifié des styles dans le jeu des styles rapides que vous utilisez dans un document, enregistrez les styles rapides en tant que nouveau jeu de styles rapides.

- Onglet **Accueil**>groupe **Styles**, cliquez sur le bouton **Modifier les styles**, cliquez sur Jeux de styles, puis sur Enregistrer en tant que jeu de styles rapides..., saisissez un nom, puis [OK].

Le jeu des styles ainsi créé complète la liste des jeux fournis par Word, et peut être utilisé avec un autre document. Chaque jeu de styles rapides personnalisé est enregistré dans un fichier d'extension .dotx dans votre le dossier User/Appdata/Roaming/Microsoft/Quickstyles. Pour supprimer le jeu de styles rapides, il faut supprimer ce fichier.

VOLET DES STYLES

EMPLACEMENT DU VOLET DES STYLES

Pour faire apparaître le volet *Styles*, cliquez sur le lanceur de styles ❶, situé sous l'onglet **Accueil** >groupe **Style**.

Le volet *Styles* est fixé par défaut à droite de la fenêtre Word. Vous pouvez le rendre flottant en faisant glisser sa barre de titre, modifier sa largeur en faisant glisser un de ses bords. Pour le fixer à nouveau à droite de la fenêtre Word, double-cliquez sur sa barre de titre.

Par défaut, seuls les styles utilisés dans le document sont listés. Si vous amenez le pointeur sur un nom de style, un cadre affiche les spécificités du style et une flèche déroulante apparaît à droite du nom du style qui permet d'afficher des commandes : Mettre à jour le style, Modifier, Supprimer..., Sélectionner toutes les occurrences...

STYLES VISIBLES DANS LE VOLET DES STYLES

Le lien Options... situé au bas du volet *Styles* sert à choisir les styles qui seront listés dans le volet *Styles* et dans quel ordre. Sélectionnez les options, cliquez sur [OK].

Le volet *Styles* n'affiche que les styles de caractère, de paragraphe et les styles liés, pas les styles de liste ou de tableau.

❶
Recommandé :	seulement les styles affichables dans les recommandations.
En cours d'utilisation :	seulement les styles en cours d'utilisation dans le document.
Dans le document actif :	tous les styles ayant été utilisés même s'ils ne le sont plus.
Tous les styles :	tous les styles aussi bien personnels que les styles prédéfinis de Word.

❷
Alphabétique :	liste dans l'ordre alphabétique.
Comme recommandé :	liste dans l'ordre spécifié dans les recommandations.
Police :	rassemble les styles définis avec la même police de caractère.
Sur base de :	rassemble les styles basés sur un même style.
Par type :	rassemble les styles par type : caractère, paragraphe...

Les options ❸ permettent de lister aussi les mises en forme directes qui ont été appliquées en plus des styles. L'option ❹ permet d'afficher un niveau de titre dès que le niveau supérieur a été utilisé.

RECOMMANDATIONS D'AFFICHAGE

- Cliquez sur le bouton 🖳 *Gérer les styles* situé au bas du volet *Styles*, puis dans le dialogue *Gérer les styles* cliquez sur l'onglet Recommander.

  Tous les styles existants sont listés avec un numéro d'ordre d'affichage devant chaque nom de style, les styles personnels ont tous le numéro 1 attribué initialement par Word.

- Pour changer le numéro d'ordre d'un style : sélectionnez le style puis cliquez sur l'un des boutons : [Monter], [Descendre], [Placer en dernier] et [Affecter une valeur...].
- Pour masquer ou rendre visible un style : sélectionnez le style puis cliquez sur l'un des boutons [Masquer], [Masquer jusqu'à utilisation] ou [Afficher].

GÉRER LES STYLES

COPIER DES STYLES D'UN DOCUMENT À UN AUTRE

- Dans le volet *Styles*, cliquez sur 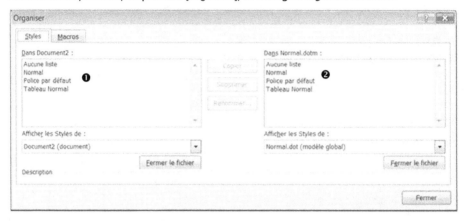 *Gérer les styles*, cliquez sur [Importer/Exporter]. Ou Onglet **Développeur**>groupe **Modèle**, cliquez sur le bouton **Modèle de document**, dans le dialogue *Modèles et compléments*, cliquez sur [Organiser], le dialogue *Organiser* s'affiche.

La partie gauche affiche initialement la liste des styles du document actif ❶, la partie droite affiche la liste des styles du modèle Normal.dotm ❷. Dans chaque partie, vous pouvez sélectionner un autre document ou modèle : pour cela, cliquez sur le bouton [Fermer le fichier] puis sur [Ouvrir le fichier] et sélectionnez un autre fichier document ou modèle.

- Sélectionnez les styles de l'un des documents (utilisez les touches ⇧ ou Ctrl pour faire des sélections multiples), puis cliquez sur le bouton [Copier] pour copier les styles dans l'autre document ; si des styles ont le même nom, Word demande s'ils doivent être remplacés.
- Une fois les copies terminées, cliquez sur [Fermer] pour fermer le dialogue.

SUPPRIMER DES STYLES

Lorsque vous supprimez des styles, si des textes, des paragraphes, des tableaux, ou des listes sont dotés de ces styles, ils adoptent le style prédéfini *Normal*.

- Dans le dialogue *Organiser*, sélectionnez les styles du document actif à supprimer (utilisez les touches ⇧ ou Ctrl pour faire des sélections multiples), puis cliquez sur le bouton [Supprimer] Une fois les styles supprimés, cliquez sur [Fermer] pour fermer le dialogue.

Vous pouvez aussi supprimer des styles par la fenêtre *Styles* :

- Dans la fenêtre *Styles*, après avoir choisi l'option d'afficher tous les styles, cliquez droit sur le nom du style (si la commande Tout sélectionner n'est pas active, c'est que le style n'est pas utilisé dans le document), cliquez sur la commande Supprimer...

L'INSPECTEUR DE STYLES

L'inspecteur de styles sert à mettre évidence les mises en forme directes qui ont été appliquées sur le paragraphe courant.

- Cliquez sur le bouton 🖌 *Inspecteur de style* au bas du volet *Styles*.

La fenêtre *Inspecteur de styles* indique le nom du style et les mises en forme directes qui ont été appliquées en plus sur le paragraphe.

- Pour supprimer ces mises en forme, utilisez les boutons *Effacer la mise en forme* en face des écarts de mise en forme.

Raccourcis clavier : Ctrl + Espace effacent la mise en forme directe des caractères, Ctrl +Q efface la mise en forme directe des paragraphes tout en conservant les styles.

THÈMES

Vous pouvez mettre en forme rapidement et facilement tout un document pour le rendre plus professionnel et moderne en appliquant un thème de document. Dans ce cas vous devez prendre soin d'utiliser les polices et les couleurs de thème dans les mises en forme et les styles.

Un thème de document est constitué d'un thème de couleurs (assortiment de couleurs), d'un thème de polices (assortiment de polices pour les titres et le corps du texte) et d'un thème d'effets (assortiment d'effets de lignes et de remplissages).

- Onglet **Mise en page**>groupe **Thèmes**, cliquez sur le bouton **Thèmes**.
- Sélectionnez un thème de document prédéfini ou un thème personnalisé si vous en avez créé (vous pouvez trouver des thèmes sur Office.com).
- Les couleurs de thème : un assortiment de dix couleurs : quatre couleurs de texte et de fond, six couleurs d'accentuation et deux couleurs de lien hypertexte. Lorsque vous cliquez sur le bouton **Couleurs du thème** du groupe **Thèmes**, vous pouvez voir le nom du jeu de couleurs actuel surligné, avec sa palette de couleurs.
- Les polices de thème : un assortiment de deux polices, une pour les titres et une pour le corps du texte. Lorsque vous cliquez sur le bouton **Polices du thème** du groupe **Thèmes**, vous pouvez voir le nom du jeu de polices actuel, avec le nom de police de titre et de corps.
- Les effets de thème : un assortiment d'effets de ligne et de remplissage. Lorsque vous cliquez sur le bouton **Effets** du groupe **Thèmes**, vous pouvez voir le nom du jeu d'effets actuel avec les lignes et les effets de remplissage.

Les thèmes fournis avec Word ou sur Office.com devraient suffire à vos besoins, mais vous pouvez créer vos propres jeux de couleurs, des jeux de polices ou des thèmes personnalisés.

CRÉER UN JEU DE POLICES, UN JEU DE COULEURS OU UN THÈME PERSONNALISÉ

- Sous l'onglet **Mise en page**>groupe **Thèmes**, cliquez sur **Couleurs** puis sur Nouvelles couleurs de thème..., choisissez les couleurs. Puis, dans la zone <Nom de fichier>, saisissez un nom pour le jeu de couleurs, enfin cliquez sur [Enregistrer].
- Dans le groupe **Thèmes**, cliquez sur **Polices** puis sur Nouvelles polices de thème..., choisissez les polices de titre et de corps de texte. Puis, dans la zone <Nom de fichier> saisissez un nom pour le jeu de polices, puis cliquez sur [Enregistrer].

Les changements apportés aux couleurs, aux polices ou aux effets de ligne et de remplissage d'un thème de document peuvent être enregistrés en tant que thème personnalisé que vous pouvez ensuite appliquer à d'autres documents.

- Onglet **Mise en page**>groupe **Thèmes**, cliquez sur le bouton **Thèmes**, puis sur Enregistrer le thème actif... Dans la zone <Nom de fichier>, saisissez un nom approprié pour le thème.

Vos thèmes de document personnalisés sont enregistrés dans des fichiers d'extension .thmx dans le dossier Templates/Document Themes et sont automatiquement ajoutés à la liste des thèmes.

COMPATIBILITÉ DES MISES EN FORME ET DES STYLES AVEC LES THÈMES

Si vous voulez que les thèmes jouent pleinement leur rôle, il faut qu'en appliquant un autre thème au document, les couleurs et les polices s'adaptent au nouveau thème en respectant l'harmonie du thème, il faut utiliser seulement les polices et les couleurs de thème.

- Les polices du thème sont au nombre de deux, une pour le corps du texte, nommée *+Corps*, et l'autre pour les titres, nommée *+Titre*.
- Les couleurs de thème comprennent quatre couleurs pour le texte et l'arrière-plan, six couleurs pour l'accentuation et deux couleurs pour les liens hypertextes. Chaque couleur peut être appliquée avec plusieurs variantes du plus clair au plus sombre. Lorsque vous amenez le pointeur sur une couleur du thème, dans la palette de choix, une info-bulle indique le nom de couleur du thème (*Texte 1* et *2, Arrière-plan 1* et *2, Accentuation 1* à *6*).

MODÈLES DE DOCUMENT

COMPRENDRE LES MODÈLES

Un modèle est un type de document qui crée une copie de lui-même lorsque vous l'ouvrez. Dans Microsoft Office Word 2007-2010, il peut s'agir d'un fichier d'extension `.dotx` ou `.dotm`, ce dernier vous permettant d'activer les macros dans le fichier.

Un modèle sert de base de départ pour créer des documents dont la présentation est toujours identique (courriers, mémos, notes de service, etc.). Word est livré avec des modèles prêts à l'emploi, l'utilisateur peut les adapter à ses besoins ou en créer de nouveaux. De nombreux modèles sont disponibles sur Microsoft Office.com.

Tout document Word est basé sur un modèle, le modèle par défaut est `Normal.dotm`. Ce modèle correspond à l'icône *Document vierge* qui est proposée lorsque vous créez un nouveau document, en cliquant sur l'onglet **Fichier** puis sur **Nouveau**.

DOSSIER DES MODÈLES

Les modèles sont stockés dans un dossier nommé `Templates`, dans votre profil utilisateur, dont le chemin d'accès est `C:\Users\Nom_user\AppData\Roaming\Microsoft\Templates`. Ce dossier est défini par défaut à l'installation de Word. Un lien favori existe automatiquement vers ce dossier dans le volet de navigation des dialogues *Ouvrir* et *Enregistrer sous*.

Chemin d'accès vers le dossier des modèles

Vous pouvez vérifier et éventuellement modifier l'emplacement du dossier des modèles :

- Cliquez sur l'onglet **Fichier** puis sur **Options**, sélectionnez la catégorie *Options avancées*, faites défiler les options dans le panneau de droite et cliquez sur le bouton [Emplacement des fichiers...] situé au bas des options. Le dialogue *Dossiers par défaut* s'affiche.

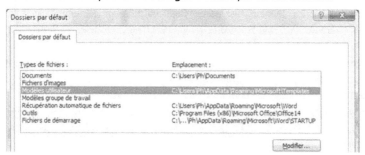

- Si vous vouliez changer l'emplacement des modèles, cliquez sur la ligne *Modèles utilisateur*, puis sur [Modifier...], le dialogue *Dossiers par défaut* s'affiche : sélectionnez un nouveau dossier pour les modèles ou créez-le, validez par [OK] puis fermez les dialogues ouverts.

Sous-dossiers de modèles

Si vous créez des sous-dossiers dans le dossier de modèles, `Templates` dans le cas général, ces sous-dossiers apparaîtront sous forme d'onglets dans la boîte de dialogue *Nouveau* servant à choisir un de vos modèles pour créer un nouveau document (onglet **Fichier> Nouveau**, icône *Mes Modèles*).

Un onglet de sous-dossier de modèles n'apparaîtra que lorsque vous y aurez enregistré au moins un fichier modèle `.dotx` ou `.dotm`.

MODÈLES DE DOCUMENT

MODÈLE PAR DÉFAUT

Vous pouvez personnaliser le modèle `Normal.dotm` : sa mise en page, ses styles, son contenu initial et même des macros spécifiques. Tout nouveau document dit vierge sera initialisé comme une réplique du modèle. Évitez cependant de trop charger le modèle `Normal.dotm` pour ne pas alourdir inutilement vos documents.

Pour restaurer le modèle `Normal.dotm` dans l'état initial exempt de toute personnalisation, supprimez le fichier `Normal.dotm` dans le dossier des modèles. Il sera automatiquement recréé au prochain lancement de Word.

CRÉER UN MODÈLE

Pour créer un modèle, créez un document avec sa mise en page, ses styles, ses en-têtes et pieds de page... puis enregistrez ce document comme modèle :

- Cliquez sur l'onglet **Fichier** puis **Enregistrer sous**... la boîte de dialogue s'ouvre.
  Dans la zone <Type>, sélectionnez *Modèle Word (*.dotx)* ou *Modèle Word prenant en charge les macros (*.dotm)* ; dans le volet de gauche, sous Microsoft Word, cliquez sur le lien *Templates* ; dans la zone <Nom de fichier>, saisissez le nom du modèle, puis cliquez sur [Enregistrer].

MODIFIER UN MODÈLE

- Cliquez sur l'onglet **Fichier** puis sur **Ouvrir**... Le dialogue *Ouvrir* s'ouvre.
- Dans le volet de gauche, sous la section Microsoft Word, cliquez sur le lien *Templates* (ou celui vers le dossier des modèles si vous l'avez changé), dans le volet de droite double-cliquez sur le nom du modèle (`.dotx`, `.dotm`).
- Modifiez le modèle puis enregistrez-le.

Notez que si vous double-cliquez sur le nom d'un modèle dans la *Fenêtre des dossiers* Windows 7 ou *Poste de travail* des précédentes versions de Windows, ce n'est pas le modèle qui s'ouvre, mais un nouveau document basé sur le modèle. Pour ouvrir le modèle, cliquez droit sur le nom fichier modèle, puis sur Ouvrir.

MODIFIER LES STYLES DANS LE MODÈLE DU DOCUMENT

Lorsque vous ajoutez ou modifiez un style, la modification est prise en compte par défaut uniquement dans le document. Si vous voulez que le style soit aussi ajouté ou modifié dans le modèle attaché au document, vous devez cocher l'option <⊙ Nouveaux documents basés sur ce modèle> dans le dialogue de modification du style *Modifier le style*, avant de valider la création/modification.

Lorsque vous enregistrerez le document, Word vous demandera si vous voulez aussi enregistrer les modifications apportées au modèle (sauf si le modèle est celui par défaut).

UTILISER UN MODÈLE POUR CRÉER UN DOCUMENT

Pour créer un document basé sur un modèle :

■ Cliquez sur l'onglet **Fichier** puis sur **Nouveau**, le panneau central affiche les icônes représentant les modèles ou les familles de modèles que vous pouvez utiliser.

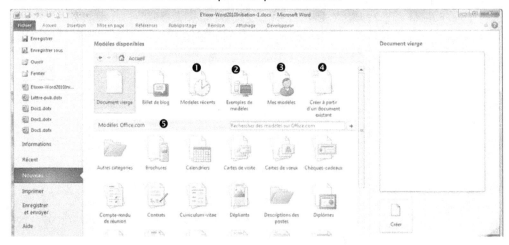

❶ Parmi ceux que vous avez récemment utilisés.
Cliquez sur l'icône *Modèles récents*, sélectionnez le modèle, cliquez sur [Créer].

❷ Parmi ceux qui sont fournis et installés avec Microsoft Office Word.
Cliquez sur l'icône *Exemples de modèles*, cliquez sur un modèle, cliquez sur [Créer].

❸ Parmi ceux que vous avez créés dans le dossier des modèles.
Cliquez sur l'icône *Mes modèles*, sélectionnez le modèle, cliquez sur [OK].

❹ En prenant simplement comme modèle un document existant.
Dans le dialogue *Créer à partir d'un document existant*, sélectionnez le document, [Ouvrir].

❺ Sous Modèles Office.com, vous pouvez sélectionner des modèles à télécharger.
Sélectionnez la catégorie, puis sélectionnez le modèle et validez [Télécharger].

Un nouveau document est créé nommé DocumentN (N étant un numéro de séquence) basé sur le modèle choisi.

Les modèles fournis avec Word comme ceux que vous téléchargez sur Microsoft Office.com, sont très élaborés (presque trop sophistiqués), certains contiennent des contrôles de contenus. Vous pouvez vous les approprier et les personnaliser en créant un nouveau document basé sur un de ces modèles et en l'enregistrant en tant que modèle.

TABLEAUX ET CALCULS

6

INSÉRER UN TABLEAU

Les tableaux servent à aligner des données en colonnes, à créer des formulaires, à positionner des éléments ou des images les uns par rapport aux autres (pages Web, News...).

QUATRE PROCÉDÉS POUR INSÉRER UN TABLEAU

- Onglet **Insertion**>groupe **Tableau**, cliquez sur le bouton **Tableau**.
- Procédez selon une des quatre façons suivantes :
  - ❶ Amenez le pointeur sur la case délimitant le nombre de lignes et de colonnes initiales du tableau (vous pourrez en ajouter d'autres).
  - ❷ Cliquez sur la commande Insérer un tableau ...: un dialogue s'affiche, vous demandant le nombre de lignes et de colonnes.
  - ❸ Cliquez sur la commande Dessiner un tableau pour utiliser l'outil *Crayon*.
  - ❹ Cliquez sur la commande Tableaux rapides pour sélectionner dans une galerie un tableau prédéfini contenant des données exemples.

Le tableau créé par les procédés ❶ et ❷, est présenté avec une bordure autour de chaque cellule. La largeur du tableau occupe toute la largeur entre les marges, et les colonnes ont toutes la même largeur.

Le dialogue Insérer un tableau

- Après avoir cliqué sur la commande Insérer un tableau...
- ❶ Spécifiez le nombre de colonnes et de lignes.
- ❷ Choisissez les options d'ajustement automatique de la taille des colonnes et du tableau.

L'option ❸ permet de définir le nombre de lignes et de colonnes comme valeurs par défaut ultérieures du dialogue.

Dessiner un tableau

Ce procédé est le plus adapté pour tracer un tableau plus complexe (qui a des cellules de hauteur différente ou un nombre variable de colonnes par ligne, par exemple). Il est complémentaire des autres procédés.

Après avoir cliqué sur la commande Dessiner un tableau, le pointeur se transforme en crayon. Faites glisser le crayon en maintenant la pression sur le bouton gauche de la souris pour tracer des cellules, des lignes verticales et horizontales, ou des diagonales de séparation de cellules.

Conseil : définissez d'abord les limites extérieures du tableau en traçant un rectangle. Dessinez ensuite les lignes et les colonnes à l'intérieur du rectangle.

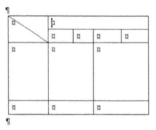

- Pour effacer des lignes :
  transformez le pointeur en gomme en appuyant sur ⬆ tout en utilisant l'outil *Crayon*, ou sous l'onglet **Outils de tableau**> groupe **Traçage des bordures** cliquez sur le bouton **Gomme**, puis cliquez avec la *Gomme* sur la bordure à effacer. Vous pouvez reprendre le *Crayon* en cliquant sur le bouton **Dessiner un tableau** sur le Ruban.
- Pour désactiver l'outil *Crayon* ou l'outil *Gomme*, tapez la touche Echap ou cliquez en dehors du tableau.

INSÉRER UN TABLEAU

Les tableaux rapides

- Après avoir cliqué sur la commande Tableaux rapides, sélectionnez un tableau prédéfini dans la galerie de tableaux rapides.

Pour ajouter des tableaux à cette galerie des tableaux rapides : après avoir créé et formaté votre tableau, sélectionnez-le puis cliquez sur le bouton **Tableau**, puis sur la commande Tableaux rapides. Cliquez sur la commande Enregistrer la sélection dans la galerie de tableaux rapides..., nommez le tableau et validez par [OK].

CONVERTIR DU TEXTE EN TABLEAU (ET INVERSEMENT)

Chaque paragraphe de texte contient des données séparées par une virgule ou par une tabulation qui indique où diviser le texte en colonnes. Les marques de paragraphe indiquent où commencer une nouvelle ligne de tableau.

- Sélectionnez le texte à convertir, puis sous l'onglet **Insertion**>groupe **Tableaux**, cliquez sur le bouton **Tableau**, puis sur Convertir le texte en tableau. Dans le dialogue *Convertir le texte en tableau* :
  - Sélectionnez l'option correspondant au caractère de séparation qui figure dans votre texte ❶.
  - Vérifiez le nombre de colonnes ❷ (s'il ne correspond pas à celui attendu, c'est peut-être parce qu'un caractère de séparation est manquant dans une ligne de texte).
  - Modifiez éventuellement l'option d'ajustement automatique ❸.
- Cliquez sur [OK].

Pour convertir un tableau en texte

- Sélectionnez le tableau, puis sous l'onglet **Outils de tableau/Disposition**>groupe **Données**, cliquez sur le bouton **Convertir en texte**, qui affiche le dialogue *Convertir le tableau en texte*.
- Sélectionnez le séparateur de texte souhaité, puis cliquez sur [OK].

SAISIE ET SÉLECTION DANS UN TABLEAU

SAISIR DES DONNÉES DANS LES CELLULES

- Cliquez dans la cellule pour y placer le point d'insertion et saisissez le texte ou les nombres.
  - ↵ insère une fin de paragraphe dans la cellule.
  - ⇧+↵ insère une fin de ligne au sein d'un paragraphe dans la cellule.
  - Suppr efface les caractères sélectionnés.

Insérer une tabulation une cellule

On peut utiliser des tabulations dans les cellules, pour avoir par exemple un alignement sur la virgule décimale.

- Sélectionnez la colonne, posez le taquet de tabulation de manière habituelle, par exemple à l'aide de la règle.

Si la cellule contient un taquet de tabulation de type décimal, la donnée numérique saisie dans cette cellule s'alignera automatiquement sur celle-ci. S'il s'agit d'un taquet tabulation d'un autre type, appuyez sur Ctrl+↹ pour insérer une tabulation et aligner le texte qui suit.

Placer le point d'insertion

Pour placer le point d'insertion, il suffit de cliquer dans le texte de la cellule. Les touches suivantes permettent aussi de placer le point d'insertion dans une cellule, leur utilisation est quelquefois plus pratique que la souris pour la saisie.

- Alt+← cellule de début de ligne
- Alt+Fin cellule de fin de ligne
- Alt+⇞ cellule de début de colonne
- Alt+⇟ cellule de fin de colonne

- ↹ cellule suivante
- ↓ cellule en dessous
- ⇧+↹ cellule précédente
- ↑ cellule au-dessus

Effacer le contenu de cellules

- Sélectionnez les cellules puis appuyez sur la touche Suppr.

SÉLECTIONNER DES CELLULES

Sélectionner avec la souris

Une cellule	Cliquez sur le bord gauche de la cellule.
Une plage de cellules	Faites glisser le pointeur sur les cellules.
Une colonne	Cliquez sur la bordure supérieure de la colonne ou ⇧+clic du bouton droit de la souris.
Une ligne	Cliquez dans la marge à gauche de la ligne.
Plusieurs plages, lignes ou colonnes	Maintenez appuyée la touche Ctrl et sélectionnez plusieurs plages disjointes de cellules, de lignes, ou de colonnes.
Tout le tableau	Amenez le pointeur sur l'angle supérieur gauche du tableau, la poignée de déplacement apparaît ⊞, cliquez dessus.

Sélectionner avec l'outil Sélectionner sur le Ruban

- Cliquez sur la cellule, la colonne ou la ligne à sélectionner.
- Onglet **Outils de tableau/Disposition**>groupe **Tableau**, cliquez sur le bouton **Sélectionner**, puis choisissez la sélection.

LARGEUR DES COLONNES, HAUTEUR DES LIGNES

AJUSTEMENT AUTOMATIQUE DES LARGEURS DE COLONNE

Ajustement automatique entre les marges

Lorsqu'un tableau est créé, les colonnes sont de largeur égale, sauf si vous avez utilisé l'outil *Crayon*. Le tableau occupe tout l'espace entre les marges, sauf si vous avez spécifié une largeur fixe de colonne par la commande Insérer un tableau.

Si après avoir inséré ou supprimé des colonnes, vous voulez que le tableau occupe à nouveau tout l'espace entre les marges : sous l'onglet **Outils de tableau/Disposition**>groupe **Taille de la cellule**, cliquez sur le bouton **Ajustement automatique** puis sur la commande Ajustement automatique de la fenêtre.

Ajustement automatique au contenu

Dans un tableau que vous venez de créer, les colonnes ont une taille égale, mais si vous saisissez dans une cellule un libellé plus long, la colonne s'élargit, elle s'ajuste au contenu des cellules.

Pour éviter cet ajustement au contenu : cliquez sur le bouton **Ajustement automatique**, puis sur Largeur de colonne fixe avant de saisir les textes.

Pour revenir à l'ajustement automatique : cliquez sur le bouton **Ajustement automatique**, puis sur Ajustement automatique du contenu. Les largeurs de colonnes se réduisent alors toutes selon le contenu des cellules.

Cette option se trouve aussi dans le dialogue *Propriétés du tableau* que vous ouvrez en cliquant sur le **lanceur** du groupe **Taille de cellules**, puis sous l'onglet Tableau, cliquez sur [Options], et décochez/cochez l'option <☐ Redimensionner automatiquement pour ajuster au contenu>.

REDIMENSIONNER LA LARGEUR DES COLONNES

Fixer la mesure de la largeur avec l'outil du Ruban

- Sélectionnez la ou les colonnes, puis sous l'onglet **Outils de tableau/Disposition**>groupe **Taille de la cellule**, dans la zone <Tableau Largeur de colonne> ❶ : saisissez une mesure exacte ou utilisez les flèches pour augmenter ou diminuer cette valeur (ici 2,7 cm).

Redonner la même largeur fixe à toutes les colonnes

- Cliquez dans le tableau, puis cliquez sur le bouton ⊞ **Distribuer les colonnes** ❷, le tableau conserve sa largeur, les largeurs de colonnes sont égales.

Glisser les marques de colonne sur la règle horizontale

Quand le curseur se trouve dans un tableau, la règle affiche des marques de colonne : amenez le pointeur sur la marque de colonne à droite de la colonne à dimensionner, il se transforme en ⟷ :

- Faites glisser la marque : les autres colonnes conservent leur largeur, la largeur du tableau s'ajuste en conséquence.
- Faites glisser la marque avec ⇧ appuyée : la largeur de la colonne à droite s'ajuste, les autres colonnes conservent leur largeur. Le tableau conserve sa largeur.
- Faites glisser la marque avec Ctrl appuyée : les largeurs de toutes les colonnes de droite s'ajustent dans une proportion identique. Le tableau conserve sa largeur.

Si vous appuyez sur la touche Alt quand vous faites glisser une marque, la règle affiche les mesures exactes des largeurs de colonne :

LARGEUR DES COLONNES, HAUTEUR DES LIGNES

Glisser la bordure droite d'une cellule de la colonne

- Placez le pointeur sur le bord droit d'une colonne à redimensionner, il se transforme en ↔ :
- – Faites glisser la bordure : seule la largeur de la colonne de droite s'ajuste, les autres colonnes conservent leur largeur. Le tableau conserve sa largeur.
- – Faites glisser la bordure avec ⇧ appuyée : les autres colonnes conservent leur largeur, la largeur du tableau s'ajuste en conséquence.
- – Faites glisser la bordure avec Ctrl appuyée : les largeurs des colonnes de droite s'ajustent dans une proportion identique. Le tableau conserve sa largeur.

REDIMENSIONNER LA HAUTEUR DES LIGNES

Ajustement automatique

La hauteur de ligne s'ajuste toujours à une hauteur automatique, de façon à afficher tout le contenu des cellules de la ligne. Vous pouvez faire varier la hauteur de ligne au-delà de cette hauteur automatique (mais pas la diminuer en-deçà, sauf via le dialogue *Propriétés du tableau*).

Si par l'un des quatre procédés suivants vous essayez de fixer une hauteur de ligne inférieure à la hauteur automatique, c'est la hauteur automatique qui est prise.

Fixer la mesure de hauteur avec l'outil du Ruban

- Sélectionnez la ou les lignes, puis sous l'onglet **Outils de tableau/ Disposition**>groupe **Taille de cellule**, dans la zone <Tableau Hauteur de ligne> ❶ : spécifiez une mesure exacte (ici 0,7 cm).

Fixer la même hauteur à toutes les lignes du tableau

- Cliquez dans le tableau, puis cliquez sur le bouton **Distribuer les lignes** ❷, toutes les lignes adoptent la hauteur automatique la plus élevée d'entre elles.

Glisser les marques de ligne de tableau dans la règle verticale

En affichage *Page*, quand le point d'insertion se trouve dans un tableau, la règle verticale affiche des marques de ligne de tableau :

- Amenez le pointeur la marque du bas de la ligne à redimensionner en hauteur, puis faites glisser la marque vers le haut ou vers le bas.

Si vous appuyez sur la touche Alt quand vous faites glisser une marque, la règle verticale affiche les mesures exactes des hauteurs de ligne.

Glisser la bordure du bas d'une cellule de la ligne

- Placez le pointeur sur la bordure inférieure d'une ligne à redimensionner, il se transforme en ↕, faites glisser vers le haut ou vers le bas.

REDIMENSIONNER LE TABLEAU ENTIER

- Amenez le pointeur sur l'angle inférieur droit, il se transforme en une double flèche, faites glisser en diagonale pour redimensionner le tableau.

Les hauteurs des lignes et les largeurs des colonnes s'ajustent dans la même proportion.

AVEC LE DIALOGUE PROPRIÉTÉS DU TABLEAU

- Onglet **Outils de tableau/Disposition**>groupe **Taille de la cellule**, cliquez sur le **lanceur** du groupe, le dialogue *Propriétés du tableau* s'affiche : vous pouvez fixer les hauteurs de chaque ligne (en cm, fixe ou minimale), les largeurs de chaque colonne (en pourcentage ou en cm), et la largeur du tableau (en pourcentage ou en cm).

SUPPRIMER ET INSÉRER DES LIGNES/COLONNES

SUPPRIMER

- La façon la plus simple est la touche `Ret.Arr` : sélectionnez les cellules à supprimer, les cellules, les lignes, les colonnes ou le tableau entier, puis appuyez sur la touche `Ret.Arr` (`Ret.Arr` est `←` sur le clavier).

- Une autre façon est le bouton ✕ **Supprimer**, sous l'onglet **Outils de Tableau/Disposition**>groupe **Lignes et Colonnes**.

- Pour supprimer des cellules : sélectionnez la ou les cellules à supprimer, cliquez sur le bouton **Supprimer**, puis sur la commande Supprimer les cellules... Spécifiez s'il faut <⊙ Décaler les cellules vers la gauche> ou <⊙ Décaler les cellules vers le haut>.

- Pour supprimer des lignes : sélectionnez les lignes à supprimer, cliquez sur le bouton **Supprimer**, puis sur la commande *Supprimer les lignes*.

- Pour supprimer des colonnes : sélectionnez la ou les colonnes à supprimer, cliquez sur le bouton **Supprimer**, puis sur la commande *Supprimer les colonnes*.

- Pour supprimer le tableau : placez le curseur dans le tableau, cliquez sur le bouton **Supprimer**, puis sur la commande Supprimer le tableau...

- La troisième façon est la commande contextuelle : sélectionnez les cellules, cliquez droit sur la sélection, puis sur la commande contextuelle Supprimer les cellules.

INSÉRER

Pour insérer des cellules, des lignes et des colonnes, utilisez les boutons de l'onglet **Outils de tableau/Disposition**> groupe **Lignes et colonnes** ou les commandes du menu contextuel.

Insérer des lignes

- Sélectionnez une ou plusieurs lignes qui occupent l'emplacement où vous souhaitez insérer des lignes (il sera inséré autant de lignes que vous en avez sélectionnées), puis au choix :

- Cliquez sur l'un des boutons 🔲 **Insérer au-dessus** ou 🔲 **Insérer en dessous** ;

- Cliquez droit sur la sélection, puis sur la commande contextuelle Insérer, puis sur l'une des commandes Insérer des lignes au-dessus ou Insérer des lignes en dessous.

Insérer des colonnes

- Sélectionnez une ou plusieurs colonnes qui occupent l'emplacement où vous souhaitez insérer des lignes (il sera inséré autant de colonnes que vous en avez sélectionnées), puis

- Cliquez sur l'un des boutons 🔲 **Insérer à gauche** ou 🔲 **Insérer à droite**, ou

- Cliquez droit sur la sélection, puis sur la commande contextuelle Insérer, puis sur l'une des commandes Insérer des colonnes à gauche ou Insérer des colonnes à droite.

Insérer des cellules

- Sélectionnez la plage des cellules qui occupent l'emplacement où vous souhaitez insérer des cellules.

- Cliquez sur le **lanceur ❶** du groupe **Lignes et colonnes**, ou cliquez droit sur la sélection puis sur Insérer, puis sur la commande Insérer des cellules..., le dialogue *Insérer des cellules* s'affiche.

- Sélectionnez l'option de décalage des cellules vers la droite ou vers le bas, cliquez sur [OK].

DÉPLACER, FUSIONNER ET FRACTIONNER

POSITIONNER UN TABLEAU ENTIER

Par défaut, un tableau créé est inséré dans le texte au point d'insertion. Vous pouvez le déplacer ou le copier à un autre emplacement. Vous pouvez lui donner un autre alignement, centré ou à droite.

- En affichage *Page*, cliquez dans le tableau afin de faire apparaître la poignée de déplacement ❶, puis :
- pour déplacer le tableau : faites glisser la poignée à l'emplacement voulu ;
- pour effectuer une copie : appuyez sur ⌷Ctrl⌷ en faisant glisser la poignée du tableau à l'emplacement voulu.

❶ ÉLÉMENT¤	NÉCESSAIRE¤
Livres¤	1¤
Magazines¤	3¤
Blocs-notes¤	1¤
Ramettes de papier¤	1¤
Stylos¤	3¤

COPIER OU DÉPLACER DES CONTENUS DE CELLULES

- Sélectionnez les cellules, les lignes ou les colonnes, puis :
- pour déplacer : faites glisser la sélection jusqu'à son nouvel emplacement, ou effectuez un *Couper* (cliquez sur le bouton ✂ ou ⌷Ctrl⌷+X) /*Coller* (cliquez sur le bouton 📋 ou ⌷Ctrl⌷+V) ;
- pour copier : maintenez la touche ⌷Ctrl⌷ appuyée tout en faisant glisser la sélection jusqu'au nouvel emplacement, ou effectuez un *Copier* (cliquez sur le bouton 📄 ou ⌷Ctrl⌷+C)/*Coller* (cliquez sur le bouton 📋 ou ⌷Ctrl⌷+V).

FUSIONNER ET FRACTIONNER

- Utilisez sous l'onglet **Outils de tableau/Disposition**>groupe **Fusionner**, les boutons **Fusionner les cellules** ou **Fractionner les cellules**, ou sous l'onglet **Outils de tableau/Création**>groupe **Traçage des bordures**, les boutons **Gomme** et **Dessiner un tableau**.

Fusionner des cellules

- Sélectionnez les cellules à fusionner, cliquez sur le bouton 📋 **Fusionner les cellules**, ou cliquez sur le bouton **Gomme**, cliquez sur la bordure séparant deux cellules à fusionner.

Les contenus fusionnés dans une même cellule sont séparés par une fin de paragraphe.

Fractionner des cellules

- Sélectionnez les cellules à fractionner, cliquez sur le bouton 📋 **Fractionner les cellules**, un dialogue vous demande le nombre de lignes ou de colonnes de fractionnement. Avec l'option ❶ active, les cellules sélectionnées sont fusionnées avant d'être fractionnées selon le nombre de colonnes/lignes. Si vous désactivez cette option, chaque cellule de la sélection est fractionnée selon le nombre de colonnes/lignes.

- Vous pouvez aussi cliquer sur le bouton **Dessiner un tableau**, tracez une séparation horizontale ou verticale au sein de la cellule à fractionner.

Si une cellule à fractionner contient des données, elles sont placées dans la première cellule obtenue par fractionnement.

Fractionner un tableau

- Placez le point d'insertion dans une cellule de la ligne qui sera la première du second tableau, puis cliquez sur le bouton 📋 **Fractionner le tableau** ou ⌷Ctrl⌷+⌷⇧⌷+⌷↵⌷.

Fusionner deux tableaux

- Supprimez tous les paragraphes entre les deux tableaux.

BORDURES ET TRAME DE FOND

Pour appliquer des bordures et une trame :

- Sélectionnez d'abord les cellules que vous voulez voir avec des bordures ou une trame, puis sous l'onglet **Outils de tableau/Création**>groupe **Styles de tableau**, cliquez sur la **flèche** déroulante du bouton **Trame de fond** ❶ ou **Bordures** ❷ pour afficher la galerie.

Si vous souhaitez appliquer directement la dernière bordure ou trame appliquée précédemment, il suffit de cliquer simplement sur le bouton sans afficher la galerie.

- Sélectionnez, dans la galerie, la vignette de la bordure ou de la trame que vous voulez appliquer.

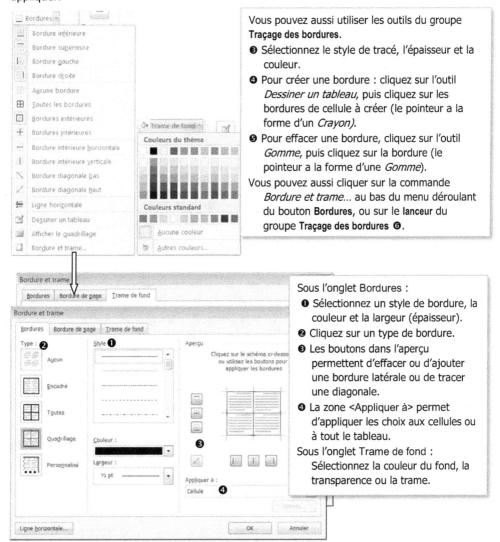

Vous pouvez aussi utiliser les outils du groupe **Traçage des bordures**.

❸ Sélectionnez le style de tracé, l'épaisseur et la couleur.

❹ Pour créer une bordure : cliquez sur l'outil *Dessiner un tableau*, puis cliquez sur les bordures de cellule à créer (le pointeur a la forme d'un *Crayon*).

❺ Pour effacer une bordure, cliquez sur l'outil *Gomme*, puis cliquez sur la bordure (le pointeur a la forme d'une *Gomme*).

Vous pouvez aussi cliquer sur la commande *Bordure et trame...* au bas du menu déroulant du bouton **Bordures**, ou sur le **lanceur** du groupe **Traçage des bordures** ❻.

Sous l'onglet Bordures :

❶ Sélectionnez un style de bordure, la couleur et la largeur (épaisseur).

❷ Cliquez sur un type de bordure.

❸ Les boutons dans l'aperçu permettent d'effacer ou d'ajouter une bordure latérale ou de tracer une diagonale.

❹ La zone <Appliquer à> permet d'appliquer les choix aux cellules ou à tout le tableau.

Sous l'onglet Trame de fond :
Sélectionnez la couleur du fond, la transparence ou la trame.

MISE EN FORME DES CELLULES D'UN TABLEAU

POLICE DE CARACTÈRE ET FORMAT DE PARAGRAPHE

Police de caractère

■ Sélectionnez les cellules, puis sous l'onglet **Accueil**>groupe **Police** utilisez les boutons, ou le dialogue *Police*, ou les raccourcis clavier (voir *Mettre en forme les caractères*, page 38).

Vous pouvez aussi ne formater que certains caractères du contenu d'une cellule, il suffit de sélectionner seulement ces caractères avant leur mise en forme.

Format de paragraphe

Pour mettre en forme des paragraphes de texte d'une cellule :

■ Sélectionnez le ou les paragraphes (si vous sélectionnez les cellules elles-mêmes, tous les paragraphes contenus dans ces cellules seront formatés), puis sous l'onglet **Accueil**>groupe **Paragraphe** utilisez les boutons, ou le dialogue *Paragraphe*, ou les raccourcis clavier (voir *Mettre en forme les paragraphes*, page 41).

Pour aligner sur la virgule des nombres décimaux en colonne dans un tableau, posez un taquet de tabulation décimale à la position voulue de la virgule décimale (voir *Tabulations*, page 44).

MARGES, ORIENTATION, ALIGNEMENT, ESPACEMENT DES CELLULES

■ Onglet **Outils de tableau/Disposition**>groupe **Alignement**.

Marges de cellule

■ Cliquez sur le bouton ❶ **Marges de la cellule**, les valeurs que vous spécifiez ici sont les valeurs de marges par défaut à l'intérieur de toutes les cellules du tableau.

– Pour modifier les valeurs de marges de cellules sélectionnées, cliquez sur le lanceur ❷ du groupe **Taille de la cellule**, puis dans le dialogue *Propriétés du tableau* sous l'onglet Cellule, cliquez sur [Options...], dans le dialogue *Options des cellules* désactivez l'option ❺ et spécifiez les valeurs de marges ❻.

L'orientation et l'alignement

L'orientation et l'alignement déterminent la disposition du contenu de la cellule.

■ Sélectionnez les cellules, puis au choix :

– Cliquez sur le bouton **Orientation du texte** ❸ plusieurs fois jusqu'à obtenir l'orientation voulue (horizontal/vertical vers le haut/vertical vers le bas).

– Cliquez sur le bouton d'alignement voulu ❹, le contenu peut être aligné verticalement en haut/ au milieu/en bas de la cellule, et horizontalement à gauche/au centre/à droite de la cellule.

Espacement entre les cellules

■ Pour espacer les cellules, cochez l'option ❼ et spécifiez une valeur d'espacement.

STYLES DE TABLEAU

Vous pouvez mettre en forme un tableau entier en appliquant un style de tableau. Il devient possible de modifier de façon homogène l'aspect de tous les tableaux d'un même style qui sont dans le document, en modifiant simplement le style de tableau.

De plus, les couleurs et les polices utilisées dans les styles peuvent être celles des jeux de couleurs et les jeux de polices, ainsi vous pouvez coordonner les couleurs des tableaux avec celles des titres du document lorsqu'elles sont déterminées par le thème.

APPLIQUER UN STYLE DE TABLEAU

- Cliquez dans le tableau, puis sous l'onglet **Outils de tableau/Création**.

Lorsque vous amenez le pointeur sur une des vignettes de style, le nom du style apparaît dans une infobulle. Les styles personnalisés que vous avez créés sont présentés en premier.

- Dans le groupe **Options de style de tableau ❶**, les options cochées servent à améliorer la lisibilité du tableau mis en forme avec les styles prédéfinis. Ces options influencent l'aperçu des styles dans les vignettes : aspect différent les premières lignes d'en-tête, dernière ligne prévue pour les totaux, première colonne et dernière colonne, lignes et colonnes à bande.
- Faites défiler les rangées de la galerie avec les flèches haut et bas ❷ jusqu'à voir la vignette du style que vous voulez appliquer, cliquez sur la vignette pour appliquer le style.

Vous pouvez aussi cliquer droit sur la vignette du style, puis cliquer sur une des commandes contextuelles Appliquer (et effacer la mise en forme) ou Appliquer et conserver la mise en forme.

Afficher la galerie plus complète

- Cliquez sur la flèche déroulante ❸ pour afficher une plus grande partie de la galerie, dans ce cas les styles sont regroupés sous des sections :
- Personnalisé : les styles de tableau que vous avez créés.
- Tableaux simples : le style *Grille de tableau* (style intégré modifiable) qui est initialement le style par défaut de tout nouveau tableau créé.
- Prédéfini : les styles prédéfinis fournis par Word.

Au bas de cette galerie des styles de tableau se trouvent des commandes pour :

- modifier le style du tableau en cours ;
- effacer le style du tableau en cours ;
- créer un nouveau style de tableau.

CRÉER UN STYLE DE TABLEAU

- Cliquez sur le bouton 🔳 *Nouveau style* au bas du volet Styles, le dialogue *Créer un style* s'affiche : dans la zone <Type de style> : sélectionnez *Tableau*.

Si la fenêtre *Styles* n'est pas visible, affichez-la en cliquant sur le lanceur de styles qui se trouve sous l'onglet **Accueil**>groupe **Styles**.

■ Cliquez dans un tableau, sous l'onglet **Outils de tableau/Création**>groupe **Styles de tableau**, cliquez sur la flèche déroulante ⬒ de la galerie des styles, puis cliquez sur la commande Nouveau style de tableau.... située au bas de la galerie.

Le dialogue *Créer un style à partir de la mise en forme* s'affiche :

■ Saisissez le nom du style, dans <Style basé sur> : choisissez un style de tableau par défaut, c'est le style *Tableau normal* (style intégré non modifiable).

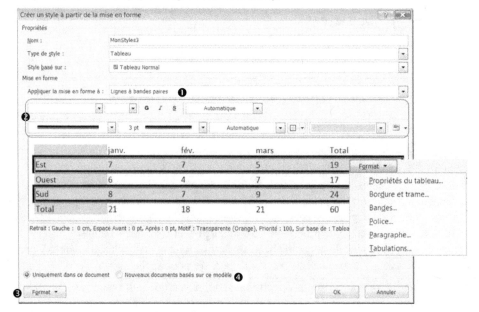

■ Sélectionnez dans cette zone ❶ tour à tour les éléments du tableau pour lesquels vous voulez définir une mise en forme, puis choisissez les options ❷ : la police, la taille, les attributs (Gras, Italique, Souligné), l'alignement dans la cellule, les bordures (style, épaisseur, couleur et type de bordure) ou cliquez sur le bouton [Format] ❸ pour accéder à toutes les options.

– L'option ❹ permet d'enregistrer le nouveau style de tableau dans le modèle du document, de façon à avoir accès à ce style dans tous les futurs documents basés sur ce modèle.

■ Cliquez sur [OK] pour valider la création du style.

MODIFIER UN STYLE DE TABLEAU

■ Cliquez dans un tableau doté du style à modifier, cliquez sur l'onglet **Outils de tableau/Création**>groupe **Styles de tableau**. Cliquez sur la flèche déroulante ⬒ de la galerie des styles, cliquez sur la commande Modifier le style du tableau.... située au bas de la galerie.

■ Le dialogue *Modifier le style* s'affiche, faites les modifications, validez par [OK].

Dans la galerie, la vignette du style du tableau en cours est mise en évidence, vous pouvez aussi modifier le style en cours ou même un autre style, sans l'appliquer, en cliquant droit sur la vignette du style, puis sur la commande contextuelle Modifier le style de tableau.

– Pour supprimer un style de tableau, cliquez droit sur une vignette du style à supprimer, puis sur la commande contextuelle Supprimer le style.

Style par défaut

Le style par défaut est initialement *Grille de tableau*, mais vous pouvez définir un autre style par défaut parmi vos styles personnalisés ou les styles prédéfinis de Word :

■ Cliquez droit sur la vignette du style dans la galerie, puis sur la commande Définir par défaut.

FRACTIONNEMENT ET TRI D'UN TABLEAU

RÉPÉTER LES EN-TÊTES DE COLONNES SUR PLUSIEURS PAGES

Si un tableau s'étend sur plusieurs pages, vous pouvez faire en sorte que les en-têtes de colonnes soient répétés sur chaque page à l'impression. À l'écran, les en-têtes répétés s'afficheront comme tels uniquement en affichage *Page*.

■ Sélectionnez la ou les lignes des en-têtes de colonnes (la sélection doit inclure la première ligne du tableau), sous l'onglet **Outils de tableau/Disposition**>groupe **Données**, cliquez sur le bouton **Répéter les lignes d'en-tête**.

Remarque : Word répète automatiquement les en-têtes sur les pages consécutives à chaque saut de page automatique, mais pas si vous insérez un saut de page manuel dans un tableau.

CONTRÔLE DU FRACTIONNEMENT D'UN TABLEAU

La division des cellules sur plusieurs pages est autorisée par défaut

Si un saut de page automatique se produit à l'intérieur d'un paragraphe de texte dans une cellule, Word autorise par défaut la division de la cellule entre les deux pages.

Empêcher les lignes du tableau d'être fractionnées sur deux pages

■ Cliquez dans le tableau, sous **Outils de tableau/Disposition**>groupe **Tableau**, cliquez sur le bouton **Propriétés**, puis cliquez sur l'onglet Ligne, désactivez la case à cocher <☐ Autoriser le fractionnement des lignes sur plusieurs pages>.

Vous pouvez empêcher le fractionnement pour certaines cellules, simplement en rendant solidaires les paragraphes de ces cellules (voir *Utiliser le dialogue Paragraphe*, page 41). Vous pouvez aussi forcer un saut de page à l'intérieur du texte d'une cellule : cliquez dans la ligne à l'endroit où vous souhaitez la voir commencer sur la page suivante, appuyez sur Ctrl + ↵.

TRI DANS UN TABLEAU

■ Cliquez dans le tableau ou sélectionnez une plage de cellules, puis sous l'onglet **Outils de tableau/Disposition**>groupe **Données** cliquez sur le bouton **Trier** :

Vous pouvez utiliser trois clés de tri, et pour chaque clé vous choisissez le type de tri (*Texte* / *Numérique* / *Date*) et l'ordre de tri (<Croissant> ou <Décroissant>).

Si votre tableau comporte une ligne d'en-tête, vous ne devez pas inclure cette ligne dans les données à trier, vérifiez que l'option <⊙ Oui> sous Ligne d'en-tête est cochée.

Avec le bouton [Options...], vous pouvez :

– Trier des colonnes indépendamment des autres à condition d'avoir sélectionné les colonnes avant de cliquer sur le bouton **Trier** : cochez pour cela l'option <☑ Colonnes seulement>.

– Indiquer le séparateur (tabulation, point-virgule, virgule...), lorsque la clé est une colonne contenant plusieurs champs séparés par le même séparateur (par exemple, Prénom;Nom), vous indiquerez dans la zone <Utilisant> : le champ à trier (par exemple, Nom).

CALCULER DANS UN TABLEAU

PRÉCAUTIONS SUR LA SAISIE DES NOMBRES

Si vous voulez saisir des nombres avec un espace séparateur de milliers, il faut utiliser un espace insécable `Ctrl`+`⇧`+`Espace`, sinon les calculs sur ces nombres seront erronés.

On a déjà vu aussi que pour aligner sur la virgule des nombres décimaux en colonne, il faut poser un taquet de tabulation décimale dans toutes les cellules de la colonne.

FORMULE AVEC UNE FONCTION

- Placez le point d'insertion dans la cellule située à droite de la ligne contenant les valeurs (ou sous la colonne contenant les valeurs).

- Onglet **Outils de tableau/Disposition**> groupe **Données**, cliquez sur le bouton **Formule**. `ƒx Formule`, le dialogue *Formule* s'affiche avec par défaut la formule `=SUM(LEFT)` (ou `=SUM(ABOVE)`) qui fait la somme des cellules situées à gauche (ou des cellules situées au-dessus).

- Vous pouvez sélectionner une autre fonction dans la zone déroulante <Insérer la fonction>, par exemple AVERAGE (moyenne), COUNT (comptage), MAX (maximum), MIN (minimum), ROUND (arrondi).

- Le format par défaut est le format numérique dans Windows, vous pouvez choisir un autre format dans la zone <Format>.

- Validez par [OK] pour entrer la formule dans la cellule.

Remarque : les formules de calcul sont des champs, si les valeurs sont modifiées dans le tableau, les calculs ne sont pas mis à jour automatiquement. Il faut recalculer les champs : sélectionnez les cellules avec formule et appuyez sur `F9`.

FORMULES FAISANT RÉFÉRENCE À DES CELLULES

Les colonnes sont identifiées par des lettres (A, B...) et les lignes par des chiffres (1, 2...). On appelle B3 la référence à la cellule de la troisième ligne de la deuxième colonne. On utilise les opérateurs suivants : + addition   – soustraction   * multiplication   / division

- Cliquez sur la cellule E2, cliquez sur le bouton **Formule** `ƒx Formule`. Dans la zone <Formule> : saisissez `=C2*D2` ou `=PRODUCT(C2;D2)`, choisissez le format `# ##0,00` puis cliquez sur [OK].

- Cliquez sur la cellule F2 devant afficher le résultat, cliquez sur le bouton `ƒx Formule`. Dans la zone de formule saisissez `=E2*1,055`, choisissez le format `# ##0,00` puis cliquez sur [OK].

- Saisissez les formules semblables dans les lignes 3 et 4.

Réf¤	Titre¤	PrixUnit¤	Quant¤	PrixHT¤	PrixTTC¤
TS0073¤	Linux Administration¤	40¤	4¤	160,00¤	168,80¤
TS0075¤	Oracle SQL¤	55¤	3¤	165,00¤	174,08¤
TS0066¤	Config dépannage PC¤	49¤	6¤	294,00¤	310,17¤

Une fonction utilise comme arguments des cellules qui contiennent les valeurs :

- Une plage de cellules est représentée par les références de la première et de la dernière cellule, les deux références étant séparées par deux points : AVERAGE(A1:A10).

- Plusieurs cellules disjointes sont représentées par leurs références, séparées par un point-virgule : AVERAGE(A1;C2;E3).

MODIFIER UNE FORMULE

- Cliquez dans la cellule, puis sur le bouton `ƒx Formule`, modifiez la formule, le format, puis [OK].

INSÉRER UN TABLEAU EXCEL

Les possibilités de calcul dans un tableau Word sont limitées, il peut donc être utile d'insérer un tableau Excel dans le document Word. Pour conserver les fonctionnalités d'Excel, il faut soit incorporer un tableau Excel dans le document Word, soit faire un lien vers un tableau d'un classeur Excel. Si vous copiez-collez simplement un tableau Excel, il se transforme en un tableau Word.

COPIER/COLLER UN TABLEAU EXCEL

- Ouvrez le document Word et la feuille de calcul Excel contenant le tableau.
- Basculez vers le classeur Excel contenant le tableau, sélectionnez la plage de cellules, sous l'onglet **Accueil**>groupe **Presse-papiers** cliquez sur le bouton **Copier** ou Ctrl +C.
- Basculez vers le document Word, placez le point d'insertion à l'endroit où le tableau doit être inséré, sous l'onglet **Accueil**>groupe **Presse-papiers**, cliquez sur le bouton **Coller** ou Ctrl +V.

Les données du tableau Excel sont placées dans un tableau Word.

INCORPORER UN TABLEAU EXCEL

Créer un tableau Excel incorporé

- Onglet **Insertion**>groupe **Tableau**, cliquez sur le bouton **Tableau**, puis sur la commande Feuille de calcul Excel.

Un objet Excel actif, contenant un classeur Excel est incorporé à votre document, les outils Excel remplacent les outils Word dans le ruban. Pour voir plus ou moins de cellules de la feuille de calcul, vous pouvez redimensionner l'objet Excel en faisant glisser les poignées de redimensionnement.

- Créez et mettez en forme le tableau avec les commandes et les outils d'Excel.

- Cliquez en dehors du tableau pour terminer.

Le tableau incorporé n'est pas lié à l'original et est enregistré avec le document sous la forme d'un champ {EMBED}. C'est tout un classeur Excel qui est intégré dans le document Word et pas seulement le tableau.

Incorporer un tableau Excel existant

- Ouvrez le classeur Excel, sélectionnez la plage de cellules, sous l'onglet **Accueil**>groupe **Presse-papiers** cliquez sur le bouton **Copier** ou Ctrl +C.
- Basculez vers le document Word, placez le point d'insertion à l'endroit où le tableau doit être inséré, sous l'onglet **Accueil**>groupe **Presse-papiers**, cliquez sur la **flèche** sous le bouton **Coller** puis sur Collage spécial, puis sélectionnez dans la zone <En tant que> : *Feuille Microsoft Office Excel Objet*. Cliquez sur [OK].

INSÉRER UN TABLEAU EXCEL

Modifier un tableau incorporé

- Double-cliquez dans le tableau, la feuille de calcul apparaît dans l'objet et les outils Excel remplacent les outils Word dans le Ruban. Modifiez le tableau, terminez en cliquant en dehors du tableau.
- Vous pouvez aussi cliquer droit sur l'objet Excel, puis sur la commande Objet Feuille de calcul, ensuite sur Ouvrir. Excel est lancé dans une véritable fenêtre Excel et non dans l'objet à l'intérieur du document Word, effectuez vos modifications. Pour terminer, fermez le classeur Excel.

Les modifications sont prises en compte dans le document Word.

INSÉRER UN TABLEAU EXCEL LIÉ

Lorsqu'un objet Excel est lié, les informations ne peuvent être mises à jour qu'en modifiant le fichier source. Les données liées sont stockées dans le fichier source ; le document Word ne stocke que l'emplacement du fichier source et affiche une représentation des données liées. Utilisez des objets liés pour ne pas grossir la taille du fichier Word, ou si vous souhaitez inclure des tableaux mis à jour de façon indépendante. Le classeur source doit avoir été enregistré.

Insérer un tableau Excel lié

- Ouvrez le classeur, sélectionnez la plage de cellules à transférer dans Word, sous l'onglet **Accueil**>groupe **Presse-papiers** cliquez sur le bouton **Copier** ou Ctrl+C.
- Basculez vers le document Word, placez le point d'insertion à l'endroit où le tableau doit être inséré, sous l'onglet **Accueil**>groupe **Presse-papiers**, cliquez sur le bouton **Coller**, puis cliquez sur la balise *Options de collage* qui est apparue en bas à droite du tableau, enfin cliquez sur la deuxième ou la troisième icône du menu.

❶ Lier et conserver la mise en forme de données source.
❷ Lier et utiliser les styles destination.

Les données d'un tableau lié ne sont pas enregistrées dans le document, elles figurent sous la forme d'un champ {LINK ...}, vous pouvez afficher le code de champ en tapant Maj+F9.

Mise à jour des liaisons

Par défaut, les liaisons ne sont pas automatiquement mises à jour à l'ouverture d'un document, mais vous pouvez activer l'option <☑ Mise à jour des liaisons à l'ouverture> (dans la catégorie *Options avancées*). Alors, à l'ouverture du document, vous serez invité à mettre à jour les liaisons.

- Vous pouvez gérer les liaisons : cliquez sur l'onglet **Fichier** puis sur **Informations**, dans le panneau droit cliquez sur *Modifier les liens d'accès aux fichiers*. Le dialogue *Liaisons* s'ouvre.
- Sélectionnez le(s) lien(s) puis, sous Mettre à jour la méthode du lien sélectionné, choisissez <⊙ Mise à jour manuelle> ou <⊙ Mise à jour automatique>. Si vous voulez empêcher toute mise à jour des liens, cochez <☑ Verrouillée>.

Raccourci clavier :

F9 pour mettre à jour les liens.

Ctrl+F11 pour verrouiller le lien.

Ctrl+⇧+F11 pour déverrouiller le lien.

Les objets liés ne sont pas seulement des tableaux Excel, par exemple des diapositives PowerPoint, du texte d'un autre document, etc.

IMAGES ET DESSINS

7

INSÉRER UNE IMAGE OU UN CLIPART

On peut illustrer un document en y insérant des images, des photos ou des cliparts que l'on positionnera ensuite dans le texte (habillage). Ces images peuvent provenir de diverses sources : elles peuvent être extraites d'un document existant ou d'une page Web, provenir d'un fichier image enregistré, ou encore de la bibliothèque multimédia.

INSÉRER UNE IMAGE OU UN CLIPART

Insérer une image contenue dans un autre document ou une page Web

Le document contenant l'image à récupérer peut être au format Word ou Excel, PowerPoint, mais aussi dans un autre format, par exemple une page Web.

- Ouvrez dans son application d'origine le document contenant l'image, cliquez droit sur l'image, puis sur la commande contextuelle Copier.
- Basculez vers le classeur Excel, cliquez sur la cellule à l'emplacement où l'image doit être insérée puis, sous l'onglet **Accueil**>groupe **Presse-papiers**, cliquez sur **Coller** ou ⌨Ctrl⌨+V.

Insérer une image à partir d'un fichier

- Onglet **Insertion**>groupe **Illustration**, cliquez sur le bouton **Image**, choisissez le dossier contenant le fichier image❶, sélectionnez le fichier image ❷ et cliquez sur [Insérer] ou double-cliquez sur le fichier image (vous pouvez filtrer les fichiers image ❸).

📌 Office 2007 et Office 2010 ne possèdent plus la commande d'Office 2003 qui permettait d'insérer une image directement à partir d'un scanneur, Insertion>Image>À partir d'un scanneur. Cependant, une commande du programme *Bibliothèque multimédia Microsoft* permet de numériser, Fichier>Ajouts de clips dans la Bibliothèque multimédia>À partir d'un scanneur...

Insérer un clipart

Microsoft fournit des cliparts et autres clips (photographies, films et sons) organisés dans des collections avec des mots-clés associés pour les retrouver.

Dans Word, vous pouvez ouvrir un volet *Images clipart*, qui permet de rechercher des cliparts dans la bibliothèque multimédia Microsoft ainsi que sur le site Microsoft Office.com en fonction de mots-clés, de les visualiser avant de les insérer dans le classeur.

- Pour ouvrir le volet *Images clipart*, sous l'onglet **Insertion**>groupe **Illustrations**, cliquez sur le bouton **Images clipart**.

INSÉRER UNE IMAGE OU UN CLIPART

- Dans la zone <Rechercher>❶, saisissez un mot-clé pouvant être associé à l'image voulue, cliquez sur [OK].

Les vignettes des cliparts trouvés s'affichent dans la zone ❷, vous pouvez faire défiler les vignettes pour choisir celle que vous souhaitez.

- Cliquez droit sur la vignette du clipart à insérer dans le document, ou cliquez sur la flèche à droite de la vignette, puis sur Insérer.

- Vous pouvez élargir la recherche aux collections Web sur Internet (présentes sur le site Office.com) en cochant la case <☑ Inclure le contenu Office.com>. ❸.

- Vous pouvez éliminer de la recherche certains types de clips en décochant les options dans la zone <Les résultats devraient être>❹.

🖈 Les mots-clés sont essentiels pour retrouver les clips que vous voulez utiliser. Des mots-clés existent initialement pour chaque clip ; pour ajouter, supprimer ou modifier des mots-clés associés à un clip, cliquez droit sur le clip, puis sur la commande Modifier les mots-clés...

LA BIBLIOTHÈQUE MULTIMÉDIA MICROSOFT

Bibliothèque Multimédia Microsoft est aussi un programme. Il vous permet d'accéder aux bibliothèques de cliparts fournies, et d'ajouter des clips dans vos propres bibliothèques.

- Pour démarrer ce programme, cliquez sur le bouton *Démarrer* de Windows, saisissez `bibli`, puis sélectionnez *Bibliothèque multimédia Microsoft*.

Les collections Office sont fournies avec Microsoft Office, les collections Web donnent accès aux cliparts sur Office.com.

Cliquez sur le signe + qui précède *Collections Office* pour ouvrir la liste des collections, cliquez sur une collection pour voir les images de la collection dans le volet droit de la fenêtre.

Vous pouvez ajouter des clips à la *Bibliothèque Multimédia Microsoft*.

- Cliquez sur Fichier>Ajouts de clips dans la bibliothèque multimédia>Moi-même. Sélectionnez les images à ajouter, cliquez sur [Ouvrir] pour ajouter les clips

🖈 La bibliothèque multimédia ne copie, ni ne déplace les fichiers sur votre disque, elle les laisse à leur emplacement d'origine et crée des raccourcis vers les fichiers dans ses collections. Ces raccourcis servent à afficher l'aperçu d'un fichier, à l'ouvrir ou l'insérer sans avoir à vous rendre à son emplacement.

INSÉRER UNE IMAGE OU UN CLIPART

METTRE EN FORME UNE IMAGE OU UN CLIPART

- Cliquez sur l'image à mettre en forme, puis utilisez les outils du Ruban sous l'onglet contextuel **Outils Image/Format**.

Utiliser les styles d'images

Un style d'image regroupe des effets d'images, de bord de l'image et de forme de l'image.

- Pour appliquer un style prédéfini, cliquez sur la vignette du style d'image dans la galerie, la flèche déroulante ❶ sert à agrandir la fenêtre de la galerie.

Vous pouvez affiner directement ces effets à l'aide des boutons ❷ du groupe **Styles d'image**.

Ajuster la luminosité, le contraste et les couleurs

- Onglet **Outils Image/Format**>groupe **Ajuster**, utilisez les boutons ❸ :
- **Corrections** : pour modifier la luminosité ou le contraste des couleurs.
- **Couleur** : pour recolorier l'image afin de lui donner un ton particulier.
- **Effets artistiques** : pour faire ressembler l'image à une esquisse ou à un dessin.

Régler la compression

Lorsque vous insérez une image dans un document Word, elle est automatiquement compressée au moment de l'enregistrement du fichier, selon l'option Word <Sortie cible par défaut> définie sous la catégorie *Options avancées*, section Taille et qualité de l'image.

Vous pouvez modifier cette option, par défaut de 220 ppp, pour l'adapter à l'utilisation prévue du fichier : impression, affichage seulement, envoi électronique. Ou, si la qualité de l'image importe plus que la taille du fichier, vous pouvez indiquer que les images ne doivent pas être compressées.

Vous pouvez aussi changer la compression seulement pour certaines images sélectionnées :

- Onglet **Outils Image/Format**>groupe **Ajuster**, cliquez sur **Compresser les images** ❹.

Ce dialogue sert aussi pour ne pas supprimer les zones que vous avez rognées (elles le sont par défaut) lors de la compression, afin de pouvoir les restaurer.

L'option <Utiliser la résolution du document>, est la sortie cible définie dans les options Word.

Rogner

Le rognage consiste à supprimer une ou plusieurs parties latérales de l'image. Vous pouvez rogner une photo ou un clipart, mais pas une forme automatique.

- Onglet **Outils Image/Format**>groupe **Taille**, cliquez sur le bouton **Rogner** ⬚, le curseur se transforme en outil de rognage et des poignées de rognage apparaissent autour de l'image.
- Faites glisser les poignées pour rogner la partie de l'image.
- Pour rogner ensemble de façon égale deux côtés opposés : maintenez [Ctrl] appuyée en faisant glisser une poignée de l'un de ces côtés.

- Pour rogner ensemble de façon égale les quatre côtés : maintenez [Ctrl] appuyée en faisant glisser une des poignées d'angle.
- Pour terminer, cliquez à nouveau sur le bouton ⬚ **Rogner** ou [Echap] ou cliquez dans la feuille.

INSÉRER UN WORDART

CRÉER UNE ZONE DE TEXTE

- Onglet **Insertion**>groupe **Texte**, cliquez sur le bouton **Zone de texte**, cliquez sur la vignette du type de zone de texte, la zone de texte s'insère en superposition (habillage : devant le texte). Saisissez le texte dans la zone.

- Pour définir la taille et la police des caractères : sélectionnez les caractères, puis utilisez les outils du Ruban sous l'onglet **Accueil**>groupe **Police** ou la mini-barre d'outils.

- Pour positionner la zone : amenez le pointeur sur le contour, et faites-le glisser.

- Pour ajuster la zone à la taille des caractères : cliquez droit sur le contour de la zone, puis sur Format de la forme, cliquez sur la catégorie *Zone de texte* et cochez <☑ Ajuster la forme au texte>.

- Pour définir l'alignement et l'orientation du texte dans la zone, utilisez les boutons sous l'onglet **Outils de dessin/Format**>groupe **Texte**.

Il est possible de créer une zone de texte directement avec un style WordArt :

- Onglet **Insertion**>groupe **Texte**, cliquez sur le bouton **WordArt**. Dans la galerie, cliquez sur une vignette, la zone de texte est créée avec l'effet choisi. Saisissez votre texte.

  Aventure lointaine

UTILISER LES STYLES WORDART

WordArt sert à créer des effets décoratifs sur les caractères.

- Cliquez sur la zone de texte, le contour apparaît en pointillé, cliquez sur le contour pour sélectionner toute la zone. Cliquez sur l'onglet contextuel **Outils de dessin/Format**.

- Utilisez les outils du groupe **Styles WordArt** ❶ : sélectionnez une vignette dans la galerie des styles WordArt, puis affinez la décoration avec les autres outils :

  Remplissage de texte : couleur, dégradé et texture des caractères.

  Contour du texte : tracé, épaisseur et couleur du contour des lettres.

  Effets du texte : effets de réflexion, de lumière, de rotation 3D et transformations.

UTILISER LES STYLES DE FORMES

Il s'agit de modifier le fond et le contour de la zone.

- Utilisez les boutons sous l'onglet contextuel **Outils de dessin/Format**>groupe **Styles de formes** ❷ : sélectionnez une vignette dans la galerie des styles de formes, puis affinez la décoration avec les autres outils :

  Remplissage de forme : couleur, dégradé et texture du fond de la zone.

  Contour de forme : tracé, épaisseur et couleur du contour de la zone.

  Effets sur la forme : effets de réflexion, de lumière, de rotation 3D et transformations.

INSÉRER UN SMARTART

Un objet SmartArt est une représentation graphique d'une idée, d'un concept, d'un processus, etc.
Il existe sept types de SmartArt : Liste, Processus, Cycle, Hiérarchie, Relation, Matrice ou Pyramide.

INSÉRER UN OBJET SMARTART

- Onglet **Insertion**>groupe **Illustrations**, cliquez sur le bouton **SmartArt**.

- Sélectionnez une catégorie de SmartArt dans le volet de gauche, puis cliquez sur une vignette dans la galerie et lisez le descriptif dans la partie droite du dialogue. Pour insérer le SmartArt que vous avez choisi, après avoir cliqué dessus (Dans l'exemple, le SmartArt *Zone de liste verticale*), cliquez sur [OK] pour insérer.

- Saisissez les textes dans les zones [Texte] ou dans le Volet *Texte* ❶.
  Vous pouvez fermer le volet texte en cliquant sur sa case de fermeture, et l'ouvrir à nouveau en cliquant sur les flèches situées sur le bord gauche ❷ de l'objet SmarArt lorsqu'il est sélectionné.

MODIFIER UN SMARTART

Un SmartArt est constitué de plusieurs formes, vous pouvez modifier un SmartArt dans son ensemble, vous pouvez aussi modifier, ajouter ou supprimer des formes.

Modifier l'ensemble du SmartArt : la disposition ou les couleurs

- Double-cliquez sur le SmartArt, cliquez sur l'onglet **Outils SmartArt/Création**, les outils de formatage du SmarArt s'affichent sur le Ruban :
- Groupe **Modifier la disposition** ❸: pour choisir une autre disposition dans la galerie.
- Groupe **Styles SmartArt** ❹ pour choisir un autre style ou changer les couleurs.

INSÉRER UN SMARTART

Sélectionner une forme (ou plusieurs) d'un SmartArt

- Cliquez sur la forme jusqu'à ce qu'elle soit entourée du rectangle de sélection.
  Vous pouvez sélectionner plusieurs formes en appuyant sur la touche ⌈Ctrl⌉.

Ajouter une forme

- Sélectionnez la forme à côté de laquelle vous souhaitez ajouter la nouvelle forme puis, sous l'onglet **Outils SmartArt/Création**>groupe **Créer un graphique**, cliquez sur la **flèche** du bouton **Ajouter une forme**. Choisissez la commande pour ajouter la forme au même niveau et après la forme sélectionnée, ou à un niveau au-dessus ou en dessous dans le cas hiérarchique.

Supprimer une forme

- Cliquez sur la forme, puis appuyez sur ⌈Suppr⌉.

Modifier l'aspect d'une forme

- Sélectionnez une ou plusieurs formes dont vous voulez modifier l'aspect, puis utilisez les outils sous l'onglet **Outils SmartArt/Format**>groupe **Styles de forme** ❶.

Ces outils vous permettent de modifier la couleur de remplissage, le contour, les effets 3D, mais il est conseillé de ne pas en abuser pour conserver l'homogénéité d'ensemble du SmartArt.

Modifier les textes

- Ouvrez le Volet *Texte* : cliquez sur les flèches sur le bord de l'objet SmarArt ❶ lorsqu'il est sélectionné ; ou sous l'onglet **Outils SmartArt/Création**>groupe **Formes**, cliquez sur le bouton **Volet Texte**. Modifiez ensuite le texte de la forme voulue.

Selon la disposition du graphique SmartArt choisie, chaque puce du volet *Texte* est représentée dans le graphique SmartArt par une nouvelle forme ou par une puce à l'intérieur d'une forme.

INSÉRER DES ZONES DE TEXTE

INSÉRER UNE ZONE DE TEXTE

■ Onglet **Insertion**>groupe **Texte**, cliquez sur le bouton **Zone de texte**. Cliquez dans la galerie sur la vignette de la zone de texte prédéfinie.

Une zone de texte prédéfinie a un positionnement prévu, mais une fois créée vous pouvez la déplacer.

Le contenu prédéfini des zones de texte est un texte de remplissage à remplacer par votre propre texte.

Vous pouvez aussi insérer une zone de texte vide, en cliquant sur la commande ❶ Dessiner une zone de texte, le pointeur se transforme en +. Tracez un cadre sur la page à l'endroit où vous voulez placer la zone de texte, puis saisissez le texte dans la zone.

METTRE FORME UNE ZONE DE TEXTE

Le texte saisi dans une zone de texte est par défaut en style *Normal*, vous pouvez appliquer un autre style, vous pouvez aussi formater directement les paragraphes et les caractères.

Modifier l'orientation du texte

■ Cliquez dans la zone de texte, puis sous l'onglet **Outils de dessin/Format**>groupe **Texte**, cliquez sur ⒜ **Orientation du texte**.

Modifier les marges intérieures, l'alignement vertical

■ Cliquez droit sur la bordure de la zone de texte, puis sur la commande contextuelle Format de la forme. Dans le volet de gauche, sélectionnez *Zone de texte*.

LIER DES ZONES DE TEXTE

Lorsque plusieurs zones de texte sont liées, le texte d'une zone trop petite se poursuit automatiquement dans la zone liée suivante. Pour lier une zone à la suivante, créez la zone de texte suivante vide (ou effacez le contenu), puis effectuez les actions suivantes :

■ Cliquez dans la première zone puis sous l'onglet **Outils de dessin/Format**>groupe **Texte**, cliquez sur le bouton **Créer un lien**.

■ Le pointeur s'est transformé en un pichet, cliquez sur la zone suivante à lier, et ainsi de suite.

■ Saisissez le texte dans la première zone, lorsque la zone est remplie, le texte se poursuit dans la zone liée suivante.

Pour rompre une liaison avec la zone suivante

■ Cliquez dans la zone, puis sous l'onglet **Outils de dessin/Format**>groupe **Texte**, cliquez sur le bouton **Rompre la liaison**.

INSÉRER DES FORMES

Vous pouvez insérer des formes multiples fournies avec Microsoft Office, les modifier, les mettre en forme, les grouper, les rendre indissociables.

INSÉRER DES FORMES AUTOMATIQUES

- Onglet **Insertion**>groupe **Illustration**, cliquez sur **Formes**.
- Amenez le pointeur sur la forme pour afficher sa description dans une infobulle.
- Cliquez sur la forme choisie, le pointeur se transforme en +, faites glisser le pointeur dans le document pour tracer le dessin.
- Pour obtenir des formes parfaites : carrés, cercles, triangles équilatéraux..., maintenez la touche ⇧ appuyée en traçant.
- Pour obtenir des formes homothétiques par rapport au centre du dessin, maintenez Ctrl appuyée en traçant le dessin.

Si au lieu de tracer le dessin vous cliquez simplement dans la page, le dessin est créé avec une taille standard, que vous pouvez modifier ensuite.

AJUSTER ET DIMENSIONNER UNE FORME

- Cliquez sur le dessin, un contour de sélection apparaît autour du dessin, avec des poignées d'ajustement (losange jaune) pour certaines formes et des poignées de dimensionnement (carrés et ronds bleu).

LES TRACÉS DE LIGNES SUR MESURE

Trois outils de la section Lignes permettent de tracer des lignes sur mesure :

☐ *Courbe* : cliquez sur le bouton, puis cliquez dans la page, puis déplacez le pointeur. Pendant le tracé, cliquez à chaque point de courbure, terminez par un double clic.

☐ *Forme libre* : cliquez sur le bouton, puis cliquez dans la page, puis déplacez le pointeur. Pendant le tracé, chaque clic crée un angle, terminez par un double clic (vous pouvez passer temporairement en *Dessin à main levée* en maintenant la pression sur le bouton de la souris).

☐ *Dessin à main levée* : cliquez sur le bouton, cliquez dans la page et maintenez le bouton gauche de la souris enfoncé. Le pointeur se transforme en crayon, faites glisser le crayon, le tracé est totalement libre, terminez en relâchant le bouton de la souris.

Pour modifier un tracé de ligne réalisé avec l'un de ces trois outils

- Cliquez droit sur la forme, puis sur la commande contextuelle Modifier les points, ou sous l'onglet **Outils de dessin/Format**>groupe **Insérer des formes**, cliquez sur le bouton ⚡ **Modifier la forme**, puis sur la commande Modifier les points.

Des points carrés noirs sont disposés sur le tracé à chaque angle ou point de courbure.

- Pour déplacer un point : faites glisser le point à déplacer.
- Pour insérer un point : cliquez et faites glisser le long d'un segment à l'endroit voulu.
- Pour supprimer un point : appuyez sur Ctrl en cliquant sur le point.

Chaque segment entre deux points est soit droit, soit courbe. Cliquez droit sur un segment pour modifier le type de segment.
Chaque point peut être lisse, symétrique ou point d'angle, ou point automatique, cliquez droit sur le point pour changer le type de point.

INSÉRER DES DESSINS

UTILISER LES ZONES DE DESSIN

Une zone de dessin est recommandée si vous souhaitez inclure plusieurs formes pour constituer une illustration. Vous placez dans une même zone de dessin les formes que vous voulez regrouper, déplacer, redimensionner ensemble, ou bien relier par des connecteurs. La zone de dessin permet aussi de rendre les parties de votre dessin indissociables.

- Sous l'onglet **Insertion**>groupe **Illustrations**, cliquez sur le bouton **Formes**, puis sur la commande Nouvelle zone de dessin. Une zone de dessin vierge est insérée dans le texte, avec un contour grisé.
- – Pour inclure une forme dans la zone : cliquez deux fois dans la zone, puis insérez la forme comme vous le faites dans le corps du document.
- – Pour redimensionner la zone : cliquez sur la zone, et faites glisser un des délimiteurs aux angles ou au milieu d'un côté.
- – Pour ajuster une zone à son contenu : cliquez droit sur le contour la zone, puis sur la commande Ajuster.
- – Pour réduire ou agrandir l'ensemble des dessins dans la zone, dans la même proportion : cliquez droit sur le contour de la zone, puis sur la commande Mettre le dessin à l'échelle, faites glisser les poignées de redimensionnement. Faites de même pour désactiver la mise à l'échelle.

UTILISER DES CONNECTEURS

Un connecteur est un trait qui se termine par des points de connexion et qui reste connecté aux formes auxquelles vous l'attachez. Il existe trois types de connecteurs : droits, en angle et en arc. Lorsque vous déplacez des formes reliées par des connecteurs, ceux-ci restent attachés et se déplacent avec ces formes.

Attention : les connecteurs ne fonctionnent que dans une zone de dessin.

- Deux formes au moins doivent été créées dans une zone de dessin.
- Cliquez dans la zone de dessin, puis sous l'onglet **Insertion**>groupe **Formes**, dans la galerie sous Lignes choisissez la ligne (fléchée ou non) qui servira de connecteur.
- Amenez le pointeur sur la première forme, cliquez sur un des points de connexion (carré rouge) qui apparaissent puis, sans relâcher la pression sur la souris, faites glisser le pointeur sur l'autre forme jusque sur l'un point des points de connexion (carré rouge) qui apparaissent sur la deuxième forme.

Lorsque la connexion est faite, si vous cliquez sur le connecteur, les points de connexion aux deux extrémités du connecteur apparaissent comme des ronds rouges.

Si vous avez réorganisé les formes, vous devrez peut-être replacer certains connecteurs pour qu'ils suivent le trajet le plus direct et ne traversent pas d'autres formes. Vous pouvez les modifier à la souris, mais cela se fait plus facilement et automatiquement par une commande :

- Cliquez sur une des formes connectées, puis sur l'onglet **Outils de dessin/Format**>groupe **Insérer des formes**, cliquez sur le bouton **Modifier la forme**, puis sur la commande Rediriger les connecteurs.

METTRE DU TEXTE SUR UNE FORME

Vous pouvez insérer du texte sur toute forme ayant une surface :

- Cliquez droit sur la forme, puis sur la commande contextuelle Ajouter du texte, ou sous l'onglet **Outils de dessin/Format**>groupe **Insérer des formes**, cliquez sur le bouton **Modifier le texte ❶**.
- Saisissez le texte.

Le texte fait partie intégrante de la forme, il se déplace et il pivote avec la forme.

INSÉRER DES DESSINS

MODIFIER L'ASPECT D'UNE FORME

- Double-cliquez sur la forme, les outils de l'onglet **Outils de dessin/Format** apparaissent sur le Ruban.

Utilisez les styles de formes

- Cliquez sur la forme dont vous souhaitez modifier l'aspect.
  Vous pouvez sélectionner plusieurs formes en cliquant sur les formes avec Ctrl appuyée.
- Dans le groupe **Styles de formes** ❶, sélectionnez un style dans la galerie. Le style est un ensemble d'attributs de remplissage, de contour et d'ombre. Vous pouvez ensuite affiner l'aspect avec les outils Remplissage de forme ▾ , Contour de forme ▾ .

Remplir avec une image

- Dans le groupe **Styles de formes** ❶, cliquez sur **Remplissage de forme**, puis sur la commande Image, sélectionnez le fichier image, puis cliquez sur [Insérer].

Transparence

- Dans le groupe **Styles de formes** ❶, cliquez sur **Remplissage de forme**, puis sur la commande Autres couleurs de remplissage. Au bas du dialogue *Couleurs*, déplacez le curseur de la *Transparence* ou entrez une valeur dans la zone à côté du curseur. Vous pouvez faire varier le pourcentage de transparence de 0 % (totalement opaque, valeur par défaut) à 100 % (totalement transparent).

Effets sur la forme : ombre, réflexion... rotation 3D

- Dans le groupe **Styles de formes** ❶, cliquez sur le bouton **Effets sur la forme**, puis choisissez un type d'effet : Prédini (définit des profondeurs 3D), Ombre (définit des ombres portées), Réflexion (donne des effets de reflets), Lumière (définit des variations de lumière), Bordures adoucies (donne du flou aux bordures), Biseau (donne des bordures biseautées), Rotation 3D (sert à effectuer des rotations 3D). Chaque type d'effet affiche une galerie.
- Choisissez ensuite un des effets proposés, ou cliquez sur la commande des Options de l'effet, située au bas de la galerie des effets proposés, pour spécifier toutes les caractéristiques possibles de l'effet.

Substituer une forme à une autre

Vous pouvez substituer à la forme sélectionnée une autre forme automatique sans avoir à refaire le formatage ni à saisir à nouveau le texte inscrit sur la forme :

- Dans le groupe **Insérer des formes** ❷, cliquez sur **Modifier la forme**, puis sur la commande Modifier la forme et choisissez la forme dans la galerie.

INSÉRER UN DIAGRAMME

Un diagramme inséré dans un document Word est créé avec Excel, sauf si vous n'avez pas installé Excel, auquel cas il est créé avec MSGraph.

INSÉRER UN DIAGRAMME

- Onglet **Insertion**>groupe **Illustrations**, cliquez sur le bouton **Graphique**.

- Dans le dialogue *Insérer un graphique*, sélectionnez le type de diagramme ❶, puis sélectionnez dans la galerie la vignette du diagramme souhaité ❷, cliquez sur [OK].

Une feuille de calcul Excel (si Excel est installé) s'ouvre avec un tableau de données exemple.

- Saisissez vos données à la place des données exemple. Vous pouvez ajouter des données en ajoutant des lignes et des colonnes, inversement vous pouvez faire glisser le coin inférieur droit de la plage de cellules pour diminuer le nombre de données à représenter.

Quand vous avez terminé la saisie de vos données, fermez le classeur Excel, sans enregistrer. Le diagramme créé incorpore les données.

MODIFIER UN DIAGRAMME

Pour modifier un diagramme :

- Double-cliquez sur la bordure du diagramme, puis utilisez les outils des trois onglets **Outils de graphique** :

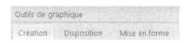

- **Création** : pour modifier les données, le type du diagramme.
- **Disposition** : pour définir des étiquettes, les axes, l'arrière-plan et des courbes de tendance.
- **Mise en forme** : pour modifier les couleurs de remplissage, les contours, les effets.

L'onglet Outils de graphique/Création

- Groupe **Disposition du graphique** ❶, la galerie permet de choisir une disposition prédéfinie qui regroupe des mises en forme : espacement des formes, titre, étiquette, légende... que vous pourrez ensuite affiner avec les outils de l'onglet **Outils de graphique/Disposition** ❷.

INSÉRER UN DIAGRAMME

- Groupe **Styles du graphique** ❷ : la galerie permet de choisir un style prédéfini qui regroupe des choix de couleurs homogènes pour les séries, l'arrière-plan… que vous pourrez affiner avec les outils de l'onglet **Outils de graphique/Mise en forme**>groupe **Styles de forme**.
- Groupe **Données** ❸ :
  Modifier les données : permet de modifier les données dans la feuille de calcul source.
  Sélectionner des données : permet de spécifier quelles séries de données vous voulez représenter sans que les données de la feuille de calcul ne soient modifiées.

❹ Intervertit les lignes et les colonnes.

❺ Sous la rubrique *Entrées de légende* : définissez quelles séries sont à représenter dans le diagramme, ajoutez, modifiez ou supprimez des séries (une série est une plage de cellules en colonne ou en ligne de la feuille de calcul).

❻ Pour indiquer la zone de la feuille de calcul qui contient les étiquettes des séries.

L'onglet Outils de graphique /Disposition

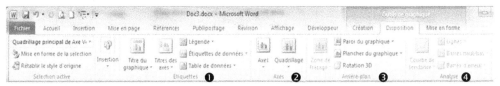

- Groupe **Étiquettes** ❶ : les outils servent à insérer ou à supprimer les titres du graphique, à définir des étiquettes de données, la légende.
- Groupe **Axes** ❷ : les outils servent à définir l'aspect des axes et le quadrillage.
- Groupe **Arrière-plan** ❸ : les outils servent à mettre en forme l'arrière-plan, les parois, le plancher du graphique, et faire une rotation 3D.
- Groupe **Analyse** ❹ : les outils servent à ajouter des courbes de tendance, des lignes de série….

L'onglet Outils de graphique /Mise en forme

- Groupe **Style de formes** ❶ : les outils servent à modifier l'aspect des formes d'une série ou d'un élément de la série. Pour sélectionner une série : cliquez une fois sur un de ses éléments ; pour sélectionner un seul élément : cliquez deux fois sur l'élément.
- Groupe **Organiser** ❷: les outils de ce groupe servent à définir l'habillage du diagramme par rapport au texte et sa position dans le document.
- Groupe **Taille** ❸: ces outils servent à définir très exactement en centimètres la hauteur et la largeur de l'objet diagramme, vous pouvez aussi cliquer sur le lanceur du groupe pour afficher un dialogue *Taille* permettant de fixer précisément l'échelle de réduction ou d'agrandissement, de rétablir la taille initiale, ou d'effectuer un rognage.

INSÉRER UN ORGANIGRAMME

Un organigramme est un objet SmartArt. Illustrons la création d'un organigramme par un exemple.

- Onglet **Insertion**>groupe **Illustrations**, cliquez sur le bouton **SmartArt**. Dans le dialogue *Choisir un graphique SmartArt*, cliquez sur la catégorie *Hiérarchie* dans le volet gauche, puis cliquez sur une vignette d'organigramme hiérarchique (ici **Hiérarchie libellée**), cliquez sur [OK].

  – Pour entrer vos textes : cliquez dans une forme du SmartArt puis tapez votre texte, ou dans le volet *Texte,* que vous faites apparaître en cliquant sur l'icône double flèche sur le bord gauche de l'objet, cliquez sur [Texte], puis saisissez les textes.

MODIFIER UN ORGANIGRAMME

Ajouter une personne au même niveau à droite des personnes existantes

- Cliquez sur la dernière forme du niveau, puis sous l'onglet **Outils SmartArt/Création**>groupe **Créer un graphique**, cliquez sur ⬚ **Ajouter une forme**, ou cliquez droit sur la forme, puis sur Ajouter une forme, puis sur Ajouter la forme après.

Ajouter un niveau au-dessous du dernier niveau actuel

- Cliquez sur une forme du dernier niveau, puis sous l'onglet **Outils SmartArt/Création**>groupe **Créer un graphique**, cliquez sur la flèche du bouton ⬚ **Ajouter une forme**, puis sur Ajouter la forme en dessous.

Promouvoir ou abaisser une forme

- Cliquez sur une forme, onglet **Outils SmartArt/Création**>groupe **Créer un graphique**, cliquez sur **Abaisser** ou **Promouvoir**, ou dans le volet *Texte*, utilisez ⭲ et ⇧+⭲.

Modifier l'aspect des formes et la couleur

- Onglet **Outils SmartArt/Création**>groupe **Styles SmartArt**, la galerie permet de choisir un aspect avec un entourage, des reliefs ou un effet 3D. Le bouton **Modifier les couleurs** sert à choisir des couleurs qui s'appliquent à toutes les formes.

- Onglet **Outils SmartArt/Format**>groupe **Styles de forme** ou groupe **Styles WordArt**, ces outils permettent de modifier le style et les caractères d'une ou plusieurs formes sélectionnées, différemment du style de l'ensemble du SmartArt.

POSITIONNER ET HABILLER LES OBJETS

SÉLECTIONNER LES OBJETS

Sélectionner un objet

- Cliquez sur l'objet ou sur l'un de ses bords si cet l'objet n'est pas plein. Il apparaît alors bordé de carrés ou de ronds : les poignées.

Sélectionner ensemble plusieurs objets

La sélection d'objets multiples de types différents (images, dessins, WordArt) n'est possible que dans une zone de dessin. Vous avez deux façons de procéder :

- Maintenez Ctrl appuyée et sélectionnez successivement les objets.
- Sous l'onglet **Accueil**>groupe **Rechercher**, cliquez sur le bouton **Sélectionner** 🔍 Sélectionner ▾ puis sur la commande Sélectionner les objets. Cliquez dans le document et faites glisser le pointeur de façon à encadrer les objets à sélectionner.

POSITIONNER UN OBJET

Un objet est soit aligné sur le texte (considéré comme un caractère dans un paragraphe), soit flottant (vous pouvez le faire glisser à la souris à toute position dans le document).

Pour positionner un objet flottant :

- Sélectionnez l'objet, puis faites-le glisser à une autre position.

Vous pouvez aussi positionner un objet avec plus de précision par l'outil **Position** :

- Sélectionnez l'objet, puis sous l'onglet **Mise en page** (ou **Format**) >groupe **Organiser**, cliquez sur le bouton **Position**, et choisissez dans la galerie une position prédéfinie la plus proche de celle que vous souhaitez, ensuite vous pourrez ajuster cette position.
- Cliquez à nouveau sur le bouton **Position**, puis sur Autres options de disposition..., dans le dialogue : cliquez sur l'onglet Position.

L'objet peut être aligné horizontalement ❶ (à gauche, au centre ou à droite par rapport à la colonne, aux marges, à la page), et verticalement ❷ (par rapport à la page et aux marges).

Sa position peut être aussi définie par une distance en centimètres (absolue) ou en pourcentage (relative) par rapport à la colonne, aux marges ou à la page.

En vertical, la position absolue peut être spécifiée par rapport au paragraphe d'ancrage.

REDIMENSIONNER UN OBJET

- Sélectionnez l'objet, puis faites glisser l'une des poignées de dimensionnement. Ou, pour fixer une taille en centimètres : sous l'onglet **Outils de dessin/Format** ou l'onglet **Outils de graphique /Mise en forme** (pour les graphiques)>groupe **Taille**, spécifiez la hauteur et la largeur.

Utilisez les poignées situées dans les coins en appuyant sur ⇧ pour conserver les proportions.

SUPPRIMER UN OBJET

- Sélectionnez l'objet, appuyez sur Suppr.

POSITIONNER ET HABILLER LES OBJETS

GROUPER/DISSOCIER DES OBJETS

Vous pouvez grouper (rendre indissociables) des objets, avec la restriction qu'en dehors d'une zone de dessin seules les formes automatiques peuvent être groupées.

- Sélectionnez les objets, puis sous l'onglet **Mise en page** (ou **Format**)>groupe **Organiser**, cliquez sur le bouton ⊞ **Grouper** puis sur la commande Grouper.

Vous pouvez modifier la mise en forme d'un objet groupé en le sélectionnant à l'intérieur du groupe : cliquez sur le groupe, puis cliquez sur l'objet, puis effectuez les modifications d'aspect.

- Pour déplacer / dimensionner un seul des objets d'un groupe, il faut dissocier les objets : sous l'onglet **Mise en page** (ou **Format**)>groupe **Organiser**, cliquez sur ⊞ **Grouper**, puis sur Dissocier.

ORGANISER LA SUPERPOSITION DES OBJETS

Lorsque des objets sont superposés, un objet masque partiellement les objets situés dans son arrière-plan, un objet mis au premier plan est par-dessus tous les autres, un objet mis à l'arrière-plan est par-dessous tous les autres. Vous pouvez organiser la superposition des objets :

- Cliquez droit sur l'objet, puis sur la commande contextuelle Ordre, et choisissez la commande de superposition.
- Les boutons **Avancer** ou **Reculer** permettent de monter ou de descendre d'un niveau. Par ailleurs, les objets peuvent être placés au-dessous du texte (pour faire un filigrane, par exemple) ou être remis au-dessus du texte.

ALIGNER OU DISTRIBUER LES OBJETS

Vous pouvez aligner ou distribuer les objets à condition qu'ils soient flottants et de même type ; s'ils sont de types différents (dessins, images), vous pouvez le faire à condition qu'ils soient dans une zone de dessin.

- Sélectionnez les objets, puis sous l'onglet **Mise en page** (ou **Format**, ou **Mise en forme** pour les graphiques)>groupe **Organiser**, cliquez sur le bouton ⊫ **Aligner**, puis sur la commande qui définit l'alignement ou la répartition que vous voulez.

La commande Paramètres de la grille... donne accès au dialogue *Grille de dessin* pour activer l'alignement des objets sur une grille, pour paramétrer la grille d'alignement, et pour la rendre éventuellement visible à l'écran.

POSITIONNER ET HABILLER LES OBJETS

EFFECTUER DES ROTATIONS ET DES RETOURNEMENTS

Rotations

- Cliquez sur l'objet, puis amenez le pointeur sur la poignée de rotation, point rond de couleur verte situé au-dessus, le pointeur se transforme, cliquez-glissez dans le sens de rotation voulu.
- Cliquez sur l'objet, puis onglet **Mise en page** (ou **Format**)>groupe **Organiser**, cliquez sur le bouton 🔄 **Rotation** et choisissez la commande de rotation, ou sur Autres options de rotation... puis, dans la zone <Rotation>, spécifiez l'angle de rotation.

Retournement horizontal ou vertical :

- Cliquez sur le bouton 🔄 **Rotation**, puis sur la commande de retournement.

ANCRAGE D'UN OBJET FLOTTANT

Tout objet graphique flottant est attaché à un paragraphe, il est ancré au paragraphe. Lorsque vous supprimez, copiez, déplacez un paragraphe, les objets ancrés à ce paragraphe le sont aussi.

Pour visualiser l'ancre

Pour visualiser l'ancre en permanence, activez <☑ Ancrage d'objets> dans les options Word *Affichage*. Vous pouvez les voir ponctuellement en affichant les marques, pour cela : sous l'onglet **Accueil**>groupe **Paragraphe** cliquez sur le bouton ¶ ou Ctrl + ⇧ +8 (clavier principal).

- Cliquez sur l'objet flottant, l'ancre apparaît dans la marge gauche en face du paragraphe sur lequel l'objet est ancré.

Pour ancrer l'objet sur un autre paragraphe

- Faites glisser l'ancre jusque devant cet autre paragraphe.

Verrouiller ou non l'ancrage au paragraphe

Lorsque vous déplacez un objet, par défaut l'objet s'ancre à un nouveau paragraphe, celui sur lequel vous avez placé l'objet. Pour empêcher cela, vous pouvez verrouiller l'ancrage sur le paragraphe.

- Sélectionnez l'objet, puis sous l'onglet **Mise en page** (ou **Format**)>groupe **Organiser**, cliquez sur le bouton **Renvoyer à la ligne automatiquement**, puis sur Autres options de disposition..., dans le dialogue *Disposition*, sous l'onglet Position, cochez l'option <☑ Ancrer>.

Si cette option est active pour un objet, vous pouvez toujours déplacer l'objet sur la page, mais il reste ancré sur le même paragraphe ; par contre, vous ne pouvez plus déplacer l'objet sur une autre page que celle du paragraphe, et vous ne pouvez plus déplacer l'ancre.

L'objet peut ou non se déplacer avec le paragraphe d'ancrage

Le paragraphe peut se trouver plus haut ou plus bas sur une page lorsque vous ajoutez ou supprimez des paragraphes avant lui. Par défaut, l'objet ancré sur le paragraphe n'est pas déplacé, il reste à la même position sur la page. Pour que l'objet soit déplacé avec le paragraphe en conservant la même position verticale par rapport au paragraphe :

- Sélectionnez l'objet, puis sous l'onglet **Mise en page** (ou **Format**)>groupe **Organiser**, cliquez sur le bouton **Renvoyer à la ligne automatiquement** puis sur Autres options de disposition... Dans le dialogue *Disposition*, sous l'onglet Position, cochez l'option <☑ Déplacer avec le texte>.

POSITIONNER ET HABILLER LES OBJETS

HABILLAGE DE L'OBJET PAR LE TEXTE

Il y a habillage lorsque le texte se dispose autour de l'objet. Un objet peut être soit habillé par le texte, soit aligné sur le texte comme un caractère dans un paragraphe.

Une option de Word définit si un objet inséré ou collé est par défaut aligné sur le texte ou habillé par le texte : cliquez sur l'onglet **Fichier** puis sur **Options**, sélectionnez la catégorie *Options avancées* dans le volet de gauche, sous la section Couper, Copier, Coller dans zone de liste déroulante <Insérer/Coller en tant que>, sélectionnez l'option que vous voulez par défaut.

■ Sélectionnez l'objet, puis sous l'onglet **Format**>groupe **Organiser**, cliquez sur le bouton **Renvoyer à la ligne automatiquement**, puis choisissez une option d'habillage.

- *Aligné sur le texte* : l'objet est traité comme un caractère inséré dans le texte.
- *Carré* : le texte se dispose autour d'un espace rectangulaire qui encadre l'objet.
- *Rapproché* : le texte épouse la forme de l'objet.
- *Au travers* : le texte se dispose autour de la bordure de l'objet.
- *Haut et bas* : le texte se dispose au-dessus et au-dessous de l'objet, mais pas latéralement.
- *Devant le texte* : le texte reste disposé sous l'objet.
- *Derrière le texte* : le texte reste disposé par-dessus l'objet.

Pour les objets images (photos, cliparts...), il existe une commande contextuelle Habillage du texte.

Pour régler la distance entre le texte et l'objet ou la gestion du renvoi à la ligne (de quel côté, à gauche comme à droite, se dispose le texte), choisissez la commande Autres options de disposition...

Renvoi à la ligne automatique			
◉ Des deux côtés	○ Seulement à gauche	○ Seulement à droite	○ Seulement le plus grand

Distance du texte

Haut	0 cm	Gauche :	0,32 cm
Bas	0 cm	Droite	0,32 cm

OK   Annuler

PARTIE 2
EXERCICES DE PRISE EN MAIN

ERGONOMIE
WORD 2010

EXERCICE 1 : DÉMARRER ET QUITTER WORD

1-LANCEZ WORD À PARTIR DU MENU TOUS LES PROGRAMMES

- Cliquez sur le bouton *Démarrer* ❶ de Windows situé à gauche de la barre des tâches Windows, puis cliquez sur *Tous les programmes* ❷, puis sur *Microsoft Office*, puis sur *Microsoft Word 2010*.

- Un document texte est ouvert dans la fenêtre Word, tapez vos nom et prénom.

2-ARRÊTEZ WORD

- Cliquez sur l'onglet **Fichier** ❸, puis sur **Quitter**. Comme le document en cours a été modifié, Word affiche une invite.

- Cliquez sur le bouton [Annuler] pour revenir au document dans la fenêtre, sans l'enregistrer.
- Tapez votre adresse sous votre nom, puis arrêtez Word comme précédemment. L'invite s'affiche.
- Cliquez sur le bouton [Ne pas enregistrer] pour arrêter Word sans enregistrer le document.

3-AJOUTEZ WORD AU MENU DÉMARRER

Le menu *Démarrer* de Windows contient une liste des applications que vous lancez directement.

- Ajoutez le programme Word à cette liste : cliquez sur le bouton 🔵 *Démarrer* de Windows, puis sur *Tous les programmes*, puis sur *Microsoft Office*, mais ensuite cliquez droit sur le nom du programme *Microsoft Word 2010*, puis sur Épingler au menu Démarrer dans le menu contextuel.
- Enlevez le programme du menu *Démarrer* : cliquez sur le bouton *Démarrer*, puis cliquez droit sur *Microsoft Word 2010*, enfin cliquez sur Détacher du menu Démarrer.

EXERCICES

→ Démarrez Word 2010 à partir du menu *Tous les programmes >Microsoft Office* de Windows. Le document Word porte le nom *DocumentN* ❹ tant qu'il n'a pas été enregistré sous un autre nom.

→ Tapez Le corbeau et le renard, puis tapez sur ⏎ pour terminer le paragraphe, tapez ensuite Tout flatteur vit aux dépens de celui qui l'écoute.

→ Arrêtez Word sans enregistrer le document.

→ Démarrez à nouveau Word 2010, cette fois-ci à partir du menu *Démarrer*, après avoir ajouté Word dans la liste des programmes du menu *Démarrer*. Tapez Le lion et le rat puis, à la ligne, Patience et longueur de temps font plus que force ni que rage.

→ Puis arrêtez Word sans enregistrer le document.

EXERCICE 2 : LES ÉLÉMENTS DE LA FENÊTRE WORD

Dans la figure ci-dessous, repérez les éléments marqués par une puce numérotée et lisez la description de ce à quoi ils servent.

❶ **Barre de titre** : elle affiche le nom du document en cours, *DocumentN* (N signifiant le n-ième document créé) pour un nouveau document qui n'a pas encore été enregistré, à droite les cases *Réduire, Niveau inférieur/Agrandir, Fermer* la fenêtre   ─ × .

❷ **Barre d'outils Accès rapide** : vous y placez les boutons outils que vous utilisez le plus fréquemment, elle permet un accès aux commandes associées par un simple clic.

❸ **Ruban** : chaque onglet contient plusieurs groupes d'outils, l'onglet **Accueil** comprend les groupes **Presse-papiers, Police, Paragraphe, Style, Modification**. L'onglet **Fichier** permet d'accéder aux commandes de fichier : **Nouveau, Ouvrir, Fermer, Enregistrer, Imprimer**...

❹ **Règle horizontale** : elle sert à placer avec la souris les taquets de tabulation, les retraits de paragraphes et à modifier la taille des marges. Pour la rendre visible ou la masquer : Onglet **Affichage**>groupe **Afficher**, cochez ou décochez la case <☑ **Règle**>.

❺ **Barre de défilement vertical** : elle sert à faire défiler le document dans la fenêtre.

❻ **Barre d'état** : elle affiche le numéro de la page en cours/nombre de pages, le nombre de mots..., dans sa partie droite les boutons permettant de changer le mode d'affichage du document et un curseur permettant d'ajuster le zoom d'affichage.

EXERCICES

Démarrez Word, identifiez chaque partie de la fenêtre et expérimentez par vous-même :

➔ Saisissez le texte `Le corbeau et le renard`, terminez par ⏎ puis à la ligne suivante `Tout flatteur vit aux dépens de celui qui l'écoute.`

➔ Cliquez sur les onglets du Ruban **Accueil, Insertion**..., puis cliquez sur les autres onglets les uns après les autres pour afficher les outils situés sous ces onglets, les outils sont rassemblées par grandes tâches, chacune correspondant à un onglet.

➔ Repérez sous l'onglet **Accueil** les noms des groupes **Presse-papiers, Police, Paragraphe**... à droite du nom de groupe repérez une icône dite **lanceur** de dialogue, cliquez sur le **lanceur** du groupe **Police**, le dialogue *Police* s'affiche. Tapez sur la touche ␛ Echap pour le fermer, faites de même avec le lanceur du groupe **Paragraphe**.

➔ Cliquez ensuite sur le **lanceur** du groupe **Style** qui affiche un volet des styles à droite de la fenêtre, fermez le volet des styles en cliquant sur la case *Fermer* de la barre de titre du volet.

➔ Modifiez la taille de la fenêtre Word, en cliquant sur l'icône *Niveau inférieur/Agrandir* : amenez le pointeur sur l'icône et voyez apparaître une infobulle qui décrit l'icône, cliquez sur l'icône une fois, puis à nouveau pour remettre la fenêtre en affichage agrandi.

➔ Fermez la fenêtre Word sans enregistrer, cliquez sur l'onglet **Fichier**, puis sur **Fermer**, cliquez sur [Ne pas enregistrer] pour ne pas enregistrer ce que vous avez saisi dans le document.

EXERCICE 3 : LES BOUTONS OUTILS SUR LE RUBAN

1-LES OUTILS SONT RASSEMBLÉS PAR ONGLETS (TÂCHES) ET PAR GROUPES (ACTIONS)

Regardez comment les boutons outils sont disposés sous forme de boutons sur le Ruban : ils sont rassemblés par tâche sous des onglets et groupés par type d'action au sein d'un même onglet.

■ Cliquez sur l'onglet **Accueil**, vous y trouverez toutes les commandes servant à la tâche de mise en forme et de manipulation du texte.

■ Les boutons sont regroupés selon les types d'action suivants : agir avec le **Presse-papiers**, formater les caractères **Police**, formater les paragraphes **Paragraphe**, utiliser les styles **Style** et rechercher / remplacer ou sélectionner **Modification**.

■ Amenez le pointeur sur divers boutons outils pour voir s'afficher une infobulle descriptive de l'usage du bouton.

■ Cliquez sur l'onglet **Insertion**, voici un autre onglet qui sert à tout ce qui peut s'insérer dans un document, repérez les différents groupes : **Pages**, **Tableaux**, **Illustrations**, **En-têtes et pied de page**, **Texte**, **Symboles**.

2-CERTAINS BOUTONS DONNENT ACCÈS À UNE GALERIE DE CHOIX

■ Sous l'onglet **Insertion**>groupe **Illustrations**, cliquez sur le bouton **Formes**.
Un menu propose une galerie d'icônes, tapez sur Echap pour annuler.

■ Repérez aussi que sur certains boutons des flèches sont présentes, par exemple sous l'onglet **Accueil**>groupe **Paragraphe**, cliquez sur la flèche associée au dernier bouton **Bordures** pour afficher un menu présentant une galerie de choix de bordures prédéfinies, et en bas la commande d'accès au dialogue Bordure et trame..., tapez sur Echap pour annuler.

EXERCICES

→ Ouvrez un nouveau document : cliquez sur l'onglet **Fichier**, puis sur **Nouveau**, la création d'un document vierge est proposée, cliquez sur le bouton [Créer] situé dans le panneau de droite.

→ Saisissez le texte Le lion et le rat, puis tapez sur ⏎ pour terminer le paragraphe. Puis, dans le paragraphe suivant, saisissez On a souvent besoin d'un plus petit que soi.

→ Cliquez droit sur le second paragraphe, puis sous l'onglet **Accueil**>groupe **Paragraphe**, cliquez sur le bouton **Centrer** qui centre le paragraphe, essayez ensuite le bouton **Aligner à droite**, puis le bouton **Aligner à gauche**.

→ Cliquez sur le premier paragraphe, centrez-le.

→ Cliquez devant le titre, puis sous l'onglet **Insertion**>groupe **Symboles**, cliquez sur le bouton **Symbole** puis sur Autres symboles... et choisissez un symbole, par exemple ▢ (police *Windings*). Le symbole est inséré à l'endroit où vous avez cliqué, en cliquant à un endroit dans le texte vous placez le point d'insertion, tapez un espace au point d'insertion après le symbole.

→ Cliquez sur le paragraphe titre, cliquez sur la flèche du bouton **Bordures**, et dans la galerie choisissez Bordures extérieures : ceci encadre le paragraphe.

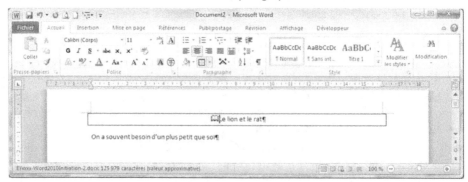

EXERCICE 4 : LA BARRE D'OUTILS ACCÈS RAPIDE

Dans la barre d'outils *Accès rapide*, située en haut à gauche de la fenêtre, placez les outils que vous voulez avoir sous la main en un seul clic.

1-ACTIVEZ OU MASQUEZ LES BOUTONS STANDARDS DE LA BARRE D'OUTILS ACCÈS RAPIDE

Par défaut, trois boutons standards sont affichés : *Enregistrer*, *Annuler* et *Rétablir*.

- Cliquez sur la flèche à droite de la barre *Accès rapide*, puis cliquez sur Nouveau pour activer le bouton *Nouveau*, de la même façon activez les boutons *Ouvrir*, *Aperçu avant impression et imprimer*, puis *Courrier électronique*.
- Pour masquer un des boutons standards, effectuez la même procédure que pour le rendre visible, ce qui a pour effet de le désactiver. Masquez le bouton *Courrier électronique*.

2-AJOUTEZ DES BOUTONS « NON STANDARDS » À LA BARRE D'OUTILS ACCÈS RAPIDE

- Ajoutez un bouton qui figure sur le Ruban : sous l'onglet **Insertion**>groupe **Symbole**, cliquez droit sur le bouton **Symbole**, puis sur Ajouter à la barre d'outils Accès rapide.
- Ajoutez un bouton qui ne figure pas sur le Ruban : cliquez sur la flèche située à droite de la barre *Accès rapide*, puis sur Autres commandes. Le dialogue *Options Word* s'affiche avec la catégorie *Barre d'outils Accès rapide* sélectionnée.
  Dans la zone <Choisir les commandes dans les catégories suivantes> : choisissez la catégorie *Toutes les commandes* puis sélectionnez la commande *Répéter frappe*, enfin cliquez sur [Ajouter>>], dans la zone <Personnaliser la barre d'outils Accès rapide > : choisissez *Pour tous les documents (par défaut)*, puis cliquez sur [OK].
- Ajoutez de la même façon le bouton *Collage spécial*, et le bouton *Correction automatique guillemets* qui sert à basculer entre les guillemets " " et « ».

3-SUPPRIMEZ UN BOUTON DE LA BARRE D'OUTILS ACCÈS RAPIDE

- Cliquez droit sur le bouton à supprimer dans la barre d'outils *Accès rapide*, par exemple *Collage spécial*, puis sur la commande Supprimer de la barre d'outils Accès rapide.

EXERCICES

- → Supprimez tous les boutons de la barre d'outils *Accès rapide*.
- → Réactivez les trois boutons standards *Enregistrer*, *Annuler* et *Rétablir*.
- → Activez ensuite les boutons *Aperçu avant impression et imprimer*, et *Nouveau*.
- → Ajoutez les boutons *Correction automatique guillemets*, *Enregistrer sous* et *Collage spécial*.

- Changez l'ordre des boutons : cliquez sur la flèche située à droite de la barre *Accès rapide*, puis sur Autres commandes..., dans la partie droite cliquez sur le bouton à placer en premier, par exemple *Nouveau*, puis cliquez sur le bouton 🔼, continuez à placer les boutons dans l'ordre que vous voulez, puis cliquez sur [OK] pour valider.

EXERCICE 5 : AFFICHAGE DU DOCUMENT

1- ESSAYEZ DIFFÉRENTS MODES D'AFFICHAGE : PAGE, BROUILLON, PLEIN ÉCRAN

- Sous Onglet **Affichage**>groupe **Affichages document**, utilisez les boutons d'affichage.
- Vous pouvez aussi changer le mode d'affichage à l'aide des icônes qui sont sur la barre d'état.

- Vous pouvez utiliser le raccourci clavier lorsqu'il existe.
- ❶ L'affichage *Page* ([Alt]+[Ctrl]+P) affiche le texte et les objets positionnés dans les pages du document tel qu'à l'impression avec marges, les images flottantes, en-têtes/pieds de page…
- ❷ L'affichage *Lecture Plein écran* facilite la lisibilité d'un document à l'écran. Le texte est grossi et il n'est pas tenu compte de la mise en page du document.
- ❸ L'affichage *Web* ([Alt]+[Ctrl]+O) fait voir le texte comme il sera affiché dans une page Web en ligne. Le texte s'adapte automatiquement à la largeur de la fenêtre. Vous utiliserez ce mode pour préparer des pages Web.
- ❹ L'affichage *Brouillon* ([Alt]+[Ctrl]+N) ne visualise pas les en-têtes / pieds de page, ni les objets flottants…. Seule la mise en forme du texte reste visible.

2- RENDEZ VISIBLES LES CARACTÈRES DE CONTRÔLE NON IMPRIMABLES

Les caractères de contrôle non imprimables marquent la fin de paragraphe, l'espace, le saut de ligne, le saut de page forcé, la fin de section… En les affichant, vous pouvez vérifier par exemple qu'il n'y a pas deux espaces entre deux mots, ou sélectionner une fin de paragraphe, de section….

- Affichez les marques non imprimables (fin de paragraphe, espace…) en cliquant sur le bouton ¶ sous l'onglet **Accueil**>groupe **Paragraphe.** Masquez ces marques en cliquant à nouveau sur ce bouton. Utilisez le raccourci clavier [Ctrl]+[⇧]+8 (sur le clavier principal).

3- MODIFIEZ LE ZOOM D'AFFICHAGE

- Onglet **Affichage**>groupe **Zoom**, utilisez les outils de zoom ; vous pouvez aussi faire glisser le curseur de zoom situé sur la barre d'état à son extrémité droite.

EXERCICES

- → Créez un document texte, tapez le début de la fable Le lièvre et la tortue. Utilisez le bouton **Zoom** pour essayer le zoom à 200 %, à 75 %, puis à 85 %. Essayez en faisant glisser le curseur de zoom, un zoom à 60 % puis à 80 %. Enfin, essayez les boutons de zoom sur **Une page**, sur **Deux pages**, sur la largeur de page, puis cliquez sur le bouton **100%**.
- → Passez en affichage *Web*, puis réduisez la taille de la fenêtre. Que constatez-vous ? Le texte ne tient plus compte des marges, il s'étale sur toute la largeur de la fenêtre. Passez en affichage *Page*, le texte se réajuste entre les marges. Repassez en fenêtre agrandie.
- → Affichez les marques (caractères) non imprimables, puis masquez-les.
- → Passez en affichage *Brouillon*, puis repassez en affichage *Page*.

■ Cliquez sur l'icône *Aide sur Microsoft Word* à l'extrémité droite dans l'alignement des noms onglets du ruban, ou tapez sur la touche F1.

Barre d'outils ❶ :

Précédent : article affiché précédemment.

Suivant : article suivant lorsque sur un article précédent.

Accueil : affiche la page d'accueil de l'aide.

Imprimer : imprime l'article en cours.

Taille police : 5 tailles de police d'affichage.

Masquer/Afficher table des matières : dans le volet de gauche.

Maintenir sur le dessus : maintient l'aide au-dessus de la fenêtre Word active.

■ Pour lancer une recherche : saisissez les mots dans la zone ❷, puis cliquez sur le bouton [Rechercher], le résultat de la recherche est la liste des noms d'articles trouvés.

■ Pour consulter la table des matières : cliquez sur une rubrique qui vous intéresse pour faire apparaître les titres des articles de la rubrique dans le volet de gauche, cliquez sur un titre d'article pour afficher cet article dans le volet de droite.

■ Pour limiter le contenu de l'Aide à ce qui est sur votre ordinateur, cliquez sur le bouton ❸, puis sur Afficher un contenu à partir de cet ordinateur uniquement. Pour obtenir l'aide à partir du site Microsoft, cliquez sur le bouton ❷ puis sur Afficher un contenu à partir de Office.com.

EXERCICES

→ Affichez la fenêtre de l'Aide.

→ Masquez puis réaffichez la table des matières en utilisant le bouton approprié.

→ Ouvrez la rubrique *Création de documents*, l'article *Compter le nombre de mots dans un document*.

→ Ouvrez la rubrique *Mise en forme*, l'article *Définir la police par défaut*.

→ Ouvrez la rubrique *Mise en route de Word 2010*, puis l'article *Fonctionnalités abandonnées ou modifiées dans Word 2010*.

→ Recherchez dans l'Aide le mot `Protégé` ; la liste des articles contenant ce mot s'affiche dans le volet de droite ; cliquez sur l'article *Qu'est-ce que le mode protégé*, puis revenez à la page précédente et ensuite cliquez sur l'article *Documents approuvés*.

→ Recherchez les mots : `mot de passe`, ouvrez l'article *Appliquer un mot de passe à un document*.

→ Recherchez les mots `Word 2003`, ouvrez l'article *Utiliser Word pour ouvrir ou enregistrer un fichier dans un autre format*.

→ Naviguez dans les pages consultées en revenant sur les pages consultées précédemment, en utilisant les outils *Précédent* ou *Suivant*.

→ Cliquez sur la case *Fermeture* pour fermer l'Aide.

→ Affichez la fenêtre d'Aide, redimensionnez la fenêtre d'Aide pour n'occuper qu'un quart de l'écran, masquez la table des matières, puis cliquez sur le bouton servant à maintenir la fenêtre d'Aide au-dessus du document Word pendant que vous travaillez sur le document.

→ Pour voir toute la fenêtre Word, réduisez la fenêtre de l'Aide en un bouton sur la barre des tâches, puis restaurez la fenêtre d'Aide.

CRÉER, METTRE EN FORME ET IMPRIMER

EXERCICE 7 : CRÉER DES DOCUMENTS

1-CRÉEZ UN NOUVEAU DOCUMENT VIERGE BASÉ SUR LE MODÈLE PAR DÉFAUT

Au démarrage de Word, un document vierge basé sur le modèle par défaut `Normal.dotm` est automatiquement créé et affiché à l'écran. Par la suite, pour créer un nouveau document :

- Cliquez sur l'icône ⬚ dans la barre d'outils *Accès rapide*, ou `Ctrl`+N, ou cliquez sur l'onglet **Fichier** puis sur **Nouveau**, sélectionnez le modèle *Document vierge*, puis cliquez sur le bouton [Créer] dans le panneau de droite.

2-CRÉEZ UN DOCUMENT BASÉ SUR UN AUTRE MODÈLE

Il est vous possible de créer des modèles que vous pourrez utiliser en créant des documents basés sur ces modèles. Voici comment créer un document basé sur un modèle existant.

- Cliquez sur l'onglet **Fichier** puis sur **Nouveau**. Dans le panneau central, sous Accueil, ouvrez le dossier *Mes modèles*, ou *Modèles récents*, ou *Exemples de modèles* puis cliquez sur [Créer] dans le panneau de droite. Dans, cet exercice, sélectionnez, dans *Exemples de modèles*, un modèle de CV, puis recommencez avec un modèle de bulletin d'information.

EXERCICES

→ Arrêtez Word, s'il est démarré, sans enregistrer les modifications sur les documents en cours, puis redémarrez Word. Un document vierge est créé automatiquement, saisissez `Angleterre`.

→ Créez un nouveau document en passant par l'onglet **Fichier**. Tant que le document n'a pas été enregistré, il porte le nom provisoire `DocumentN`, où `N` est un numéro attribué automatiquement par Word. Saisissez `Italie` dans le document (ici, ce sera `Document2`).

→ Créez un troisième document en utilisant le raccourci clavier `Ctrl`+N. Saisissez `Espagne`.

→ Créez un document en utilisant le bouton de la barre d'outils *Accès rapide*, Saisissez `Allemagne`.

→ Si vous avez accès à Internet, vous allez utiliser un modèle à partir de *Microsoft Office.com* : cliquez sur l'onglet **Fichier** puis sur **Nouveau**. Sous la section Modèles Office.com, cliquez sur l'icône *Lettres*, puis sélectionnez *Personnel*, puis sélectionnez le modèle *Lettre au Père Noël*, cliquez sur [Télécharger] dans le panneau de droite. Un document est créé, basé sur ce modèle.

→ Chaque document est ouvert dans une fenêtre Word, nous avons donc cinq documents. Passez d'un document à un autre en cliquant sur le bouton qui le représente sur la barre des tâches.

→ Fermez les deux premiers documents, sans enregistrer, en cliquant sur la case *Fermeture* à l'extrémité droite de la barre de titre de la fenêtre.

→ Réorganisez l'affichage des trois derniers documents : sous l'onglet **Affichage**>groupe **Fenêtre**, cliquez sur le bouton **Réorganiser tout**.

→ Agrandissez la fenêtre de la lettre au Père Noël : pour cela cliquez sur la case ⬚ *Agrandir*, située au milieu des trois cases à droite de la barre de titre. Puis, réduisez cette fenêtre en cliquant sur l'icône *Réduire*. Réduisez de la même façon les autres fenêtres document Word.

→ Cliquez sur l'icône Word sur la barre des tâches Windows, cliquez sur la miniature du document de la lettre au Père Noël, la fenêtre reprend la taille qu'elle avait précédemment.

→ Arrêtez Word sans enregistrer les documents.

EXERCICE 8 : SAISIR DU TEXTE

Vous allez saisir un texte, sans vous préoccuper des retours à la ligne qui se font automatiquement quand le curseur atteint la marge droite. Voici un rappel des touches utiles à la saisie.

1-FIN DE LIGNE FORCÉE, FIN DE PARAGRAPHE ET SAUT DE PAGE

- ⏎ insère une fin de paragraphe, symbolisée par le caractère non imprimable ¶.
  ⇧ + ⏎ insère une fin de ligne forcée au sein d'un paragraphe, symbolisée par ↵ .
  Ctrl + ⏎ insère un saut de page.

Les caractères non imprimables : fin de paragraphes (¶), fin de lignes (↵) au sein du même paragraphe, espace (.) ou tabulation (→), peuvent être visibles ou masquées à l'affichage : en cliquant sur le bouton ¶ , sous l'onglet **Accueil**>groupe **Paragraphe**.

2-EFFACEZ DU TEXTE

- ← / Suppr efface le caractère à gauche / à droite du point d'insertion.
- Ctrl + ← / Ctrl + Suppr efface le mot précédant / suivant la position du point d'insertion.
- Pour effacer un bloc de texte : sélectionnez le bloc de texte à effacer et appuyez sur Suppr .

3-MODE INSÉRER/MODE REFRAPPE

En mode *Insérer*, les caractères sont insérés à la position du point d'insertion et le texte à droite est repoussé. En mode *Refrappe*, les caractères tapés recouvrent le texte qui se trouve à la droite du point d'insertion. Pour que la barre d'état affiche un indicateur Insérer ou Refrappe, cliquez droit sur la barre d'état, et cliquez sur Refrappe pour activer l'indicateur.

Le mode *Insérer* est le mode par défaut, si vous voulez utiliser la touche Inser pour pouvoir passer du mode *Insérer* au mode *Refrappe* : activez l'option avancée de Word, sous Options d'édition, <☑ Utiliser la touche Inser pour contrôler le mode Refrappe>.

4-MAJUSCULES ET GUILLEMETS

Dans le texte que vous allez saisir, vous aurez à saisir des majuscules et des guillemets.

- Pour taper un caractère en majuscule : appuyez sur ⇧ en tapant le caractère.
- Dans les options Word vous pouvez faire le choix des apostrophes et des guillemets : accédez à la catégorie *Vérifications* des options de Word, puis dans le volet de droite, cliquez sur le bouton [Options de correction automatique], enfin sous l'onglet Lors de la frappe : activez l'option
  ☑ Guillemets '' ou " " par des guillemets '' ou « »

EXERCICES

→ Créez un nouveau document vierge, activez l'affichage des marques de fin de paragraphe (caractères non imprimables).

→ Saisissez le texte suivant.

Il existe huit planètes dans notre système solaire, dans l'ordre de la plus proche à la plus lointaine du soleil : Mercure, Vénus, Terre, Mars, Jupiter, Saturne, Uranus, Neptune, Pluton.¶

Dans les années 2000, la découverte de plusieurs objets semblables à Pluton, entre autres, a soulevé la question de la définition du terme "planète".¶

On peut se souvenir de l'ordre des planètes grâce à une phrase mnémonique :↵
« Mon vaisseau te montera jusque sur une nouvelle planète »↵
dont les initiales suivent l'ordre de nos planètes (de Mercure à Pluton).¶

¶

→ Essayez les diverses touches de suppression, de refrappe.

EXERCICE 9 : ENREGISTRER LE DOCUMENT

- Cliquez sur le bouton ▣ dans la barre d'outils *Accès rapide*, ou Ctrl+S, ou cliquez sur l'onglet **Fichier** puis sur **Enregistrer**.

  Dans notre exercice, le document n'a encore jamais été enregistré, le dialogue *Enregistrer sous...* est affiché et vous invite à donner un nom au document.

- Sélectionnez le dossier C:\Exercices Word 2010 dans le volet ❶ Dossiers, puis dans la zone ❷ <Nom de fichier> saisissez le nom Planètes et validez en cliquant sur [Enregistrer] ❸.

EXERCICES

➜ Le document ayant été enregistré, ajoutez le paragraphe suivant au document.

> Classiquement, le terme "planète" s'oppose à celui d'"étoile". Planètes et étoiles diffèrent en ceci que l'énergie lumineuse rayonnée par une planète ne provient pas de son sein propre, mais de l'étoile autour de laquelle elle gravite.¶

➜ Enregistrez le document en cliquant sur le bouton *Enregistrer*, sur la barre d'outils *Accès rapide*, l'enregistrement se fait immédiatement, car le fichier a déjà été enregistré précédemment.

➜ Enregistrez le document sous un autre nom : cliquez sur l'onglet **Fichier**, puis sur **Enregistrer sous**, dans le dialogue saisissez le nom Système solaire, validez par [Enregistrer].

➜ Effectuez une modification, puis fermez le document de la façon suivante : cliquez sur l'onglet **Fichier**, puis sur **Fermer**, l'invite pour enregistrer s'affiche.

➜ Cliquez sur [Enregistrer] pour enregistrer avant de fermer le document. La fenêtre Word reste ouverte et vide après la fermeture du document.

➜ Fermez la fenêtre Word : cliquez sur la case de fermeture de sa fenêtre. Vous venez de voir la différence entre fermer un document et fermer la fenêtre (ou arrêter l'application).

EXERCICE 10 : OUVRIR UN DOCUMENT

- Ouvrez un des documents récemment utilisés, c'est le cas du fichier `Système solaire` : cliquez sur l'onglet **Fichier**, dans le panneau de gauche, sous la commande Fermer, s'affiche la liste des cinq fichiers les plus récemment utilisés. Cliquez sur le document `Planètes` (le nombre de documents récents listés peut être modifié dans les options Word).
- Ouvrez un document qui ne fait pas partie des documents récents, par exemple `Fable1` : cliquez sur l'onglet **Fichier** puis sur **Ouvrir**, ou utilisez l'outil *Ouvrir* de la de la barre d'outils *Accès rapide*.

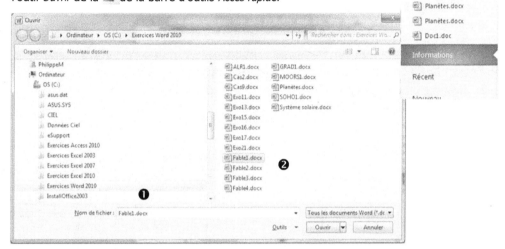

- Choisissez dans l'arborescence le dossier ❶ `C:\Exercices Word 2010`.
- Cliquez sur le nom `Fable1.docx` ❷ puis sur [Ouvrir], ou double-cliquez sur le nom du fichier.

Pour changer le dossier de travail par défaut :

- Cliquez sur l'onglet **Fichier** puis sur **Options**, sélectionnez la catégorie d'options *Enregistrement* puis, dans le volet de droite, dans la zone <Dossier par défaut>, sélectionnez le dossier `C:\Exercices Word 2010`, cliquez sur [OK] pour valider.

EXERCICES

→ Le fichier `Système solaire` est l'un des fichiers récemment utilisés. Ouvrez ce fichier à partir de la liste des documents récents, puis réduisez la fenêtre de ce document (ne la fermez pas).

→ Ouvrez le document `Fable2` qui est dans le répertoire `C:\Exercices Word 2010`. Ouvrez `Fable3`, puis `Fable4`. Réduisez les fenêtres documents Word (ne les fermez pas).

→ Cliquez sur l'icône Word dans la barre des tâches, puis sur la miniature du document `Système solaire`, ce qui met sa fenêtre au premier plan. Enregistrez le document `Système solaire` dans votre dossier `Mes Documents`. Refaites cela sur le document `Fable2`, `Fable3` et `Fable4`.

→ Redéfinissez comme dossier par défaut votre dossier `Mes Documents` (chemin d'accès sous Windows `C:\Utilisateurs\Nom_utilisateur\Mes documents`).

→ Arrêtez Word : cliquez sur l'onglet **Fichier** puis sur **Quitter**.

→ Redémarrez Word. Cliquez sur l'onglet **Fichier** puis sur **Ouvrir**, vous constatez que le dialogue *Ouvrir* s'est ouvert sur votre dossier `Mes Documents` (défini précédemment par défaut). Sélectionnez dans le volet de gauche le dossier `C:\Exercices Word 2010`. Ouvrez ensuite le fichier `Planètes` ainsi que le fichier `Fable1`. Réduisez les deux fenêtres Word.

→ Cliquez sur l'icône Word dans la barre des tâches, puis sur la miniature de `Planètes`, ce qui met sa fenêtre au premier plan. Refermez le document `Planètes`. Refermez ensuite `Fable1`.

1-UTILISEZ LES TOUCHES DE DÉPLACEMENT DU POINT D'INSERTION

- Ouvrez le document `Exo11` et enregistrez-le sous le nom `Tintin` pour expérimenter les déplacements du point d'insertion. Réduisez la taille de la fenêtre. Essayez les touches de déplacement, vous pouvez aussi cliquer dans le texte pour placer le point d'insertion.

  - Déplacement d'un caractère   [→] [←] [↓] [↑]
  - Mot suivant ou précédent   [Ctrl]+[→] ou [Ctrl]+[←]
  - Début/Fin de ligne   [↖] ou [Fin]
  - Paragraphe suivant ou précédent   [Ctrl]+[↓] ou [Ctrl]+[↑]
  - Début ou fin du document   [Ctrl]+[↖] ou [Ctrl]+[Fin]
  - Écran suivant ou précédent   [⇟] ou [⇞]

2-FAITES DÉFILER LE DOCUMENT DANS LA FENÊTRE

Le défilement amène une autre partie du document dans la fenêtre, mais le point d'insertion n'est pas pour autant déplacé. Il faut donc cliquer dans le texte pour y placer le point d'insertion.

- Réduisez la taille de la fenêtre puis essayez tous les défilements possibles.

Faites défiler le document :
- Ligne par ligne, vers le haut ou vers le bas : cliquez sur ❶ ou ❸.
- Défilement continu vertical : faites glisser le curseur de défilement ❷, notez que le numéro de page s'actualise au fur et à mesure dans une infobulle et que vous pouvez donc vous arrêter facilement sur une page dont vous connaissez le numéro.
- Fenêtre par fenêtre : cliquez en dessous ou au-dessus du curseur de défilement ❷.
- Page par page, vers le haut ou vers le bas : cliquez sur ❹.
- Défilement horizontal : faites glisser le curseur de défilement ❺.

3-PARCOUREZ LE DOCUMENT

- Affichez l'explorateur de document : sous l'onglet **Affichage**>groupe **Afficher**, cochez la case <☑ Explorateur de document>. L'explorateur permet de voir la structure des titres dans le document et de cliquer directement sur un titre.
- Rendez-vous au début de la page 5 : cliquez sur le numéro de page dans la barre d'état, saisissez le numéro de page 5, validez par [OK].

EXERCICES

- → Fermez le document sans enregistrer, puis réouvrez `Tintin`, réduisez la taille de la fenêtre.
- → Placez le point d'insertion au début de la dernière phrase du deuxième paragraphe.
- → Faites défiler le document jusqu'à voir le titre `Tintin au Congo : 1930`.
- → Dans l'Explorateur de documents, cliquez sur différents titres, fermez l'Explorateur de documents.
- → Allez à la page 8 par la méthode décrite ci-dessus.
- → Fermez le document sans enregistrer. Agrandissez la fenêtre Word pour qu'elle occupe l'écran.

EXERCICE 12 : TAILLE DU PAPIER ET DES MARGES

Ouvrez le document `Exo12` pour expérimenter les commandes de mise en page. La taille du papier et la mise en page (marges, orientation...) déterminent comment le texte se dispose sur les pages. Si vous travaillez en affichage *Page*, vous aurez pendant la saisie et la mise en forme une vision proche du document imprimé.

1-SPÉCIFIEZ LA TAILLE DU PAPIER SUR LEQUEL VOUS ALLEZ IMPRIMER

- Onglet **Mise en page**>groupe **Mise en page**, cliquez sur le bouton **Taille**, une galerie de format de papier s'affiche : essayez le format A5, voyez le résultat à l'écran puis repassez au format A4.

2-CHANGEZ LES MARGES ET L'ORIENTATION

- Onglet **Mise en page**>groupe **Mise en page**, cliquez sur le bouton **Marges**, une galerie de marges prédéfinies s'affiche : si c'est un des choix prédéfinis qui est actuellement appliqué, c'est la vignette de ce choix qui est surlignée ❶. Si vous souhaitez en changer, choisissez une autre vignette de marges prédéfinies, par exemple *Étroites* ❷, voyez l'effet.

- Modifiez à nouveau les marges, choisissez Marges personnalisées... ❸ le dialogue *Mise en page* s'affiche ; spécifiez les marges comme suit :

- Changez l'orientation en *Paysage* : sous l'onglet **Mise en page**>groupe **Mise en page**, cliquez sur le bouton **Orientation**, cliquez sur Paysage.

Notez que vous pouvez définir plusieurs sections dans un document, chaque section pouvant avoir une mise en page (marges, orientation...) qui lui est propre.

EXERCICES

→ Fermez le document `Exo12` sans l'enregistrer, puis ouvrez à nouveau ce même document, en passant par la liste des documents récents. Passez en affichage *Page* si ce n'est déjà le cas.

→ Changez la taille du papier en A5, vous voyez sur la règle (que vous affichez si ce n'est pas déjà fait) la largeur de la page qui est de 14,8 cm. Repassez en taille de papier A4.

→ La règle horizontale comporte à gauche et à droite des zones grisées de la taille des marges, 2,5 cm. Cliquez sur le bouton **Marges**, vous voyez s'afficher la galerie des marges prédéfinies et la présence d'un surlignage sur la vignette *Normales*, ceci signifie que c'est le choix actuel appliqué. Terminez sans changer le choix de marges : il suffit de cliquer dans le document.

→ Affichez les limites de la zone de texte pour mieux visualiser les limites texte/marges : cliquez sur l'onglet **Fichier**, puis sur **Options**, puis dans la catégorie *Options avancées*, sous la section Afficher le contenu du document, cochez l'option <☑ Afficher les limites d'un texte>.

→ Appliquez le choix de marges *Modérées*, voyez le résultat. Puis, appliquez des marges personnalisées de même taille à gauche, à droite, en haut et en bas : 3 cm.

→ Cliquez sur bouton **Marges**, la vignette en haut de la galerie et marquée d'une étoile est le dernier paramétrage personnalisé qui a été spécifié précédemment sur ce document ou un autre document. Dans le cas présent, c'est celui que vous avez fait (marges de 3 cm).

→ Vérifiez que l'orientation par défaut est le mode *Portrait*, passez en mode *Paysage* et voyez l'effet. Zoomez l'affichage à 40 % puis revenez en mode *Portrait*, repassez à l'affichage à 100 %. Fermez le document `Exo12`, sans enregistrer.

EXERCICE 13 : APERÇU AVANT IMPRESSION

Ouvrez le fichier `Exo13` et enregistrez-le sous le nom `Tintin13`. L'aperçu avant impression sert à vérifier à l'écran les pages avant de les imprimer, il permet d'ajuster la mise en page en visualisant l'impact sur toutes les pages. L'aperçu avant impression évite ainsi des impressions gaspillées.

- Cliquez sur l'onglet **Fichier**, puis sur **Imprimer**, ou cliquez sur l'outil *Aperçu avant impression et imprimer* sur la barre d'outils *Accès rapide* (si vous l'y avez ajouté), ou `Ctrl`+P.

- Sélectionnez l'imprimante à utiliser ❶. C'est important car, selon l'imprimante, il est possible d'imprimer plus ou moins près du bord de la feuille de papier.
- Les icônes ◀ ▶ ❷servent à feuilleter les pages vers l'avant ou l'arrière, essayez-les. Vous pouvez aussi cliquer sur icônes ▼ ▲ de la barre de défilement vertical, ou cliquer au-dessus ou au-dessous du curseur de défilement vertical. Il existe une façon d'aller directement à une page par son numéro, tapez le numéro 7 dans la case ❷ pour aller directement à la page 7.
- Servez-vous du zoom ❸ : cliquez sur ⊕ pour l'augmenter de 10 % en 10 %, sur ⊖ pour le diminuer de 10 % en 10 %. Cliquez sur l'icône pour ajuster 🔳 la taille pour une page entière.
- Changez l'orientation en cliquant sur le bouton ❹. Pour modifier les marges, cliquez sur le bouton ❺. Pour accéder au dialogue *Mise en page*, cliquez sur le lien Mise en page ❻.

EXERCICES

→ Quittez l'aperçu en cliquant sur un autre onglet, par exemple **Accueil**, du Ruban.

→ Affichez l'aperçu avant impression, tapez le numéro de la page 6 pour la voir directement. Feuilletez les pages en arrière une à une, jusqu'à la page 3.

→ Affichez l'aperçu avant impression. Effectuez un zoom à 50 %. Affichez par page entière.

→ Allez à la première page en faisant glisser le curseur de défilement, puis allez de la même façon à la dernière page, puis allez directement à la page 6.

→ Effectuez un zoom de 20 %, vous obtenez une vue d'ensemble des dix pages.

→ Fermez le document sans enregistrer, fermez les autres documents qui seraient encore ouverts.

EXERCICE 14 : IMPRIMER LE DOCUMENT

1- IMPRIMER EN PASSANT PAR L'APERÇU AVANT IMPRESSION

- Ouvrez le fichier Doc14, document de 10 pages, et enregistrez-le sous le nom Titin14.
- Cliquez sur l'onglet **Fichier** puis sur **Imprimer**, ou cliquez sur le bouton *Aperçu avant impression et imprimer* de la barre d'outils *Accès rapide*, ou tapez Ctrl+P.

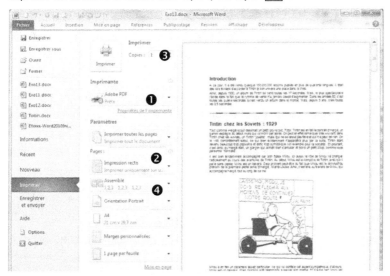

- ❶ Vérifiez le pilote d'impression à utiliser et s'il le faut changez-le, selon l'imprimante. Vérifiez l'aperçu avant impression en feuilletant les pages. Modifiez les marges et la mise en page.
- ❷ Entrez les numéros des pages à imprimer (3;6-8 pour imprimer la page 3 et les pages 6 à 8)
- ❸ Spécifiez le nombre d'exemplaires à imprimer, spécifiez 2 ; et en ❹ spécifiez aussi si les copies doivent être assemblées ou non assemblée.
- Cliquez sur le bouton [Imprimer] pour déclencher l'impression.

2- IMPRIMER DIRECTEMENT SANS PASSER PAR L'APERÇU

Si vous êtes sûr de la mise en page et des options d'impression, parce que vous les avez déjà utilisées précédemment, et que vous voulez imprimer sans vérifier sur l'aperçu avant impression.

- Ouvrez le document Planètes qui est un document d'une page que vous avez créé.
- Cliquez sur le bouton 🖨 *Impression rapide* de la barre d'outils *Accès rapide*.
  L'impression du document démarre (si votre imprimante est connectée et sous tension).

EXERCICES

- → Fermez puis réouvrez le document Tintin14, puis cliquez sur le bouton ❶ puis sur Imprimer dans un fichier, pour activer cette option. Spécifiez que vous voulez imprimer les pages 4 et 5.
- → Déclenchez l'impression ; un dialogue vous demande de spécifier un nom pour le fichier d'impression, entrez par exemple Imprime1, sélectionnez aussi le dossier dans lequel vous voulez enregistrer le fichier, et validez par [OK]. Le fichier d'impression aura l'extension .prn.
- → Ouvrez le document Planètes, que vous avez créé à l'exercice 9. Utilisez le bouton 🖨 *Impression rapide* de la barre d'outils *Accès rapide*. Comme l'impression dans un fichier est toujours active, nommez le fichier d'impression Imprime2.
- → Imprimez le document Planètes sur votre imprimante, pour cela vous devez désactiver l'option Imprimer dans un fichier, puis déclencher l'impression sur l'imprimante.
- → Fermez les documents Word actuellement ouverts.

EXERCICE 15 : SÉLECTIONNER DU TEXTE

De nombreuses commandes nécessitent que l'on sélectionne au préalable le texte sur lequel elles doivent s'appliquer : le texte sélectionné apparaît alors surligné. Voici un rappel des actions pour sélectionner du texte à la souris. Essayez-les sur le document de l'exercice.

Une partie du texte : cliquez et faites glisser le pointeur sur la partie du document.

Des mots : double-cliquez dans le premier mot, puis faites glisser le pointeur.

Des lignes : cliquez entre le bord gauche de la fenêtre et le texte (zone de sélection) au niveau de la première ligne, puis faites glisser vers le bas.

Des phrases : en pressant Ctrl, cliquez dans la première phrase et faites glisser.

Des paragraphes : double-cliquez dans l'espace entre le bord gauche de la fenêtre et le texte au niveau du premier paragraphe, puis faites glisser le pointeur.

Tout le document : cliquez trois fois dans l'espace entre le bord gauche de la fenêtre et le texte (zone de sélection), ou Onglet **Accueil**> groupe **Modification**, cliquez sur **Sélectionner** puis sur *Sélectionner tout*, ou Ctrl+A.

Un bloc vertical : maintenez Alt enfoncée, faites glisser le pointeur.

1-SÉLECTIONNEZ PLUSIEURS BLOCS DE TEXTE DISTINCTS

■ Sélectionnez le premier bloc de texte, appuyez et maintenez enfoncée la touche Ctrl et sélectionnez les autres blocs de texte.

2-ANNULEZ UNE SÉLECTION

■ Cliquez n'importe où dans le texte.

EXERCICES

➔ Ouvrez le document Exo15 et enregistrez-le sous le nom Climat.

➔ Sélectionnez la 1re phrase du paragraphe ❶, puis le premier paragraphe, annulez la sélection.

➔ Sélectionnez en même temps les paragraphes ❶ et ❸, annulez la sélection.

➔ Sélectionnez la totalité du document, puis annulez la sélection.

➔ Sélectionnez simultanément les occurrences de XX ème siècle, puis annulez la sélection.

➔ Expérimentez la sélection avec la touche F8 (mode extension) : cliquez au début de texte à sélectionner, tapez sur F8, placez le point d'insertion à la fin du texte à sélectionner. Tapez sur Echap pour quitter le mode extension. Annulez la sélection.

➔ Expérimentez la sélection avec la touche ⇧ : cliquez au début de texte à sélectionner, puis maintenez ⇧ enfoncée, placez le point d'insertion à la fin du texte à sélectionner.

EXERCICE 16 : COPIER OU DÉPLACER DU TEXTE

En premier lieu, il faut sélectionner le bloc de texte à copier, déplacer ou supprimer : utilisez pour cela les diverses techniques de l'exercice précédent. Ensuite, vous allez essayer les différentes façons de copier ou de déplacer la sélection. Entraînez-vous sur le document de l'exercice.

1-GLISSEZ-DÉPLACEZ LA SÉLECTION DE TEXTE

- Pour déplacer : faites simplement glisser la sélection jusqu'à la nouvelle position.
- Pour copier : maintenez la touche `Ctrl` appuyée, faites glisser la sélection jusqu'à la nouvelle position, puis relâchez la touche `Ctrl`.

2-UTILISEZ LE COPIER/COUPER/COLLER

- Déplacez : cliquez sur le bouton **Couper** (onglet **Accueil**>groupe **Presse-papiers**) ou `Ctrl`+X, ou copiez : cliquez sur le bouton **Copier** (onglet **Accueil**>groupe **Presse-papiers**), ou `Ctrl`+C.
- Collez : cliquez sur le bouton **Coller** ou `Ctrl`+V.

Le formatage d'un paragraphe est contenu dans la marque de fin du paragraphe. La copie ne conserve le format de paragraphe que si la sélection contient la marque de fin du paragraphe.

Si vous voulez que le texte collé adopte la mise en forme du texte dans lequel il est inséré, alors utilisez la commande Collage spécial... en cliquant sur la flèche du bouton **Coller**, et choisissez *Texte sans mise en forme*.

EXERCICES

- → Ouvrez le document Exo16 et enregistrez-le sous le nom Betisier.
- → Sélectionnez les deux premiers paragraphes et déplacez-les sous le cinquième en faisant glisser la sélection, annulez cette action en cliquant sur l'outil *Annuler* dans la barre d'outils *Accès rapide* (si ce bouton n'y figure pas, activez-le).
- → Déplacez à nouveau les deux premiers paragraphes sous le septième par Couper/Coller, annulez cette action.
- → Recopiez le premier paragraphe sous le quatrième en faisant glisser la sélection, tout en maintenant appuyée la touche `Ctrl` ; annulez cette action et recommencez par copier/coller.

- → Sélectionnez le paragraphe copié avec la marque de paragraphe suivante, et supprimez-le.
- → Placez le point d'insertion devant le deuxième paragraphe, maintenez appuyée la touche `⇧` et cliquez devant le sixième paragraphe, faites glisser la sélection à la fin du document pour déplacer les paragraphes.
- → Fermez le document.

EXERCICE 17 : METTRE EN FORME LES CARACTÈRES

Le formatage des caractères s'applique au mot sur lequel se trouve le point d'insertion, ou à tous les mots de la sélection en cours s'il y en a une. Il s'ajoute au format du style de caractère.

1-UTILISEZ LES OUTILS DU RUBAN OU LE DIALOGUE POLICE

- Sous l'onglet **Accueil**>groupe **Police**, amenez le pointeur sur les différents boutons pour lire l'infobulle descriptive, notez que les raccourcis clavier sont indiqués pour la plupart.
- Pour appliquer une mise en forme, cliquez sur le bouton du groupe **Police** ou cliquez sur le lanceur ❶ du groupe **Police** et choisissez les attributs de mise en forme dans la boîte de dialogue *Police*.

2-ENLEVEZ LE FORMATAGE DIRECT

- Sélectionnez les caractères, puis cliquez sur le bouton **Gomme** ❷ ou utilisez le raccourci clavier `Ctrl`+`Espace`.

EXERCICES

→ Ouvrez le fichier `Exo17` et enregistrez-le sous le nom `Bureautique`.

→ Sélectionnez tout le texte, mettez la totalité du texte dans la police *Tahoma*.

→ Mettez le titre en taille 16 et en gras, soulignez des caractères ❶, mettez des mots en italique ❷ et mettez en gras ❸, surlignez en jaune ❹, mettez des caractères (encadrés) en rouge ❺.

→ Annulez (gommez) toutes les couleurs de caractères et le surlignage (❹ ❺).

→ Enregistrez le document et fermez-le.

EXERCICE 18 : SYMBOLES SPÉCIAUX

Vous allez insérer des symboles spéciaux dans le document que vous avez créé lors de l'exercice précédent. Ouvrez le document que vous avez nommé `Bureautique`.

1-SYMBOLES SPÉCIAUX

- Cliquez devant le 1er caractère du titre, puis sous l'onglet **Insertion**>groupe **Symboles**, cliquez sur le bouton **Symboles**, puis sur la commande Autres symboles...

- Sélectionnez la police de caractères en ❶ : choisissez *Wingdings*, *Webdings* ou *Symbol* pour insérer des symboles, puis sélectionnez un symbole en ❷.
- Cliquez sur le bouton [Insérer] ou double-cliquez sur le symbole.

2-MAJUSCULES ACCENTUÉES

Pour obtenir des majuscules accentuées, tapez la minuscule accentuée, puis sélectionnez le caractère accentué et formatez-le en majuscule, via le dialogue *Police* ou par ⇧+F3.

EXERCICES

➔ Insérez le symbole du livre avant le titre (le 6e symbole dans la police *Wingdings*) ❶.
➔ Insérez le symbole © (police *Arial*) dans `Bureautique© SA` ❷, mettez ce caractère en exposant.
➔ Insérez le sous-titre `définition` ❸ en gras, et formatez ce mot en majuscules (avec ⇧+F3), insérez devant un caractère *Windings* (le 9e de la 2e ligne), formatez ce caractère en taille 20.

➔ Insérez une fin de paragraphe après le mot `image` ❹.
➔ Entraînez-vous à insérer d'autres caractères spéciaux de la police *Webdings*, par exemple ♄ ❺ et mettez-les dans une taille suffisante.

EXERCICES 19 : FORMATER LES PARAGRAPHES

Le formatage des paragraphes s'applique au paragraphe dans lequel se trouve le point d'insertion ou à tous les paragraphes de la sélection en cours, s'il y en a une.

1-UTILISEZ LES OUTILS DU RUBAN OU LE DIALOGUE PARAGRAPHE

- Sous l'onglet **Accueil**>groupe **Paragraphe**, amenez le pointeur sur les différents boutons pour lire l'infobulle descriptive, notez que les raccourcis clavier sont indiqués pour la plupart.

- Pour appliquer une mise en forme au paragraphe, cliquez sur le bouton du groupe **Paragraphe** ou cliquez sur le **lanceur** du groupe **Paragraphe** ❶ et choisissez les attributs de mise en forme.

2-ENLEVEZ LE FORMATAGE DE PARAGRAPHE

- Sélectionnez les paragraphes, puis utilisez le raccourci clavier Ctrl+Q qui supprime toute mise en forme directe de paragraphe.

Le paragraphe reprend le format du style qui lui est appliqué.

Vous verrez ultérieurement les styles que l'on peut appliquer aux paragraphes, le style par défaut étant le style *Normal*.

EXERCICES

🕮 Bureautique

(un article de Wikipédia, l'encyclopédie libre).

Le terme de bureautique désigne les applications de l'inf bureau (**secteur tertiaire**).

✍ **DÉFINITION**

Il a été créé en **1976** par Louis NAUGÈS, qui a déposé l créé la société Bureautique® SA en 1980.

- → Selon la définition du Journal officiel (arrêté du 2 février 1982 (France), la bureautique est un ensemb moyens tendant à automatiser les activités de bur traitement et la communication de la parole, de l'é

  🖐 On parlera en anglais de *office automation*, terme

- → Selon l'Association française pour la cybernétique (AFCET devenue Association française des scier l'information et des systèmes), le terme bureautique techniques et des outils tendant à automatiser les désigne une assistance aux activités de bureau. compte les aspects organisationnels dont ceux de la coopération entre des individus actifs à l'intérieur d'un bureau.

- → La bureautique se définit aussi comme la technique de production et de

- Centrez le titre principal (≣ ❷).
- Appliquez un espace après le titre de 20 pt (par le dialogue *Paragraphe* ❸).
- Appliquez un fond gris au paragraphe du titre principal (◔ ▾ ❹).
- Appliquez un retrait gauche de 4 cm et un retrait droit de 4 cm au titre principal (en faisant glisser les marques de retrait du paragraphe sur la règle ou par le dialogue).
- Justifiez le corps du texte sauf les titres (▤ ❺).
- Placez en retrait de -1 cm le titre *DÉFINITION* (par le dialogue ❻ ou en faisant glisser la marque de retrait gauche du paragraphe)
- Appliquez des puces sur les trois paragraphes définissant la bureautique (⋮≣ ▾ ❼).
- Mettez en retrait de 1 cm le paragraphe précédé de 🖐.

EXERCICE 20 : UTILISER LA RÈGLE HORIZONTALE

La règle indique le positionnement des marges (gauche et droite), les retraits du paragraphe sélectionné par rapport aux marges et les taquets de tabulation. Vous pouvez faire glisser ces marques pour modifier les marges, les retraits et les positions de tabulation.

1-REPÉREZ ET DÉPLACEZ LES MARQUES SUR LA RÈGLE

❶ Limite de la marge gauche et ❷ limite de la marge droite (la partie grisée indique l'espace de marge, la partie blanche indique la zone de texte). Amenez le pointeur sur la limite, le pointeur se transforme en ⟺ et une infobulle s'affiche indiquant Marge de gauche ou Marge de droite, cliquez et faites glisser la limite.

❸ Marque le retrait de gauche (par rapport à la marge gauche), ❹ marque le retrait de droite (par rapport à la marge droite) du paragraphe dans lequel se trouve le point d'insertion. Amenez le pointeur sur la marque de retrait, une infobulle s'affiche indiquant Retrait de gauche ou Retrait de droite, cliquez et faites glisser la marque.

❺ Marque le retrait de la première ligne du paragraphe dans lequel se trouve le point d'insertion. Amenez le pointeur sur la marque, une infobulle s'affiche indiquant Retrait de la première ligne, cliquez et faites glisser la marque.

2-POSEZ DES TAQUETS DE TABULATION

La frappe d'une tabulation sert à aligner le texte qui suit sur la position de tabulation suivante. Vous pouvez définir les positions de tabulation pour un paragraphe et les modifier directement avec la souris sur la règle.

■ Cliquez dans le paragraphe, puis cliquez sur la case ❻ jusqu'à obtenir le type de tabulation voulue (*Gauche*, *Droite*, *Centrée*...), puis cliquez dans la règle à la position où vous voulez créer un taquet de tabulation ❼ (à 6,5 cm de la marge gauche). Cliquez à nouveau sur la case ❻ jusqu'à obtenir une tabulation décimale, puis cliquez dans la règle ❽ (à 10,5 cm de la marge).

■ Une fois les taquets de tabulation créés, vous pouvez les déplacer à la souris. Faites glisser le taquet de tabulation gauche puis celui de tabulation décimale.

EXERCICES

- Créez un document vierge, saisissez les cinq paragraphes (les caractères de tabulation s'affichent sous forme d'une flèche).
- Augmentez de 1 cm la marge gauche et la marge droite en faisant glisser les marques sur la règle.
- Dans le deuxième paragraphe, posez des tabulations centrées à 6 cm et 9 cm, dans les trois derniers paragraphes des tabulations décimales à 6 cm et 9 cm.
- Sélectionnez les 4 derniers paragraphes, faites glisser le retrait gauche de 1 cm vers la droite, cliquez sur la flèche associée au bouton *Bordures*, choisissez *Bordure intérieure horizontale*.
- Cliquez dans le premier paragraphe, centrez-le puis cliquez sur le bouton *Trame de fond*. Cliquez sur la couleur de thème noir, sélectionnez le dernier paragraphe et mettez les caractères en gras.

EXERCICE 21 : ANNULER OU RÉPÉTER DES ACTIONS

Les actions précédentes peuvent être annulées. Vous pouvez aussi répéter la dernière action effectuée.

1-ANNULEZ LA DERNIÈRE ACTION

- Après avoir effectué une action quelconque (saisie d'un mot, mise en forme...), cliquez sur le bouton 🔄 ▾ *Annuler* de la barre d'outils *Accès rapide* (raccourci clavier ⌃Ctrl+Z).

  Si le bouton n'apparaît pas, activez-le sur la barre d'outils *Accès rapide*.

2-ANNULEZ LES N DERNIÈRES ACTIONS

- Cliquez sur la flèche du bouton 🔄 ▾ *Annuler*.

La liste des actions précédentes s'affiche dans un menu, la première affichée est la plus récente et les autres suivent par ordre d'ancienneté.

- Cliquez sur l'action à partir de laquelle vous souhaitez annuler (la quatrième, pour annuler les quatre dernières).

3-RÉTABLIR LES DERNIÈRES ACTIONS ANNULÉES (OU RÉPÉTEZ LA DERNIÈRE ACTION)

Si vous venez d'annuler des actions, vous pouvez les rétablir en utilisant le bouton 🔁 *Rétablir* (activez-le sur la barre d'outils *Accès rapide* si ce n'est pas fait).

Notez que si votre dernière action n'est pas une annulation, le bouton 🔁 *Rétablir* se transforme en 🔁 *Répéter*, et il sert à répéter la dernière action.

EXERCICES

➔ Ouvrez le document Exo21 puis enregistrez-le sous le nom Fable8.

➔ Supprimez le paragraphe vide avant le titre Le loup et l'agneau, et le paragraphe vide après, appliquez au paragraphe du titre un espace après de 20 pt.

➔ Cliquez sur le mot loup. Puis, via le dialogue *Police*, appliquez la police *Verdana* en taille 14 en italique, avec les attributs contour et ombre (**loup**), puis sélectionnez le mot agneau et cliquez sur le bouton 🔁 *Répéter* de la barre d'outils *Accès rapide* (répète la dernière action).

➔ Insérez des sauts de ligne après meilleure:, après heure, après désaltérait , après pure., après aventure. Cliquez sur chaque mot en début des nouvelles lignes et tapez ⇧+F3 pour mettre l'initiale en majuscule. Via le dialogue *Paragraphe*, appliquez un interligne de 1,5 ligne.

➔ Cliquez sur la flèche associée au bouton 🔄 ▾ *Annuler* et annulez les cinq dernières actions.

➔ Comme vous venez d'annuler des actions, le bouton 🔁 *Répéter* s'est transformé en 🔁 *Rétablir*, cliquez sur ce bouton pour rétablir la dernière action annulée, le bouton *Rétablir* reste encore actif (car vous aviez annulé cinq actions et vous n'en avez rétabli qu'une), cliquez à nouveau sur le bouton pour rétablir la suivante.

➔ Fermez le document sans enregistrer, puis ouvrez le même document. Vous retrouvez la version antérieure du document, c'est la bonne façon de procéder si vous voulez annuler toutes les modifications depuis le précédent enregistrement.

Partie 3
CAS PRATIQUES

CAP International - S.A. au capital de 900.000 € - 45, rue Paul Deslieux, 75016 Paris.
Tél : 01 45 12 78 45/48 - Fax : 01 45 12 78 69 - Télex : 212458F

Parfumerie SOHO
Madame Sarragossa
56, rue Jean Marceau
75001 Paris

Paris, le 0/11/2010

<u>V/Réf</u> : GL256-03

Madame,

Nous vous remercions de l'accueil que vous avez réservé à notre représentant, Monsieur DUBOIS.

Comme convenu, nous allons vous faire parvenir le matériel nécessaire à notre prochaine campagne de promotion concernant la nouvelle gamme de produits solaires Sun Light.

Cette campagne sera lancée simultanément en France, en Suisse et en Belgique à compter du 15 décembre prochain.

Veuillez agréer, Madame, l'expression de nos sentiments distingués.

Olivier Sigolet
Chef de produit

Sigolet

CAS 1 : CRÉER UN COURRIER

Vous allez créer une lettre comportant l'adresse et la date en retrait, une référence, un texte et le nom du signataire également en retrait.

1-Créez un nouveau document

Si vous venez de lancer Word 2010, un nouveau document vierge est automatiquement affiché à l'écran. Si vous n'êtes pas dans ce cas, il existe trois façons de créer le nouveau document :

- Cliquez sur l'onglet **Fichier** puis sur **Nouveau**, cliquez sur l'icône *Document vierge* (qui correspond au modèle par défaut Normal.dotm) ou appuyez sur Ctrl+N.

Notez le format de caractère par défaut : police *Calibri* de taille *11* et le format de paragraphe par défaut : espace après *10 pt*, espace avant 0 pt, interligne *Multiple 1,15 li*. Pour voir ces valeurs, ouvrez le dialogue *Police* puis annulez ; ensuite, ouvrez le dialogue *Paragraphe* puis annulez.

2-Définissez l'affichage en largeur de page automatique

- Passez en affichage sur la largeur de page : sous l'onglet **Affichage**>groupe **Zoom**, cliquez sur le bouton **Largeur de la page**.

Avec ce choix d'affichage, quelle que soit la taille de la fenêtre Word, le zoom s'adapte automatiquement pour que la page entière soit affichée. Vérifiez en réduisant la taille de la fenêtre, puis agrandissez la fenêtre.

3-Définissez la mise en page

- Sous l'onglet **Mise en page**>groupe **Mise en page**, cliquez sur le bouton **Marges**, la galerie des marges prédéfinies s'affiche, mais les marges que nous voulons n'y figurent pas

- Cliquez alors sur Marges personnalisées... au bas de la galerie, saisissez les valeurs suivantes pour les marges (il est inutile de taper l'unité *cm*, c'est l'unité implicite), validez par [OK].

Haut : 3,5 cm   Gauche : 4,5 cm
Bas : 1,5 cm   Droite : 2,5 cm

Notez que la valeur de 2,5 cm pour la marge du haut aurait été trop petite pour contenir l'en-tête de page avec son logo, que vous définirez plus loin. De même, si vous utilisez un papier en-tête avec un logo en haut de page, il faut que la marge du haut réserve un espace suffisant pour l'emplacement du logo. Le même raisonnement vaut pour la marge du bas et le pied de page.

4-Créez le retrait de l'adresse

- Affichez la règle si elle n'apparaît pas : sous l'onglet **Affichage**>groupe **Afficher**, cochez la case <☑ **Règle**>. Dans la règle, faites glisser la marque de retrait gauche du paragraphe ❶ vers la droite à la position 6,5 cm.

CAS 1 : CRÉER UN COURRIER

5-Saisissez l'adresse avec ce retrait

- Activez l'attribut gras : sous l'onglet **Accueil**>groupe **Police**, cliquez sur le bouton G ou Ctrl +Alt+B, saisissez `Parfumerie SOHO`, puis désactivez le gras : cliquez sur G ou Ctrl+Alt+B.
- Terminez la ligne par ⇧+ ↵, ce qui insère une fin de ligne dans le même paragraphe.
- Saisissez les deux lignes suivantes de l'adresse en les terminant aussi par ⇧+ ↵.
- Saisissez la dernière ligne de l'adresse en terminant par ↵ (fin de paragraphe).
- Tapez à nouveau ↵ (fin de paragraphe) pour insérer un paragraphe vide.

6-Insérez la date du jour automatique

- Tapez `Paris, le`, puis tapez un espace.
- Sous l'onglet **Insertion**>groupe **Texte**, cliquez sur le bouton **Date et heure**, le dialogue *Date et heure* s'affiche : sélectionnez le format de la date, cliquez sur [OK] pour valider.

Le texte de la date fixe du jour actuel qui est inséré, elle ne sera pas modifiée lorsque mettrez à jour le document un jour suivant (sauf si vous avez coché la case <☑ Mise à jour automatique> dans le dialogue *Date et heure*, auquel cas c'est un champ date qui est inséré).

- Appuyez sur ↵ pour terminer le paragraphe contenant la date.

7-Mettez fin au retrait de paragraphe

- Dans la règle, faites glisser à la position 0 cm la marque de retrait gauche du paragraphe.
- Appuyez sur ↵ pour insérer un paragraphe vide.

Notez que l'espace entre les lignes d'un même paragraphe (qu'on appelle l'interligne) n'est pas le même que l'espace avant ou après un paragraphe. Lorsque vous créez un document vierge, le style de paragraphe par défaut (*Normal*) définit l'interligne et l'espace avant/après le paragraphe.

8-Saisissez et mettez en forme la référence

- Tapez `V/Réf : GL256-03`, tapez sur ↵ pour terminer le paragraphe.
- Tapez sur ↵ pour insérer un paragraphe vide.
- Sélectionnez les caractères `GL256-03`, cliquez sur le bouton *I* ou tapez Ctrl+I.
- Sélectionnez les caractères `V/Réf` cliquez sur le bouton S ou tapez Ctrl+U.
- Tapez sur Ctrl+Fin pour placer le point d'insertion en fin du document.

Il est la plupart du temps préférable de saisir le texte sans se préoccuper de la mise en forme, puis de sélectionner les mots ou les portions de texte pour les mettre en gras, italique ou souligné. C'est ce que vous venez de faire.

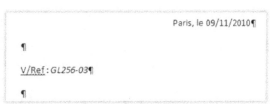

CAS 1 : CRÉER UN COURRIER

9-Saisissez le corps du texte

On veut que les paragraphes du corps du document soient justifiés (aligné à la fois sur les marges gauche et droite) :

- Activez la justification : cliquez sur le bouton ▤ sur le Ruban, ou sous l'onglet **Accueil**>groupe **Paragraphe**, ou tapez Ctrl +J.

- Insérez un paragraphe vide, puis saisissez les paragraphes du courrier en les terminant par ↵ (qui insère un caractère de contrôle de fin de paragraphe).

Notez que les paragraphes s'espacent naturellement du fait de l'espace après de 10 pt, défini dans style par défaut, il n'est donc pas utile de les espacer par des paragraphes vides.

Notez aussi que lorsque vous insérez un caractère fin de paragraphe, le paragraphe suivant adopte la mise en forme du paragraphe précédent. Dans notre cas, tous les paragraphes sont justifiés.

Dans l'encadré à droite :
> Pour éviter d'avoir à saisir le texte, vous le trouverez dans le fichier SOHO1, vous pouvez donc le copier-coller.

Contenu de l'encadré de gauche :
> V/Réf : GL256-03¶
>
> ¶
>
> Madame,¶
>
> Nous vous remercions de l'accueil que vous avez réservé à notre représentant, Monsieur DUBOIS.¶
>
> Comme convenu, nous allons vous faire parvenir le matériel nécessaire à notre prochaine campagne de promotion concernant la nouvelle gamme de produits solaires Sun Light.¶
>
> Cette campagne sera lancée simultanément en France, en Suisse et en Belgique à compter du 15 décembre prochain.¶
>
> Veuillez agréer, Madame, l'expression de nos sentiments distingués.¶

10-Saisissez le nom du signataire

Le curseur étant à la fin du texte :

- Tapez deux fois ↵ pour insérer deux paragraphes vides.
- Dans la règle, faites glisser à la position *7,5 cm* la marque de retrait gauche du paragraphe.
- Saisissez le nom du signataire, terminez la ligne en tapant ⇧+ ↵.
- Activez l'italique : cliquez sur le bouton *I* ou tapez Ctrl +I, saisissez la fonction Chef de produit, désactivez l'italique en cliquant à nouveau sur le bouton *I* ou tapez Ctrl +I.
- Terminez le paragraphe par ↵ qui ajoute un paragraphe vide au-dessous.

> Veuillez agréer, Madame, l'expression de nos sentiments distingués.¶
>
> ¶
>
> Olivier Sigolet↵
> *Chef de produit*¶
>
> ¶

11-Changez la police et la taille des caractères

- Sélectionnez tout le texte : sous l'onglet **Accueil**>groupe **Modification**, cliquez sur le bouton **Sélectionner** puis sur la commande Sélectionner tout, ou tapez sur Ctrl +A.
- Dans le Ruban, sous l'onglet **Accueil**>groupe **Police** : sélectionnez police *Tahoma* et taille *12*.
- Cliquez n'importe où dans le document pour annuler la sélection.

CAS 1 : CRÉER UN COURRIER

12-ENREGISTREZ LE DOCUMENT

- Cliquez sur le bouton 💾 dans la barre d'outils *Accès rapide*, ou cliquez sur l'onglet **Fichier** puis sur **Enregistrer**, ou tapez ⌐Ctrl⌐+S.
- Sélectionnez le lecteur `C:\`, puis double-cliquez sur le dossier `Exercices Word 2010`.
- Dans la zone <Nom de fichier> : tapez `Courrier SOHO`.
- Cliquez sur le bouton [Enregistrer].

13-AJOUTEZ UN EN-TÊTE

- Passez en affichage *Page* si ce n'est pas déjà fait : cliquez sur l'icône *Page* dans la partie droite de la barre d'état de Word

- Double-cliquez dans la zone d'en-tête dans la marge du haut, et saisissez le texte :
  `CAP International - S.A. au capital de 900.000 €. 45, rue Paul Deslieux, 75016 Paris` ⇧+↵ `Tél : 01 45 12 78 45/48 - Fax : 01 45 12 78 69 - Télex : 212458F` ↵ ↵

14-METTEZ EN FORME L'EN-TÊTE

- Sélectionnez tous les paragraphes de l'en-tête puis appliquez la police *Arial* et la taille *8*.

- Cliquez sur le bouton centré ☰ sous l'onglet **Accueil**>groupe **Paragraphe** pour centrer les deux lignes d'en-tête, puis dans la règle, faites glisser la marque de retrait à - 2 cm (retrait négatif par rapport à la marge gauche). En effet, la marge gauche de la page est de 4,5 cm, soit 2 cm de plus que la marge droite, or nous voulons centrer le texte de l'en-tête par rapport à la page et non par rapport aux marges. Il faut donc appliquer un retrait gauche négatif de - 2 cm à l'en-tête.

15-INSÉREZ UN LOGO DANS L'EN-TÊTE

Vous utiliserez l'image `logo.wmf` présente dans le dossier `C:\Exercices Word 2010`.

- Cliquez dans le dernier paragraphe vide de l'en-tête, puis sous l'onglet **Insertion**>groupe **Illustrations**, cliquez sur le bouton **Image**, puis :
- – Si le dossier affiché n'est pas le dossier `C:\Exercices Word 2010`, double-cliquez sur le lecteur `C:\`, puis double-cliquez sur le dossier `Exercices Word 2010`.

CAS 1 : CRÉER UN COURRIER

■ Dans la liste des fichiers qui s'affiche : sélectionnez le fichier `logo.wmf`, cliquez sur [Insérer].

L'image apparaît dans le document, elle est insérée comme unique contenu du paragraphe dans lequel se trouvait le point d'insertion, donc elle est centrée sur la page, puisque le paragraphe est centré.

16-RÉDUISEZ LA TAILLE DE L'IMAGE

■ Cliquez sur l'image, amenez le pointeur sur la poignée du coin inférieur droit, maintenez la touche ⇧ enfoncée pendant que vous faites glisser la poignée du coin inférieur droit pour réduire l'image de façon proportionnelle, jusqu'à 25 % de la taille d'origine.

Pour vérifier l'échelle : cliquez droit sur l'image, puis sur la commande contextuelle Taille et position... Dans le dialogue *Disposition*, sous l'onglet Taille ; les zones <Hauteur> et <Largeur> spécifient l'échelle exacte en pourcentage.

17-IMPRIMEZ LE DOCUMENT

Visualiser l'aperçu avant impression

■ Cliquez sur l'onglet **Fichier** puis sur **Imprimer**, ou cliquez sur le bouton 🔍 *Aperçu avant impression et imprimer* dans la barre d'outils *Accès rapide*.

Imprimez le document.

■ Vérifiez que c'est l'imprimante qui convient qui est choisie, puis cliquez sur l'icône *Imprimer* en haut à gauche du panneau central.

Fermez le document en enregistrant.

■ Cliquez sur l'onglet **Fichier** puis sur **Fermer**.
Répondez [Enregistrer] pour enregistrer les récentes modifications, comme le fichier existe déjà l'enregistrement va écraser le fichier précédent.

CAP International - S.A. au capital de 900.000 € - 45, rue Paul Deslieux, 75016 Paris.
Tél : 01 45 12 78 45/48 - Fax : 01 45 12 78 69 - Télex : 212458F

Parfumerie SOHO
Madame Sarragossa
56, rue Jean Marceau
75001 Paris

Paris, le 09/11/2010

V/Réf : GL256-03

Madame,

Nous vous remercions de l'accueil que vous avez réservé à notre représentant, Monsieur DUBOIS.

Comme convenu, nous allons vous faire parvenir le matériel nécessaire à notre prochaine campagne de promotion concernant la nouvelle gamme de produits solaires Sun Light.

Cette campagne sera lancée simultanément en France, en Suisse et en Belgique à compter du 15 décembre prochain.

Veuillez agréer, Madame, l'expression de nos sentiments distingués.

Olivier Sigolet
Chef de produit

CAS 2 : MODÈLE DE COURRIER

Fonctions utilisées

– *Ouverture d'un fichier*
– *Création de styles*

– *Modification d'un style*
– *Création d'un modèle*

10 mn

La méthode recommandée pour réaliser des courriers qui ont la même mise en forme consiste à créer un modèle, puis à l'utiliser pour créer les documents courrier. Un modèle contient la mise en page et les styles associés aux divers éléments du courrier (l'adresse, le corps du texte et le nom du signataire, dans notre exemple). Pour définir ces différents styles, vous partirez du document identique à celui créé lors de l'exercice précédent.

1-Ouvrez le fichier précédemment utilisé et copiez son texte

Le document Courrier SOHO a été récemment utilisé, donc vous pourrez le retrouver dans la liste des documents récemment utilisés :

- Cliquez sur l'onglet **Fichier**, dans le panneau de gauche sous la commande **Fermer**, vous avez la liste des documents les plus récemment utilisés, cliquez sur Courrier SOHO.

- Copiez la totalité du texte du document Courrier SOHO dans le *Presse-papiers*. Créez un nouveau document, collez dans ce document vierge le contenu du *Presse-papiers* sans reprendre la mise en forme. Le texte collé adopte le style par défaut *Normal*.

- Copiez-collez aussi le contenu de l'en-tête du document Courrier SOHO dans l'en-tête du nouveau document sans reprendre la mise en forme. Le texte collé adopte le style *Normal*.

- Remplacez les trois premières marques de fin de paragraphe par des fins de ligne : sélectionnez la marque de fin de paragraphe et tapez Maj+Entrée. Remplacez aussi la marque de fin de paragraphe de la ligne contenant le nom du signataire par une fin de ligne.

2-Modifiez le style Normal

Le style *Normal* est le style par défaut des paragraphes, actuellement c'est la police *Calibri*, de corps 11 avec un espace après le paragraphe de 10pt.

- Changez en *Arial*, taille 12 la police de caractère par défaut : dans le volet *Styles*, cliquez droit sur le nom de style *Normal*, puis sur Modifier...Le dialogue *Modifier le style* s'affiche.

- Choisissez la police *Arial* et la taille 12, cliquez sur [OK] pour valider la modification du style.

CAS 2 : MODÈLE DE COURRIER

Le style de paragraphe *Normal* étant modifié. Cette modification s'applique à tous les paragraphes de style *Normal* du document, ainsi qu'à tous les autres paragraphes qui sont ou seront basés sur le style *Normal*.

3-Modifiez les marges du document

Sous l'onglet **Mise en page**>groupe **Mise en page**, cliquez sur le bouton **Marges**, puis cliquez sur Marges personnalisées... Spécifiez les marges suivantes : marge haute 5cm, marge basse 2 cm, marge gauche 3,5 cm, marge droite 3,5cm.

4-Créez un style de paragraphe pour l'adresse

Le but est d'enregistrer, sous un nom, le formatage du paragraphe de l'adresse (ici son retrait de 6,5 cm), pour le réutiliser.

- Affichez le volet *Styles* : sous l'onglet **Accueil**>groupe **Style**, cliquez sur le lanceur du groupe **Style**.
- Cliquez dans une des lignes de l'adresse, le style *Normal* est encadré dans le volet *Styles*, c'est le style de ce paragraphe actuellement.
- Déplacez la marque de retrait gauche du paragraphe à 6,5 cm. Sélectionnez tout le paragraphe avec la marque de fin de paragraphe, puis mettez en gras en cliquant sur le bouton **Gras** sur le Ruban.
- Créez le nouveau style basé sur la mise en forme du paragraphe actuel : cliquez sur l'icône 🔠 *Nouveau Style* ❶. Dans le dialogue *Créer un style à partir de la mise en forme*, saisissez le nom du nouveau style : Adresse, spécifiez Normal comme style du paragraphe suivant cliquez sur [OK].
  Le style *Adresse* qui vient d'être créé contient tous les paramètres de format du paragraphe dans lequel se trouvait le point d'insertion au moment de cliquer sur l'icône 🔠.

5-Créez un style pour le nom du signataire

Le but est d'enregistrer sous un nom de style la mise en forme de cette partie de la lettre, en l'occurrence son retrait de 7,5 cm.

- Affichez le volet *Styles* si ce n'est pas déjà fait : sous l'onglet **Accueil**>groupe **Styles**, cliquez sur le lanceur du groupe **Style**.
- Cliquez dans la ligne du signataire, alignez le paragraphe à gauche, puis cliquez sur l'icône 🔠 *Nouveau Style*. Le dialogue *Créer un style à partir de la mise en forme* s'affiche.
- Saisissez le nom du nouveau style : Signataire, cliquez sur [OK].

Le style *Signataire* est créé. Il contient tous les paramètres de format du paragraphe dans lequel se trouvait le curseur au moment du clic sur l'icône 🔠.

CAS 2 : MODÈLE DE COURRIER

6-MODIFIEZ LE STYLE EN-TÊTE

Un des styles par défaut fourni dans le modèle *Normal.dot* est nommé *En-tête*, il est destiné à s'appliquer aux paragraphes de l'en-tête du document. Vous allez modifier ce style.

- Commencez par double-cliquer dans le paragraphe de l'en-tête pour ouvrir l'en-tête en édition, puis cliquez droit sur le style *En-tête* dans le volet *Styles*, puis sur Modifier...

- Spécifiez 8 comme taille de police, puis cliquez sur le bouton [Format], puis sur Paragraphe... Dans le dialogue, sous l'onglet Retrait et espacement, spécifiez les retraits négatifs de 1 cm par rapport aux marges. Validez par [OK]. Cliquez sur le bouton Justifié, et validez par [OK].

- Copiez l'image du logo de l'en-tête du document Courrier SOHO, dans le dernier paragraphe de l'en-tête du nouveau document.

7-EFFACEZ LE CONTENU DE LA LETTRE

Le modèle à créer servira pour produire des courriers. Ce modèle pourrait contenir un texte de base, mais dans cet exercice nous ne mettrons pas de texte, sauf l'en-tête. Vous allez effacer le corps du document :

- Cliquez dans la zone du texte et non dans la zone de l'en-tête, tapez [Ctrl]+A pour sélectionner la totalité du document, puis appuyez sur [Suppr].

Le document apparaît maintenant vide, sauf un premier paragraphe vide (la marque de paragraphe) de style *Normal*. Les styles *Adresse* et *Signataire* existent toujours.

8-APPLIQUEZ UN STYLE À UN PARAGRAPHE

On désire maintenant appliquer le style *Adresse* au premier paragraphe vide qui reste dans le document, puisqu'un courrier commence par une adresse.

- Cliquez dans le paragraphe, dans le volet des styles, cliquez sur le nom de style *Adresse*.

9-ENREGISTREZ EN TANT QUE MODÈLE

- Cliquez sur l'onglet **Fichier** puis sur **Enregistrer et envoyer**, puis dans le panneau central, cliquez sur l'icône *Modifier le type de fichier*, puis cliquez sur le type *Modèle (*.dotx)* pour le sélectionner, enfin cliquez sur l'icône *Enregistrer sous*.

- Dans le dialogue *Enregistrer sous*, dans le volet de gauche sous *Microsoft Word*, cliquez sur lien *Templates*. Dans la zone <Nom de fichier>, saisissez le nom du modèle Mon courrier. Terminez en cliquant sur [Enregistrer].

Le dossier par défaut pour les modèles est : C:\Utilisateurs/nom_utilisateur/AppData/ Roaming/Microsoft/Templates. Pour accéder facilement à ce dossier, Word a créé un lien favori nommé *Templates* vers ce dossier.

CAS 2 : MODÈLE DE COURRIER

Pour pouvoir être utilisés facilement, il faut que les modèles soient enregistrés dans le dossier des modèles qui s'appelle `Templates`, créé au moment de l'installation de Word 2010.

Maintenant que le modèle `MonCourrier` a été créé, observez que le nom de la fenêtre du document est devenu `MonCourrier.dotx`.

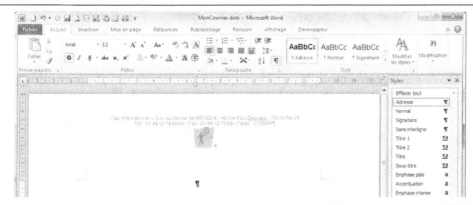

Les modèles ont pour extension `.dotx` ou `.dotm`. Les modèles `.dotx` ne peuvent pas contenir de macros, les modèles `.dotm` peuvent prendre en charge les macros. Par défaut, le modèle créé est un `.dotx`. Dans la zone <Type>, vous auriez pu choisir un modèle Word (`*.dotm`).

■ Fermez le document `MonCourrier.dotx`.

10-UTILISEZ LE MODÈLE DE COURRIER

■ Cliquez sur l'onglet **Fichier**, puis sur **Nouveau** dans le panneau de gauche ; dans le panneau central cliquez sur le dossier *Mes Modèles*, puis sélectionnez le modèle `MonCourrier.dotx`, enfin cliquez sur l'icône *Créer*.

■ Un document nommé `DocumentN` (`N` étant un numéro de séquence) est créé, il contient l'en-tête du modèle de police *Arial* avec le corps 8, et est justifié en retrait de `1cm` par rapport au côté de la marge de gauche, comme de la marge de droite, il contient aussi les styles *Adresse*, *Signataire*. Le style *Normal* utilise la police *Arial* de corps 12.

CAP International - S.A. au capital de 900.000 € - 45, rue Paul Deslieux, 75016 Paris.
Tél : 01 45 12 78 45/48 - Fax : 01 45 12 78 69 - Télex : 212458F

GRAD S.A.
Monsieur Pierre WALTER
78, rue des fainéants
75019 Paris

Paris, le 12 novembre 2010

N/Réf : AP1023

Monsieur,

Suite à notre récente conversation téléphonique, veuillez trouver ci-joint une documentation sur les produits que nous distribuons.

Et voici la liste des promotions du mois :

Ordinateur Compaq Pressario XP720............. 2 250 € HT
Imprimante HP Laserjet 5MP.......................... 1 480 € HT
Microsoft Office... 475 € HT

Notre équipe reste à votre disposition pour toute information complémentaire et peut organiser une démonstration sur les produits de votre choix.

Veuillez agréer, Monsieur, l'expression de mes sentiments distingués.

Alain Parker
Directeur commercial

CAS 3 : COURRIER AVEC LISTE TABULÉE

Fonctions utilisées

– *Utilisation d'un modèle*
– *Saisie de texte*
– *Attributs des caractères*

– *Tabulations et points de suite*
– *Utilisation des styles*
– *Autotexte*

15 mn

Vous allez créer un courrier comportant une liste avec tabulations définies avec des points de suite. Pour ce courrier, vous utiliserez le modèle `MonCourrier` créé dans le cas précédent.

1-CRÉEZ UN DOCUMENT À PARTIR DU MODÈLE DE COURRIER

■ Cliquez sur l'onglet **Fichier** puis sur **Nouveau**. Dans le panneau central sous Accueil, cliquez sur *Mes modèles* ❶ (qui représente le dossier `Templates`) puis cliquez sur votre modèle `MonCourrier`❷. Laissez l'option <⊙ Document> ❸ active car vous voulez créer un document, cliquez sur [OK].

Le nouveau document créé apparaît avec la mise en page et l'en-tête définis, le premier paragraphe est du style *Adresse* en retrait de 7,5 cm. Le document est nommé `DocumentN`.

■ Affichez le volet *Styles* si ce n'est déjà fait, dans la zone du bas de ce volet cliquez sur Options..., puis dans la zone <Sélectionner les styles à afficher> : sélectionnez *Dans le document actif*.

2-SAISISSEZ LE DÉBUT DU COURRIER

■ Le point d'insertion est dans le premier paragraphe de style *Adresse* tel que dans le modèle.

CAS 3 : COURRIER AVEC LISTE TABULÉE

- Tapez les trois premières lignes de l'adresse que vous terminez chacune par ⇧+↵ et la dernière aussi que vous terminez par ⇧+↵.
- Tapez un autre ⇧+↵ pour insérer une ligne vide, puis Tapez `Paris, le` puis un espace, puis sous l'onglet **Insertion**>groupe **Texte** cliquez sur le bouton **Date et heure**, puis cliquez sur le format que vous souhaitez et validez par [OK].
- Tapez sur ↵ pour marquer la fin du paragraphe. Le paragraphe suivant qui se crée prend le style *Normal*, car le style du paragraphe suivant défini dans *Adresse* est le style *Normal*.

- Tapez sur ↵ pour insérer un paragraphe vide du même style *Normal*.
- Saisissez la référence `N/Réf : AP1023`, terminez par ↵.
- Tapez sur ↵ pour insérer un paragraphe vide, toujours de style *Normal*.
- Saisissez le texte, jusqu'à la liste (pour éviter d'avoir à saisir ce texte, vous pouvez le copier/coller à partir du fichier *GRAD1*).

3-POSEZ DES TAQUETS DE TABULATION

Vous allez définir les positions (taquets) de tabulation pour la liste.

- Cliquez dans le dernier paragraphe, insérez un paragraphe vide pour espacer avec le précédent.
- Dans la règle, cliquez à la position *1 cm* ❶ pour y placer une tabulation gauche.

- Cliquez plusieurs fois de suite sur la case ❷ à l'extrémité gauche de la règle jusqu'à faire apparaître un symbole de tabulation droite, puis cliquez sur la graduation 11 cm ❸ pour y placer un taquet de tabulation droite.

4-DÉFINISSEZ DES POINTS DE SUITE

- Ouvrez le dialogue *Paragraphe* en cliquant sur le **Lanceur** du groupe **Paragraphe** sous l'onglet **Accueil**, puis cliquez sur le bouton [Tabulations].
- Dans la zone <Position> ❶ : cliquez dans la liste sur la position *11 cm*, notez l'alignement <⊙ Droite> ❷, activez l'option <⊙ 2.......> ❸ pour définir des points de remplissage, cliquez sur [Définir], puis validez par [OK].

CAS 3 : COURRIER AVEC LISTE TABULÉE

5-SAISISSEZ LA LISTE AVEC TABULATIONS

- Tapez sur ⇥, puis saisissez `Ordinateur Compaq`, tapez sur ⇥, puis saisissez `2 250 € HT` (pour insérer € le symbole de l'euro : AltGr+E), terminez la ligne par ↵.
- Procédez de la même façon pour créer les deux autres lignes, chaque nouvelle ligne hérite du formatage, donc des positions de tabulation, de la précédente.

```
Et voici la liste des promotions du mois :¶

    →   Ordinateur Compaq Pressario ........... → ........... 2 250 € FT¶

    →   Imprimante HP Laserjet ............ → ........ 1 480 € HT¶

    →   Microsoft Office ............ → ........ 475 € HT¶
```

6-COMPLÉTEZ LE DOCUMENT

- Dans le paragraphe sous la liste, appliquez le format *Normal*.
- Saisissez les deux derniers paragraphes séparés par un paragraphe vide, puis insérez un paragraphe vide.

```
Notre équipe reste à votre disposition pour toute information complémentaire et
peut organiser une démonstration sur les produits de votre choix.¶

¶

Veuillez agréer, Monsieur, l'expression de mes sentiments distingués.¶

¶
```

- Cliquez sur le dernier paragraphe, insérez un paragraphe, appliquez le style *Signataire* : cliquez sur le style *Signataire* dans le volet des *Styles*.
- Tapez le nom du signataire `Alain Parker`, puis tapez sur ⇧+↵.
- Saisissez l'intitulé de la fonction : `Directeur Commercial` puis tapez sur ↵.
- Sélectionnez cet intitulé et mettez-le en italique : cliquez sur *I* sur le Ruban ou Ctrl+I.

7-ENREGISTREZ LE DOCUMENT

- Cliquez sur 🖫 dans la barre d'outils *Accès rapide*, ou tapez Ctrl+S, dans la zone <Nom de fichier> : saisissez `Courrier GRAD`, cliquez sur [Enregistrer].

8-IMPRIMEZ LE DOCUMENT

- Visualisez l'aperçu avant impression : cliquez sur l'onglet **Fichier** puis sur **Imprimer**, ou cliquez sur 🔍 *Aperçu avant impression et imprimer* dans la barre d'outils *Accès rapide*.
- Imprimez le document : cliquez sur l'icône *Créer* dans le panneau de droite.

9-CRÉEZ UN STYLE POUR LE PARAGRAPHE AVEC TABULATION

Pour pouvoir réutiliser facilement ce format de paragraphe avec tabulation, définissez un style que vous nommerez *Tab2ps* par exemple (pour signifier 2ᵉ tabulation avec point de suite).

- Placez le curseur dans un paragraphe de la liste, dans le volet *Styles* : cliquez sur l'icône 🄰 *Nouveau Style*. Le dialogue *Créer un style à partir de la mise en forme* s'affiche.
- Saisissez le nom du nouveau style : `Tab2ps`, et activez l'option < ⊙ Nouveaux documents basés sur ce modèle> située dans le bas du dialogue. Cliquez sur [OK] pour valider la création du style.

Le style *Tab2ps* qui vient d'être créé contient tous les paramètres de format du paragraphe dans lequel se trouvait le point d'insertion au moment de cliquer sur l'icône 🄰.

CAS 3 : COURRIER AVEC LISTE TABULÉE

10-ENREGISTREZ LE NOUVEAU STYLE DANS LE MODÈLE MONCOURRIER.DOTX

Word vous proposera d'enregistrer ce nouveau style *Tab2ps* dans le modèle du document lorsque vous enregistrerez le document (c'est l'effet de l'option que vous avez activée).

- Enregistrez le document Courrier GRAD.

Une invite s'affiche pour demander si vous voulez enregistrer les modifications (l'ajout du style) dans le modèle du document qui est Moncourrier.dotx.

- Cliquez sur [Oui] pour enregistrer le style *Tab2ps* aussi dans le modèle de document.

Notez que, s'il ne s'agit que d'enregistrer les styles dans le modèle, cette méthode est plus simple que celle que vous avez employée dans le cas précédent, à savoir effacer tout le contenu du document actuel, et puis enregistrer ensuite en tant que modèle en remplaçant le fichier modèle MonCourrier dans le dossier Templates.

- Fermez le document Courrier GRAD.

CAP International - S.A. au capital de 900.000 € - 45, rue Paul Deslieux, 75016 Paris.
Tél : 01 45 12 78 45/48 - Fax : 01 45 12 78 69 - Télex : 212458F

MOORS et Associés
Monsieur Paul Baudouin
Square Jean Jaurès
75387 Paris cedex 12

Paris, le 12 novembre 2010

Objet : commande par téléphone du 5/11/10.

Monsieur,

Suite à notre entretien téléphonique du 5 novembre, je vous prie de bien vouloir me confirmer par fax ou par courrier vos deux dernières commandes. Ce document devra obligatoirement comporter les mentions suivantes :

1) Votre numéro de client. Si vous n'êtes pas encore référencé chez nous, contactez Mme Cardwell au service clientèle (☎ □□ 01 45 12 36 89).

2) La liste des articles commandés, en précisant la référence, le titre de l'œuvre, la quantité et le prix unitaire.

3) Votre mode de règlement. Pour tout paiement par carte bancaire, précisez son numéro et sa date d'expiration.

Je vous prie d'agréer, Monsieur, l'expression de mes sentiments distingués.

Guillaume Davino
Responsable de clientèle

CAS 4 : COURRIER AVEC LISTE NUMÉROTÉE

Fonctions utilisées

– Utilisation d'un modèle
– Saisie de texte
– Attributs des caractères

– Numérotation d'une liste
– Caractères spéciaux
– Utilisation de styles

15 mn

Vous allez créer un courrier comportant une suite de paragraphes numérotés. Pour ce courrier, vous utiliserez le modèle `MonCourrier` créé dans le cas numéro deux.

1-CRÉEZ UN DOCUMENT À PARTIR DU MODÈLE DE COURRIER

- Cliquez sur l'onglet **Fichier** puis sur **Nouveau**. Dans le panneau central sous Accueil, cliquez sur *Mes modèles* ❶ (qui représente le dossier `Templates`) puis cliquez sur votre modèle `MonCourrier`❷. Laissez l'option <⊙ Document> ❸ active car vous voulez créer un document, cliquez sur [OK].

Le nouveau document est créé avec la mise en page et l'en-tête du modèle, le premier paragraphe est du style *Adresse* en retrait de 7,5 cm. Le document est nommé `DocumentN`.

- Affichez le volet *Styles* si ce n'est déjà fait, cliquez sur <u>Options...</u> *situé* au bas de ce volet, puis dans la zone <Sélectionner les styles à afficher> : choisissez *Dans le document actif* pour n'afficher que les styles personnalisés du document actif.

2-SAISISSEZ LE TEXTE DU COURRIER

Dans un premier temps, ne vous occupez pas des attributs (gras, italique, soulignement).

- Tapez les trois premières lignes de l'adresse terminées par ⇧+⏎, la dernière aussi par ⇧+⏎. Tapez ⇧+⏎ pour ajouter une ligne vide dans le même paragraphe.
- Tapez `Paris, le` puis un espace, puis insérez la date du jour, terminez le paragraphe par ⏎.

Le nouveau paragraphe créé après l'adresse a pris le style *Normal* (style du paragraphe suivant comme défini dans le style *Adresse*).

- Tapez ⏎ pour insérer un paragraphe vide qui conserve le style *Normal*.
- Tapez le texte `Objet commande du 5/11/10`, terminez le paragraphe par ⏎.
- Tapez ⏎ pour insérer un paragraphe vide.
- Saisissez les paragraphes jusqu'au mot `expiration` sans vous préoccuper ni de la numérotation ni du symbole du téléphone, terminez les paragraphes par ⏎ (pour éviter d'avoir à saisir ce texte, vous pouvez le copier/coller à partir du fichier `MOORS1`).
- Insérez un paragraphe vide, puis saisissez la formule de politesse.

MOOR et Associés↵
monsieur Paul Baudouin↵
Square Jean Jaurès↵
75387 Paris cedex 12↵
↵
Paris le 12 novembre 2010¶

¶

Objet : commande par téléphone du 5/11/10¶

¶

Monsieur,¶

¶

Suite à notre entretien téléphonique du 5 septembre, je vous prie de bien vouloir me confirmer par fax ou par courrier vos deux dernières commandes. Ce document devra obligatoirement comporter les mentions suivantes :¶

Votre numéro de client. Si vous n'êtes pas encore référencé chez nous, contactez Mme Cardwell au service clientèle (01 45 12 36 89) ¶

La liste des articles commandés, en précisant la référence, le titre de l'œuvre, la quantité et le prix unitaire.¶

Votre mode de règlement. Pour tout paiement par carte bancaire, précisez son numéro et sa date d'expiration.¶

¶

Veuillez agréer, Monsieur, l'expression de mes sentiments distingués.¶

3- CRÉEZ UNE INSERTION AUTOMATIQUE

Au lieu de ressaisir la formule de politesse dans vos différents courriers, vous pouvez en faire une insertion automatique et la réutiliser rapidement par la suite.

- Sélectionnez le paragraphe de la formule de politesse, puis appuyez sur Alt + F3.

- Dans la zone <Nom> : tapez l'abréviation à lui associer : Polit1, dans la zone <Galerie> : choisissez *Insertion automatique*, cliquez sur [OK] pour valider.

Notez que cette insertion automatique est enregistrée dans un modèle nommé Building Blocks.dotx. Dorénavant, il sera possible d'insérer cette formule de politesse dans n'importe quel document. Faites-en l'essai.

- Effacez la formule de politesse à la fin du courrier, puis à sa place, tapez l'abréviation Polit1 et appuyez sur F3.

La formule de politesse est réinsérée.

- Insérez un paragraphe vide sous la formule de politesse.

CAS 4 : COURRIER AVEC LISTE NUMÉROTÉE

- Sur le dernier paragraphe, appliquez le style *Signataire*.
- Saisissez le nom du signataire, terminez le paragraphe par ⬆+↵ , saisissez la fonction, terminez par ↵, puis, sélectionnez le texte de la fonction et mettez-le en italique.

4-APPLIQUEZ LA NUMÉROTATION AUTOMATIQUE DES PARAGRAPHES

- Sélectionnez l'ensemble des trois paragraphes à numéroter.
- Sous l'onglet **Accueil**>groupe **Paragraphe**, cliquez sur le bouton **Numérotation**.

Les paragraphes sélectionnés sont alors automatiquement numérotés.

- Cliquez n'importe où dans le texte pour annuler la sélection.

> Suite à notre entretien téléphonique du 5 septembre, je vous prie de bien vouloir me confirmer par fax ou par courrier vos deux dernières commandes. Ce document devra obligatoirement comporter les mentions suivantes :¶
>
> 1.→Votre numéro de client. Si vous n'êtes pas encore référencé chez nous, contactez Mme Cardwell au service clientèle (01 45 12 36 89).¶
>
> 2.→La liste des articles commandés, en précisant la référence, le titre de l'œuvre, la quantité et le prix unitaire.¶
>
> 3.→Votre mode de règlement. Pour tout paiement par carte bancaire, précisez son numéro et sa date d'expiration.¶

5-FAITES VARIER LA NUMÉROTATION

- Sélectionnez les paragraphes numérotés, puis cliquez sur la flèche du bouton **Numérotation**.

Un menu présente une galerie de vignettes de types de numérotation.

- Amenez le pointeur (sans cliquer) sur certaines des sept dernières vignettes de la galerie. Vous visualisez dans le document l'effet que donnerait cette numérotation, faites différents essais, cliquez dans le document pour faire disparaître la galerie.
- Recommencez et cliquez sur la vignette servant à appliquer une numérotation du type a) b) c).
- Recommencez et cliquez sur la vignette servant à appliquer une numérotation du type 1) 2) 3).

6-RETRAITS DES PARAGRAPHES LORS DE LA NUMÉROTATION AUTOMATIQUE

- Cliquez sur un paragraphe numéroté, vous constatez que des retraits ont été appliqués automatiquement : retrait gauche de 0,63 cm et retrait négatif de première ligne de -0,63 cm.

Si vous modifiez ces retraits, puis que vous réappliquez la numérotation en cliquant sur le bouton *Numérotation* ou sur sa flèche, les retraits automatiques par défaut de 0,63 cm se rétablissent.

Pour éviter cela, qui peut être un inconvénient, vous pouvez changer la valeur des retraits qui sont appliqués automatiquement par le bouton **Numérotation**. Pour cela :

- Cliquez sur la flèche associée au bouton suivant **Liste à plusieurs niveaux**, puis cliquez sur la commande Définir une nouvelle liste à plusieurs niveaux..., sélectionnez le niveau *1*, puis définissez les valeurs de retrait suivantes <Alignement> = 0, <Retrait du texte à > = 0,5 et <Alignement des numéros> : *Gauche*.

Ces valeurs sont ensuite celles que Word prend, dans ce document, pour les retraits automatiques appliqués par la numérotation des paragraphes.

CAS 4 : COURRIER AVEC LISTE NUMÉROTÉE

7-INSÉREZ DES SYMBOLES SPÉCIAUX

Pour agrémenter vos documents, vous pouvez utiliser des symboles spéciaux : par exemple le symbole du téléphone (☎).

- Cliquez devant le numéro de téléphone, puis sous l'onglet **Insertion**>groupe **Symboles**, cliquez sur le bouton **Symboles** puis sur Autres symboles.... Sélectionnez la police *Windings* puis double-cliquez sur le symbole ☎ (le 9e sur la première ligne), cliquez sur [Fermer] pour fermer le dialogue.
- Tapez ensuite un espace entre le caractère spécial et le texte qui suit.

> 1.→Votre numéro de client. Si vous n'êtes pas encore référencé chez nous, contactez Mme Cardwell au service clientèle (☎ 01 45 12 36 89).¶

8-CHANGEZ L'ESPACEMENT ENTRE DES PARAGRAPHES

- Sélectionnez les trois paragraphes numérotés, via le dialogue *Paragraphe* : définissez un espace avant de 0,5 cm et un espace après de 0,5 cm, cliquez sur [OK].

Vous pouvez constater sur les deuxième et troisième paragraphes numérotés que l'espace avant un paragraphe ne s'ajoute pas à l'espace après le paragraphe qui le précède.
C'est une option de Word qu'il est conseillé de conserver (elle est définie dans les options avancées, cliquez sur ⊞ *Options de mise en page* situé au bas de la liste ; <□ Ne pas utiliser l'espacement automatique de paragraphe HTML> ne doit pas être cochée pour ne pas cumuler les espaces avant et après).

9-METTEZ EN FORME LES CARACTÈRES

- Mettez le texte de l'objet en italique, et soulignez le mot Objet.

10-ENREGISTREZ LE DOCUMENT

- Cliquez sur 🖫 dans la barre d'outils *Accès rapide*, ou tapez Ctrl+S. Sélectionnez le dossier C:\Exercices Word 2010, puis dans la zone <Nom de fichier> : saisissez Courrier MOORS, cliquez sur [Enregistrer].

11-IMPRIMEZ ET FERMEZ LE DOCUMENT

- Visualisez l'aperçu avant impression : cliquez sur l'onglet **Fichier** puis sur **Imprimer** ou cliquez sur 🔍 *Aperçu avant impression et imprimer* dans la barre d'outils *Accès rapide*. Tapez sur la touche Echap pour quitter le mode Backstage.
- Imprimez le document : cliquez sur 🖶 dans la barre d'outils *Accès rapide* pour lancer l'impression sans passer par le dialogue.
- Fermez le document.

CAP International - S.A. au capital de 900.000 € - 45, rue Paul Deslieux, 75016 Paris.
Tél : 01 45 12 78 45/48 - Fax : 01 45 12 78 69 - Télex : 212458F

ALR Consultants
Monsieur Paul Salomon
78, Bd de la Seine
75016 Paris

Paris, le 12 novembre 2010

<u>Réf</u> : *DF/JJP/52.*

Monsieur,

Nous avons le plaisir de vous adresser ci-joint un chèque n° 967532 tiré sur la Société Générale, en règlement de l'avance sur droits dérivés de l'édition russe de l'ouvrage suivant :

[Le traitement de texte du XXIe siècle].

TOTAL DES DROITS DÉRIVÉS	3 560,80 €
Votre part 60%	1 780,40 €
Retenue Agessa	122,85 €
Retenue C.S.G	18,60 €

MONTANT À RÉGLER

Vous en souhaitant bonne réception, nous vous prions d'agréer, Monsieur, l'expression de nos sentiments distingués.

Delphine Merlier

CAS 5 : COURRIER AVEC UN TABLEAU

Fonctions utilisées

– *Utilisation d'un modèle* – *Création de tableau*
– *Saisie de texte* – *Calcul d'une somme*
– *Attributs des caractères* – *Utilisation des styles*

15 mn

Vous allez créer un courrier comportant un tableau. Ce courrier sera basé sur le modèle que vous avez créé `MonCourrier.dotx`.

1-CRÉEZ UN DOCUMENT À PARTIR DU MODÈLE DE COURRIER

■ Cliquez sur l'onglet **Fichier** puis sur **Nouveau**. Dans le panneau central sous Accueil, cliquez sur *Mes modèles* ❶ (qui représente le dossier `Templates`) puis cliquez sur votre modèle `MonCourrier`❷. Laissez l'option <⊙ Document> ❸ active car vous voulez créer un document, cliquez sur [OK].

Le nouveau document est créé avec la mise en page et l'en-tête du modèle, le premier paragraphe est du style *Adresse* en retrait de 7,5 cm. Le document est nommé `DocumentN`.

■ Affichez le volet *Styles* si ce n'est déjà fait, cliquez sur Options... *situé* au bas de ce volet, puis dans la zone <Sélectionner les styles à afficher> : choisissez *Dans le document actif* pour n'afficher que les styles personnalisés du document actif.

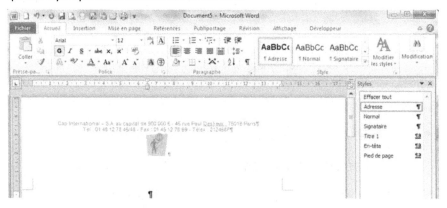

2-SAISISSEZ LE TEXTE DU COURRIER

Dans un premier temps, ne vous occupez pas des attributs (gras, italique, soulignement).

■ Tapez les trois premières lignes de l'adresse terminées par ⇧+↵, la quatrième également par ⇧+↵. Tapez ensuite ⇧+↵ pour ajouter une ligne vide dans le même paragraphe.

■ Tapez `Paris, le` puis un espace, puis tapez la date du jour, terminez le paragraphe par ↵.

Le nouveau paragraphe créé après l'adresse a pris le style *Normal* (style du paragraphe suivant comme défini dans le style *Adresse*).

■ Tapez ↵ pour insérer un paragraphe vide qui conserve le style *Normal*.

■ Saisissez le texte `Réf : DF/JJP/52.`, terminez le paragraphe par ↵.

- Tapez ⏎ pour insérer un paragraphe vide.
- Saisissez les paragraphes jusqu'à XXIe siècle », terminez ce paragraphe par ⏎.

— Pour éviter d'avoir à saisir ce texte, vous pouvez le copier/coller à partir du fichier ALR0, sans reprendre la mise en forme. Pour cela, après avoir collé le texte, cliquez sur la balise puis sélectionnez l'icône *Fusionner la mise en forme (F)*.

Les guillemets à chevrons « » s'obtiennent par la frappe de la touche 3 du clavier principal. Si cette touche génère le caractère ", activez l'option des guillemets typographiques « » :

- Cliquez sur l'onglet **Fichier** puis sur **Options**, sélectionnez la catégorie *Vérification* dans le volet de gauche, puis cliquez sur le bouton [Options de correction automatique] dans le volet de droite, puis cliquez sur l'onglet Lors de la frappe, et cochez l'option ❶.

3-INSÉREZ LE TABLEAU

- Placez le curseur en fin de document par ⎇Ctrl⎇ + ⎇Fin⎇.
- Insérez un paragraphe vide, puis sous l'onglet **Insertion**>groupe **Tableaux**, cliquez sur le bouton **Tableau**, puis sur la commande Insérer un tableau...
- Spécifiez que vous voulez deux colonnes et six lignes.
- Cliquez sur [OK] pour insérer le tableau.

Les cellules du tableau créé sont bordées par un trait d'épaisseur *1 pt* ; c'est une option par défaut de Word lors de la création d'un tableau.

4-SAISISSEZ DANS UN TABLEAU

- Cliquez dans la première cellule du tableau, saisissez `Total des droits dérivés`.
- Sélectionnez le contenu de la cellule en cliquant trois fois dans la cellule, puis tapez ⌂+F3 jusqu'à ce que tous les caractères soient mis en majuscules, cliquez à nouveau dans la cellule pour désélectionner.

Vous constatez que le é minuscule a été changé en É majuscule accentuée, l'utilisation des majuscules accentuées est une option de Word : dans les options de Vérification, <☑ Majuscules accentuées en français>.

Comme les caractères majuscules accentuées ne peuvent pas être frappés au clavier, la bonne méthode pour les saisir consiste à les taper en minuscules et à leur appliquer l'attribut Majuscule.

- Tapez sur ⭾ pour passer à la cellule suivante, saisissez `3560,80` € (€ s'obtient par AltGr+E).
- Appuyez sur ⭾ pour passer à la cellule suivante.

5-DÉFINISSEZ L'ALIGNEMENT DU TEXTE DANS LES CELLULES

L'alignement par défaut est à gauche, vous pouvez modifier l'alignement des cellules.

- Sélectionnez la deuxième colonne : amenez le pointeur sur la bordure du haut de la deuxième colonne, lorsque le pointeur s'est transformé en ↓ , cliquez sur cette bordure.
- Sous l'onglet **Accueil**>groupe **Paragraphe**, cliquez sur le bouton **Aligner le texte à droite**.

6-DÉFINISSEZ LES MARGES À L'INTÉRIEUR DES CELLULES

Le texte dans les cellules est trop proche de la bordure du haut des cellules, vous pouvez définir une marge à l'intérieur des cellules :

- Sous l'onglet **Outils de tableau/Disposition**>groupe **Alignement**, cliquez sur l'outil **Marges de la cellule**, puis saisissez *0,19 cm* dans la zone <Haut>.

- Saisissez le reste des données, sauf dans la dernière cellule, ne saisissez pas la valeur du montant à régler, car nous allons ensuite demander à Word de la calculer lui-même :

TOTAL DES DROITS DÉRIVÉS¤	3560,80 €¤¤
Votre part 60%¤	1780,40 €¤¤
Retenue Agessa¤	122,85 €¤¤
Retenue C.S.G¤	18,60 €¤¤
¤	-----------¤¤
MONTANT A REGLER¤	¤¤

CAS 5 : COURRIER AVEC UN TABLEAU

7-Utilisez une formule de calcul dans un tableau

Pour effectuer un calcul dans un tableau, nous allons créer une formule en utilisant les références des cellules. Comme dans une feuille de calcul d'un tableur, les colonnes sont représentées par des lettres, et les lignes par des nombres.

- Cliquez dans la dernière cellule de la deuxième colonne qui doit contenir la formule.
- Sous l'onglet **Outils de tableau/Disposition**>groupe **Données**, cliquez sur *fx* **Formule**.
- Dans la zone <Formule> : saisissez =B1-B2-B3-B4, dans la zone <Format de nombre> : choisissez le format # ##0,00 , puis cliquez sur [OK].

Le résultat de la formule s'affiche en grisé, car il s'agit d'un champ et pas d'une valeur, cliquez après le champ et insérez un espace et le symbole €.

Notez que le calcul est dynamique : si vous changez les nombres dans la deuxième colonne, la formule est recalculée automatiquement.

8-Définissez les largeurs de colonne

Modifiez la largeur de la deuxième colonne :

- Placez le curseur dans la deuxième colonne, puis sous l'onglet **Outils de tableau/Disposition**>groupe **Taille de la cellule**, cliquez dans la zone **<Largeur de colonne> ❶** et spécifiez 3.

Vous constatez que le tableau a diminué sa largeur d'autant.

- Essayez un autre procédé : faites glisser la séparation entre les deux colonnes, vous changez la largeur de chaque colonne (l'une devient plus large, l'autre moins), avec ce procédé le tableau conserve sa largeur globale.

Ajustez automatiquement les largeurs de colonne :

- Cliquez sur le bouton **Ajustement automatique**, puis cliquez sur :
- *Ajustement automatique de la fenêtre* : pour agrandir à tout l'espace entre les marges,
- *Ajustement automatique au contenu* : pour ajuster chaque colonne à son contenu.

Finalement, définissez la largeur de la première colonne à 7 cm, et celle de la deuxième à 3 cm.

9-Supprimez l'encadrement du tableau

- Sélectionnez tout le tableau : cliquez dans la première cellule et faites glisser le pointeur jusque sur la dernière cellule, ensuite sous l'onglet **Accueil**>groupe **Paragraphe**, cliquez sur la flèche du bouton **Bordures**, puis sur Aucune bordure.

10-METTEZ EN FORME L'EXPOSANT

Ce document contient une lettre qui doit être mise en exposant : XXIe.

- Sélectionnez le caractère à mettre en exposant : e, puis sous l'onglet **Accueil**>groupe **Police** cliquez sur le bouton **Exposant**.

Une option de Word permet la mise automatique en exposant des caractères qui suivent un numéro pour en faire un nombre ordinal, 1er ,1re, 2e, 2ème etc. Dans la rubrique *Vérifications*, sous l'onglet Lors de la frappe, activez l'option <Ordinaux (1er) en exposant>. Mais, cela ne fonctionne pas avec les nombres en caractères latins XXI, dans notre cas.

11-TERMINEZ LA SAISIE DU DOCUMENT

- Appuyez sur Ctrl + Fin pour aller à la fin du document.
- Insérez un paragraphe vide par ↵.
- Insérez la formule de politesse que vous avez enregistrée en tant qu'insertion automatique dans le cas n° 4 : saisissez Polit1 puis tapez F3. Tapez ↵ pour terminer le paragraphe.
- Insérez un paragraphe vide par ↵.
- Appliquez le style *Signataire.*
- Saisissez le nom du signataire Delphine Merlier, tapez sur ↵.

12-ENREGISTREZ LE DOCUMENT

- Cliquez sur 🖫 dans la barre d'outils *Accès rapide*, ou tapez Ctrl +S. Dans la zone <Nom de fichier> : saisissez Courrier ALR, cliquez sur [Enregistrer].

13-IMPRIMEZ ET FERMEZ LE DOCUMENT

- Visualisez l'aperçu avant impression : cliquez sur l'onglet **Fichier** puis sur **Imprimer**, ou cliquez sur 🔍 dans la barre d'outils *Accès rapide*, ou Ctrl+P. Quittez l'aperçu sans imprimer en tapant sur Echap ou en cliquant sur l'un des onglets.
- Imprimez le document : cliquez sur 🖶 dans la barre d'outils *Accès rapide* pour lancer l'impression sans passer par le dialogue.
- Fermez le document.

MÉMO

Date :	12 novembre 2010
Objet :	Préparation réunion du 25 novembre 2010
Émetteur :	Jean-Paul MARTIN
Destinataires :	Comité de Direction
Copies :	Président

Le planning de la campagne devra impérativement être présenté lors de notre prochaine réunion du 25 novembre. Aussi, veuillez préparer pour cette date :

- La maquette de la plaquette promotionnelle.
- Une estimation des délais de production.
- Un devis pour un tirage de 20 000 exemplaires.

Merci.

CAS 6 : MÉMO

Un mémo étant un document susceptible d'être produit très régulièrement, vous allez créer puis utiliser un modèle de mémo qui contiendra déjà la mise en page, le cartouche de présentation du mémo et le filet horizontal.

1-CRÉEZ LE DOCUMENT ET SA MISE EN PAGE

Cliquez sur le bouton *Nouveau* dans la barre d'outils *Accès rapide*, ou utilisez [Ctrl]+N.

- Sous l'onglet **Mise en page**>groupe **Mise en page**, cliquez sur le bouton **Marges**, cliquez sur Marges personnalisées... Spécifiez les valeurs suivantes pour les marges, validez par [OK].

2-MODIFIEZ LA POLICE DU STYLE NORMAL

- Affichez le volet *Styles*, constatez que le paragraphe initial est du style *Normal*, appliquez à ce paragraphe une mise en forme : sélectionnez le paragraphe (y compris le caractère de fin de paragraphe) appliquez la police *Times New roman* ❶, et la taille de caractère 12 ❷.

Le paragraphe est toujours du style *Normal*, mais il a maintenant, en plus, une mise en forme directe qui s'ajoute à celle du style : police *Arial* de taille 12. Nous voulons modifier le style *Normal*, de façon qu'il intègre la mise en forme directe du paragraphe actuel.

- Cliquez dans le paragraphe, cliquez droit sur le nom de style *Normal* dans le volet *Styles*, puis cliquez sur la commande contextuelle Mettre à jour Normal pour correspondre à la sélection.

3-CRÉEZ LE TITRE

- Saisissez le titre Mémo et tapez sur [↵].
- Sélectionnez le texte saisi Mémo, tapez sur [⇧]+F3 jusqu'à avoir les caractères en majuscules, puis, à l'aide des boutons sur le Ruban, appliquez la taille *36*, le gras et l'italique.
- Posez un taquet de tabulation alignée droite dans la règle à 15 cm, soit exactement sur la marque de marge droite, cliquez après Mémo, tapez une tabulation, insérez une image (logo.wmf qui se trouve dans le dossier C:\Exercices Word 2010), réduisez la taille de l'image à 25 %.

CAS 6 : MÉMO

4-Réduisez le Ruban pour laisser plus d'espace à l'affichage du document

Vous remarquerez que, dans l'image écran précédente, le Ruban est réduit simplement à ses onglets, vous ne voyez plus en permanence les boutons sous les onglets. De cette façon, le Ruban occupe moins d'espace sur l'écran, et laisse plus d'espace pour afficher le document.

- Réduisez le Ruban : cliquez droit sur un onglet du Ruban, puis sur Réduire le ruban.

Pour accéder aux boutons d'un onglet du Ruban, il faut cliquer sur l'onglet, vous pouvez alors utiliser les boutons de commande, mais dès que la commande est exécutée le Ruban se réduit à nouveau à ses onglets.

- Faites trois essais de mise en forme de caractère, puis annulez ces trois essais en utilisant le bouton *Annuler* de la barre d'outils *Accès rapide*.

5-Créez un tableau pour le cartouche de présentation

- Appuyez sur Ctrl+Fin pour aller à la fin du document.
- Appuyez sur ↵ pour insérer un paragraphe vide.
- Insérez un tableau de 5 lignes et de deux colonnes, pour cela : Sous l'onglet **Insertion**>groupe **Tableaux**, cliquez sur le bouton **Tableau**, un menu affiche une grille, amenez le pointeur sur la case deuxième colonne et cinquième ligne.

Le tableau s'affiche à l'écran, ce qui vous permet de visualiser le résultat avant d'effectuer la commande.

- Cliquez sur la case pour effectuer la commande d'insertion du tableau.

6-Modifiez la largeur des colonnes et la hauteur des lignes

- Amenez le pointeur sur le trait vertical séparant les colonnes : il change de forme. Faites glisser vers la gauche jusqu'à la position *4 cm* (dans la règle). Pour être très précis, cliquez dans la première colonne, puis tapez 4 dans la zone **<Tableau Largeur de colonne>** sur le Ruban, sous l'onglet **Outils de tableau/Disposition**>groupe **Taille de la cellule**. Cliquez dans la deuxième colonne, puis tapez 11 dans la zone **<Tableau Largeur de colonne>** .

- Sélectionnez toute la première colonne : cliquez dans une cellule de la colonne, puis sous l'onglet **Outils de tableau/Disposition**>groupe **Tableau**, cliquez sur le bouton **Sélectionner**, puis sur la commande Sélectionner la colonne. Puis, sous l'onglet **Outils de tableau/Disposition**>groupe **Taille de la cellule**, cliquez dans la zone **<Tableau Hauteur ligne>** et spécifiez 1 cm. Toutes les lignes s'agrandiront à 1 cm.

7-Saisissez en gras dans la première colonne

- Sélectionnez la première colonne, cliquez sur le bouton **G** (onglet **Accueil**>groupe **Police**) puis sur *I* , puis dans la zone **<Taille de police>** spécifiez 14 .

CAS 6 : MÉMO

- Cliquez dans la première cellule de la colonne et saisissez `date:`, dans la deuxième `objet:`, dans la troisième `émetteur:`, dans la quatrième `destinataires:`, dans la cinquième `copies:`.

La première lettre de chaque phrase, saisie en minuscule, se transforme automatiquement en majuscule, c'est une option de Word. Notamment le é minuscule devient un É majuscule accentué.

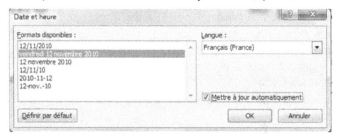

8-INSÉREZ UN CHAMP DATE

- Placez le point d'insertion dans la cellule à droite de `Date :`.
- Sous l'onglet **Insertion**>groupe **Texte**, cliquez sur le bouton **Date et heure**, puis sélectionnez le format, et cochez la case <☑ Mettre à jour automatiquement> et validez en cliquant sur [OK].

- En regard de `Émetteur :`, tapez votre nom et celui de votre service.
- Laissez vides les autres cellules de la deuxième colonne.

9-SUPPRIMEZ LES BORDURES DU TABLEAU

- Sélectionnez tout le tableau : pour cela, amenez le pointeur sur le tableau (sans cliquer) ; la poignée du tableau apparaît en haut à gauche, vous pouvez cliquer sur cette poignée pour sélectionner tout le tableau.

- Sous l'onglet **Accueil**>groupe **Paragraphe**, cliquez sur la flèche du bouton **Bordures**, puis sur Aucune bordure.

Les bordures disparaissent, un quadrillage en pointillé est affiché pour visualiser les limites des cellules du tableau, ce quadrillage ne sera pas imprimé. Si ce quadrillage n'est pas visible à l'écran, rendez-le visible de la façon suivante :

- Cliquez dans le tableau, puis sous l'onglet **Outils de tableau/Disposition**,>groupe **Tableau** cliquez sur le bouton **Afficher le quadrillage**.

Date :	vendredi 12 novembre 2010	
Objet :		
Émetteur :		
Destinataires :		
Copies :		

CAS 6 : MÉMO

10-Définissez une bordure sur le bas du tableau

- Sélectionnez la dernière ligne du tableau : faites glisser le pointeur de la première à la dernière cellule de cette ligne, ou cliquez dans la marge en regard de cette ligne.
- Sous l'onglet **Accueil**>groupe **Paragraphe**, cliquez sur la flèche du bouton **Bordures**, puis sur Bordure inférieure, cliquez n'importe où dans le document pour annuler la sélection.
- Pour obtenir une bordure plus épaisse, sélectionnez la dernière ligne, cliquez sur la flèche du bouton **Bordures**, puis sur la commande Bordure et trame..., dans le dialogue, sélectionnez l'épaisseur 2 ¼ pt, puis cliquez sur la bordure basse de la vignette, puis validez par [OK].
- Appuyez sur `Ctrl`+`Fin` pour aller à la fin du document, insérez un paragraphe vide.

11-Enregistrez en tant que modèle

- Cliquez sur l'onglet **Fichier**, puis sur **Enregistrer sous**.

- Sélectionnez le lien *Templates* ❶ , dans la zone <Type > sélectionnez *Modèle (*.dotx)* ❷, dans la zone <Nom de fichier> : saisissez le nom du modèle MonMemo ❸.

Dans Word 2010, le dossier qui contient les modèles de document est : C:\Utilisateurs/ nom_utilisateur/AppData/Roaming/Microsoft/Templates. Pour accéder facilement à ce dossier, Word a créé un lien favori nommé *Templates*.

- Cliquez sur le bouton [Enregistrer], le modèle MonMemo.dotx est enregistré dans le dossier des modèles qui s'appelle Templates, par défaut dans l'installation de Word 2010.

Maintenant que le modèle MonMemo.dotx a été créé, observez que le nom de la fenêtre est devenu MonMemo.dotx. Si vous faites maintenant d'autres modifications et que vous enregistrez le document, les modifications sont enregistrées dans le modèle.

- Fermez le document actuel (le modèle créé).

12-Créez un document à partir du modèle de mémo

- Cliquez sur l'onglet **Fichier** puis sur **Nouveau**. Dans le panneau central, cliquez sur l'icône Mes Modèles, puis cliquez sur l'icône MonMémo.dotx, et validez par [OK].

Le nouveau document DocumentN est créé avec la mise en page et le contenu du modèle.

13-COMPLÉTEZ VOTRE MÉMO

- Saisissez l'objet, les destinataires et les copies dans la deuxième colonne du tableau, puis appuyez sur Ctrl+Fin pour aller à la fin du document, saisissez le texte du mémo sans vous préoccuper des puces.

- Sélectionnez ensuite les trois lignes à faire précéder d'une puce, cliquez sur l'icône ⊞ sur le Ruban, sous l'onglet **Accueil**>groupe **Paragraphe**.

14-ENREGISTREZ LE DOCUMENT

- Cliquez sur 💾 dans la barre d'outils *Accès rapide*, ou tapez Ctrl+S.
  Dans la zone <Nom de fichier> : saisissez Mémo1, cliquez sur [Enregistrer].

15-IMPRIMEZ ET FERMEZ LE DOCUMENT

- Visualisez l'aperçu avant impression : cliquez sur l'onglet **Fichier** puis sur **Imprimer**, ou Ctrl+P, ou cliquez sur 🔍 *Aperçu avant impression et imprimer* dans la barre d'outils *Accès rapide*. Quittez l'aperçu en cliquant sur n'importe quel onglet, ou en tapant sur la touche Echap.
- Imprimez le document : cliquez sur 🖨 dans la barre d'outils *Accès rapide* pour lancer l'impression sans passer par le dialogue.
- Fermez le document.

TÉLÉCOPIE

CAP International
45, rue Paul Deslieux
75016 Paris
France
Standard : 01 45 12 78 45

A :	M. Laplace	De :	Jean-Paul MARTIN
Société :	TSOFT	Télécopie :	01 45 12 78 69
Télécopie :	01 45 51 30 55	Téléphone :	01 45 12 78 47
Téléphone :	01 45 51 30 54		
Date :	12 novembre 2010		
Nombre de pages :	1, cette page comprise		
Objet :	Commande de cinq supports de formation Linux		

Message :

Nous vous confirmons notre commande de cinq supports de formation Linux.

CAS 7 : TÉLÉCOPIE

Fonctions utilisées

– *Mise en page*
– *Saisie et attributs*
– *Insertion d'une image*

– *Utilisation d'un tableau*
– *Bordure de page*
– *Utilisation d'un modèle*

15 mn

Une télécopie est un document qui sert fréquemment, qui doit contenir un certain nombre d'informations à ne pas oublier de mentionner. Vous allez donc créer un modèle, puis l'utiliser pour créer les documents de télécopie. Le modèle contiendra la mise en page, le titre, les libellés de zone de saisie et l'illustration (un logo par exemple).

1-CRÉEZ LE DOCUMENT ET SA MISE EN PAGE

Vous allez commencer par créer un document vierge.

- Cliquez sur le bouton *Nouveau* dans la barre d'outils *Accès rapide*, ou utilisez Ctrl+N.
- Sous l'onglet **Mise en page**>groupe **Mise en page**, cliquez sur le bouton **Marges** et choisissez les marges *Étroites* prédéfinies.

2-CRÉEZ UNE BORDURE DE PAGE

Lorsque vous créez une bordure de page, vous pouvez choisir de la faire pour toutes les pages du document (par défaut) ou pour les pages de la section en cours, ou pour la première page, ou encore pour toutes les pages sauf la première.

- Sous l'onglet **Mise en page**>groupe **Arrière-plan de page**, cliquez sur le bouton **Bordures de page**, sélectionnez ❶ la <Largeur> de bordure, ❷ la <Couleur> de bordure, cliquez ensuite ❸ sur le type de bordure (*Encadré, Ombre, 3D* ou *Personnalisé, Aucun* pour enlever toute bordure), ❹ choisissez d'appliquer la bordure à tout le document, à la section ou à la première page ou à toutes les pages sauf la première.

Dans notre cas, créez une bordure d'épaisseur *1 ½ pt*, de couleur gris foncé encadrant toutes les pages de la section.

- Cliquez sur [OK] pour valider.

3-Créez le titre

- Tapez le titre Télécopie, terminez le paragraphe par ⏎.
- Tapez sur ⏎ pour insérer un paragraphe vide.
- Sélectionnez le titre Télécopie, formatez les caractères en majuscules TÉLÉCOPIE.
- Formatez les caractères avec la police *Arial*, la taille 28, le gras et l'italique.

4-Créez une bordure au-dessus du titre

- Cliquez sur le titre TÉLÉCOPIE, puis sous l'onglet **Accueil**>groupe **Paragraphe**, cliquez sur le bouton **Bordures**, cliquez sur la commande Bordure et trame…, sélectionnez une épaisseur de *2 ¼ pt*, de couleur automatique, et cliquez sur la bordure supérieure de la vignette, validez en cliquant sur [OK].

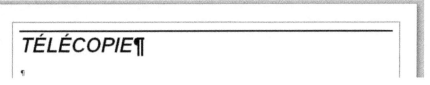

5-Créez un tableau pour disposer l'image et l'adresse de votre société

- Appuyez sur Ctrl + Fin pour aller à la fin du document.
- Insérez un tableau de deux colonnes et une ligne.
- Cliquez dans la deuxième cellule de la ligne.
- Saisissez les cinq lignes d'adresse en les terminant chacune par ⏎, vous constatez que la hauteur de la cellule du tableau s'accroît en fonction du contenu.

> CAP International¶
> 45, rue Paul Deslieux¶
> 75016 Paris¶
> France¶
> Standard : 01 45 12 78 45¤

- Mettez le nom de la société en gras.
- Sélectionnez la cellule : amenez le pointeur (sans cliquer) sur le coin inférieur gauche de la cellule, il se transforme en une flèche oblique, cliquez pour sélectionner la cellule.
- Sous l'onglet **Accueil**>groupe **Paragraphe**, cliquez sur le **lanceur** du groupe **Paragraphe**, spécifiez un espace après paragraphe à 2 pt, cliquez sur [OK] pour valider.
  Notez que le format de paragraphe a été appliqué à tous les paragraphes qui ont été sélectionnés ensemble, lorsque vous avez sélectionné la cellule.

6-Insérez l'illustration

- Cliquez dans la première cellule du tableau.
- Insérez l'image Course.jpg qui se trouve dans le dossier C:\Exercices Word 2010.
- Réduisez la taille de l'image à l'échelle : cliquez sur l'image, amenez le pointeur sur la poignée du coin inférieur droit, maintenez la touche ⇧ enfoncée et faites glisser la poignée du coin inférieur droit pour réduire l'image, de façon que la hauteur de l'image soit la même que celle du texte de la deuxième cellule.

CAS 7 : TÉLÉCOPIE

7-CRÉEZ UN TABLEAU POUR DISPOSER LES INFORMATIONS

Vous allez commencer par construire un tableau de cinq lignes et quatre colonnes, pour ensuite, à titre d'exercice, insérer une ligne au milieu du tableau, puis ajouter une ligne en fin de tableau.

- Appuyez sur ⌷Ctrl⌷+⌷Fin⌷ pour aller à la fin du document, puis insérez un paragraphe vide.
- Insérez un tableau : cliquez sur le bouton **Tableau**, puis sur la commande *Insérer un tableau...*, spécifiez 5 lignes et 4 colonnes, validez par [OK].
- Annulez la dernière action (ce qui fait disparaître le tableau), recommencez à créer le tableau par l'autre procédé : cliquez sur le bouton **Tableau**, puis cliquez sur la case de la 5e ligne et de la 4e colonne.
- Saisissez les informations dans le tableau, et dans la cellule qui doit contenir la date, insérez un champ **Date** avec l'option <☑ Mise à jour automatique>.
- Mettez en gras le contenu de la première et celui de la troisième colonne en sélectionnant les deux colonnes à la fois : sélectionnez la première colonne, puis en maintenant ⌷Ctrl⌷ appuyée, sélectionnez la troisième colonne, et cliquez sur le bouton **Gras**.

A :¤	¤	De :¤	Jean-Paul MARTIN¤	¤
Société :¤	¤	Télécopie :¤	01 42 12 78 69¤	¤
Téléphone :¤	¤	¤	¤	¤
Date :¤	13 novembre 2010¤	¤	¤	¤
Nombre de pages :¤	N, cette page comprise¤	¤	¤	¤

8-INSÉREZ UNE COLONNE

Nous voulons insérer une ligne au milieu du tableau :

- Cliquez dans la troisième ligne (avant laquelle sera insérée la nouvelle ligne), sous l'onglet **Outils de tableau/Disposition**>groupe **Lignes et colonnes**, cliquez sur le bouton **Insérer au-dessus**.
- La ligne insérée est destinée à recevoir le numéro de télécopie du destinataire et de téléphone de l'émetteur ; saisissez les données.

Télécopie :¤	¤	téléphone :¤	01 42 12 78 70¤	¤

Vous pouvez insérer plusieurs colonnes ou plusieurs lignes à la fois, à titre d'exercice :

- Sélectionnez trois colonnes et cliquez sur le bouton **Insérer à gauche**, annulez cette action.
- Sélectionnez deux lignes et cliquez sur le bouton **Insérer en dessous**, annulez cette action.

9-MODIFIEZ LA LARGEUR DES COLONNES

- Faites glisser vers la gauche la séparation entre la première et la deuxième colonne, de façon à réduire la largeur de la première colonne à *4 cm*.
- Faites glisser vers la droite la séparation entre la deuxième et la troisième colonne, de façon à élargir la deuxième colonne à *5,5 cm*.
- Faites glisser vers la gauche la séparation entre la troisième et la quatrième colonne, de façon à diminuer la largeur de la quatrième à *3 cm*.

La largeur des colonnes se lit dans la règle horizontale, si l'on veut être très précis pour spécifier la largeur d'une colonne : cliquez sur l'onglet **Outils de tableau/Disposition**>groupe **Taille de la cellule**, lisez ou spécifiez la largeur dans la zone **<Largeur de colonne >❶**.

Lorsque vous modifiez la largeur des colonnes en faisant glisser la séparation, la largeur du tableau reste la même, c'est la largeur des deux colonnes de part et d'autre de la séparation qui s'ajuste en même temps. Il n'en va pas de même si vous changez la largeur d'une colonne dans tapant la valeur dans la zone **<Largeur de colonne>**.

10-ENLEVEZ LES BORDURES DU TABLEAU

- Sélectionnez tout le tableau : amenez le pointeur sur le tableau, puis cliquez sur la poignée qui apparaît à côté du coin supérieur gauche.
- Sous l'onglet **Accueil**>groupe **Paragraphe**, cliquez sur la flèche du bouton **Bordures**, puis sur Aucune bordure.

Seul un quadrillage en pointillé subsiste pour visualiser à l'écran (seulement) les limites des cellules. Pour voir ce quadrillage ; s'il n'est pas visible, sous l'onglet **Outils de tableau/ Disposition**> groupe **Tableau** cliquez sur le bouton **Afficher le quadrillage**.

11-METTEZ DES TRAITS DE SÉPARATION HORIZONTAUX ENTRE LES LIGNES

- Sélectionnez toutes les lignes du tableau, puis sous l'onglet **Accueil**>groupe **Paragraphe**, cliquez sur la flèche du bouton **Bordures**, puis sur Bordure intérieure horizontale ; cliquez à nouveau sur la flèche du bouton **Bordures**, puis sur Bordure supérieure ; cliquez à nouveau sur la flèche du bouton **Bordures**, puis sur Bordure inférieure.

Vous pouvez aussi trouver le bouton **Bordures** sous l'onglet contextuel **Outil de tableau/ Création**>groupe **Styles de tableau**.

A :			De :	Jean-Paul MARTIN	
Société :			Télécopie :	01 42 12 78 69	
Télécopie :			téléphone :	01 42 12 78 70	
Téléphone :					
Date :	13 novembre 2010				
Nombre de pages :	N, cette page comprise				

- À titre d'exercice, supprimez à nouveau toutes les bordures, puis remettez les traits de séparation horizontaux, mais cette fois-ci, à l'aide du dialogue *Bordure et trame* : sélectionnez toutes les lignes du tableau, puis sous l'onglet **Accueil**>groupe **Paragraphe**, cliquez sur la flèche du bouton **Bordures**, puis sur la commande Bordure et trame... : choisissez une couleur gris foncé, une largeur *1 ½ pt* et cliquez sur les bordures sur la vignette.

12-AJOUTEZ UNE LIGNE AU BAS DU TABLEAU

- Cliquez dans la dernière cellule du tableau, tapez sur ⊞ pour insérer une ligne. Ce procédé sert seulement pour ajouter une ligne au bas d'un tableau.
- Saisissez le texte `Objet:` dans la première cellule de cette ligne.

Notez que la nouvelle ligne ajoutée adopte la même mise en forme que la ligne précédente.

CAS 7 : TÉLÉCOPIE

13-TERMINEZ LA ZONE DE MESSAGE

- Appuyez sur `Ctrl`+`Fin` pour aller à la fin du document, puis insérez un paragraphe vide.
- Tapez `Message:` , terminez le paragraphe par `↵`.
- Tapez sur `↵` pour insérer un paragraphe.
- Mettez en gras l'intitulé `Message :` et en taille `14`.

14-ENREGISTREZ EN TANT QUE MODÈLE

- Cliquez sur l'onglet **Fichier**, puis sur **Enregistrer sous**.

- Sélectionnez le lien *Templates* **❶** , dans la zone <Type > sélectionnez *Modèle (*.dotx)* **❷**, dans la zone <Nom de fichier> : saisissez le nom du modèle `MaTélécopie` **❸**.

> Dans Word 2010, le dossier qui contient les modèles de document est : `C:\Utilisateurs/nom_utilisateur/AppData/Roaming/Microsoft/Templates`. Pour accéder facilement à ce dossier, Word a créé un lien favori nommé *Templates*.

- Cliquez sur le bouton [Enregistrer], le modèle `MaTélécopie.dotx` est enregistré dans le dossier des modèles qui s'appelle `Templates`, par défaut dans l'installation de Word 2010.

> Observez que le nom de la fenêtre est devenu `MaTelecopie.dotx`. Le document actuel est le modèle, vous pouvez encore le modifier et l'enregistrer à nouveau.

- Fermez le document actuel (le modèle créé).

15-MODIFIEZ LE STYLE NORMAL

- Cliquez sur un paragraphe vide sous le titre *TÉLÉCOPIE*, affichez le volet *Styles*, et vérifiez que le style du paragraphe est *Normal* (il doit être encadré dans la liste des styles).
- Cliquez droit sur le nom de style *Normal*, puis sur la commande Modifier...
- Dans le dialogue : changez la police en *Tahoma* (ou une autre police qui a votre préférence), et la taille de caractère à `12`, validez par [OK].

Constatez le changement de police et de taille de caractère partout dans tous les paragraphes de style *Normal*. Les paragraphes de style *Normal* ayant reçu en plus une mise en forme directe (comme le titre `Télécopie` et l'adresse de l'entreprise) ont conservé cette mise en forme directe.

- La taille de la police *Tahoma* est plus grande que la précédente police *Calibri*, augmentez la largeur de la première colonne à 4,25 cm, pour que `Nombre de pages` tienne sur une même ligne.

Vous allez utiliser maintenant un autre procédé pour modifier le style :

- Cliquez dans un paragraphe de style *Normal*, formatez le paragraphe : modifiez l'alignement à Multiple 1,2, l'espace avant 5 pt, l'espace après 5 pt.

- Cliquez droit sur le nom de style *Normal* dans le volet *Styles*, puis sur la commande Mettre à jour Normal pour correspondre à la sélection.

Attention ! Avec ce second procédé plus pratique, les mises en forme directes sur les paragraphes de style *Normal* disparaissent, les paragraphes adoptent le nouveau style *Normal* en perdant toutes leurs mises en forme directes. Il est donc préférable d'utiliser le premier procédé, bien qu'il soit moins facile, pour éviter des mauvaises surprises inattendues comme ici.

- Vous devez donc maintenant formater à nouveau le titre Télécopie (*Arial*, taille *28*, *Gras* et *Italique*), les paragraphes d'adresse de l'entreprise (espace avant 0pt, espace après 2 pt, interligne *Simple*), le nom de la société CAP International (en gras) et Message : (*Gras*, taille *14*).

16-FUSIONNEZ DES CELLULES

- Sélectionnez les cellules de la dernière ligne sauf la première qui contient `Objet :`.
- Sous l'onglet **Outils de tableau/Disposition**>groupe **Fusionner**, cliquez sur le bouton **Fusionner**.
- Enregistrez le document actuel (le modèle `MaTelecopie.dotx`), puis fermez le document.

17-CRÉEZ UN DOCUMENT À PARTIR DU MODÈLE DE TÉLÉCOPIE

Le modèle ayant été enregistré et fermé, ouvrez un document basé sur le modèle.

- Cliquez sur l'onglet **Fichier** puis sur **Nouveau**. Dans le panneau central, cliquez sur l'icône Mes Modèles (qui représente le dossier `Templates`), sélectionnez le modèle : `MaTelecopie.dotx`, laissez l'option <⊙ Document> active, car vous voulez créer un document, cliquez sur [OK].

Le nouveau document est créé avec la mise en page et le contenu du modèle.

- Dans les cellules appropriées, tapez le nom du destinataire, ses coordonnées et le nombre total de pages, la date du jour a été inscrite automatiquement. Puis appuyez sur Ctrl + Fin pour aller à la fin du document, saisissez le texte de la télécopie.

18-ENREGISTREZ LE DOCUMENT

- Cliquez sur ▣ dans la barre d'outils *Accès rapide*, ou tapez Ctrl +S.
  Dans la zone <Nom de fichier> : saisissez Télécopie1, cliquez sur [Enregistrer].

19-IMPRIMEZ ET FERMEZ LE DOCUMENT

- Visualisez l'aperçu avant impression : cliquez sur l'onglet Fichier puis sur Imprimer, ou cliquez sur ▣ dans la barre d'outils *Accès rapide*, ou Ctrl+P.
- Imprimez le document : cliquez sur ▣ dans la barre d'outils *Accès rapide* pour lancer l'impression sans passer par le dialogue.
- Fermez le document.

BULLETIN D'INSCRIPTION

*Pour vous inscrire à l'un des stages suivants
merci de nous retourner ce bulletin
au moins un mois avant la date choisie.
Vous recevrez sous quinzaine le programme détaillé
du ou des thèmes choisis.*

Société : _____

Nom : _____

Adresse : _____

Prénom : _____

Code postal : _____

Fonction : _____

Ville : _____

Stages souhaités

☐ Initiation à la comptabilité	250 €	8 janvier
☐ Soldes intermédiaires de gestion	275 €	16 janvier
☐ Clôture d'exercice et report à nouveau	450 €	25-26 janvier
☐ Comptes financiers et gestion de trésorerie	500 €	7-8 février
☐ L'informatique et la comptabilité	275 €	12 février

Cap International | 45, rue Paul Deslieux 75016 Paris

CAS 8 : BULLETIN D'INSCRIPTION

Fonctions utilisées

– Mise en page
– Styles de tableau
– Bordures

– Caractères spéciaux
– Formes automatiques
– Thèmes de police et couleur

25 mn

Vous réaliserez un bulletin d'inscription concernant des stages. Il comportera des lignes conductrices, des cases à cocher et un bandeau original en bas de page.

1-Créez et mettez en page le document

- ■ Ctrl +N pour créer un nouveau document vierge sur le modèle `Normal.dotm`.
- ■ Sous l'onglet **Mise en page**>groupe **Mise en page**, cliquez sur le bouton **Marges**, puis sur la commande Marges personnalisées... et spécifiez les marges.

2-Saisissez et mettez en forme le titre et l'introduction

- ■ Saisissez `bulletin d'inscription`, terminez par ↵. Le B de `Bulletin` est mis automatiquement en majuscule, c'est une option de Word.
- ■ Sélectionnez le texte que vous venez de saisir pour le mettre en forme en utilisant les raccourcis clavier Ctrl +E pour centrer, Ctrl + Maj +B pour activer le gras, Ctrl +I pour activer l'italique.
- ■ Modifiez la taille des caractères en spécifiant 28 dans la zone <**Taille de police**> sur le Ruban, sous l'onglet **Accueil**>groupe **Police**.
- ■ Mettez les caractères en petites majuscules via le dialogue *Police* : ouvrez le dialogue *Police* en cliquant sur le **lanceur** du groupe **Police**, puis sous l'onglet Police, Style et attributs, cochez la case <☑ Petites majuscules>,[OK].
- ■ Sous l'onglet **Accueil**>groupe **Police**, cliquez sur le bouton **Effets de texte**, puis cliquez sur Ombre, puis sur la première vignette sous Externe.
- ■ Cliquez dans le paragraphe vide sous le titre, et vérifiez que la taille de police est 11 (la taille de caractère par défaut du style *Normal*).
- ■ Cliquez dans le paragraphe du titre et définissez un espace après de 30 pt : ouvrez le dialogue *Paragraphe*, puis dans la zone <Espacement Après> : saisissez 30, puis validez par ↵.
- ■ Appuyez sur Ctrl + Fin pour aller à la fin du document.
- ■ Saisissez les cinq lignes de texte d'exergue en terminant les quatre premières par ⇧+↵, et la dernière par ↵, de façon que les cinq lignes fassent partie du même paragraphe.
- ■ Cliquez dans ce paragraphe de cinq lignes, puis centrez-le en utilisant le bouton sur le Ruban, définissez un espace après de 20 pt.
- ■ Sélectionnez le paragraphe en entier en cliquant trois fois de suite, mettez les caractères en italique en cliquant le bouton, puis augmentez la taille des caractères à 14.

> ### BULLETIN D'INSCRIPTION¶
>
> *Pour vous inscrire à l'un des stages suivants,↵*
> *merci de nous retourner ce bulletin,↵*
> *au moins un mois avant la date choisie.↵*
> *Vous recevrez sous quinzaine le programme détaillé↵*
> *du ou des thèmes choisis.* ¶

CAS 8 : BULLETIN D'INSCRIPTION

3-CRÉEZ LA PARTIE IDENTIFICATION

Vous allez créer une liste tabulée, puis vous allez transformer cette liste en tableau, c'est une façon pratique de créer un tableau avec des informations existantes.

- Cliquez dans le dernier paragraphe vide du document, saisissez les six lignes de texte, notez que Word ajoute automatiquement un espace entre le mot et le caractère : (deux-points).

  1re ligne : saisissez `Société:`, tapez 🔄, tapez `Nom:`, terminez par ⏎.

  2e ligne : saisissez `Adresse:`, tapez 🔄, tapez `Prénom:`, terminez par ⏎.

  3e ligne : saisissez `Code postal:`, tapez 🔄, tapez `Fonction:`, terminez par ⏎.

  4e ligne : saisissez `Ville:`, tapez 🔄, terminez par ⏎.

- Sélectionnez les quatre lignes saisies, puis dans la règle déplacez la marque de retrait gauche ❷ du paragraphe à 1 cm ; cliquez plusieurs fois en ❶ jusqu'à obtenir le symbole de tabulation avec alignement à droite ; cliquez en ❸ pour poser un taquet de tabulation avec alignement à droite à *8 cm*.

- Sélectionnez les quatre lignes de texte avec tabulation pour les transformer en tableau : sous l'onglet **Insertion**>groupe **Tableau** cliquez sur le bouton **Tableau**, puis sur Convertir le texte en tableau...

- Le séparateur de texte actif étant la tabulation, laissez cette option active, cliquez sur [OK].Les paragraphes avec tabulation sont transformés en un tableau.

Le tableau adopte le style de tableau qui s'appelle *Grille du tableau*, la vignette de ce style est surlignée en orange dans la galerie des styles de tableau sur le Ruban. Cliquez sur le tableau, puis amenez le pointeur sur la vignette, le nom du style de tableau s'affiche dans une infobulle.

Avec ce style de tableau, les cellules sont encadrées et les paragraphes ont un interligne simple et un espace après à 0.

Le style de tableau, nommé *Grille du tableau*, définit un interligne simple et un espace après à 0, qui remplacent l'interligne et l'espace après qui sont définis dans le style *Normal* du document. Il existe un autre style de tableau, nommé *Tableau Normal*, qui respecte le style de paragraphe *Normal* du document, pour appliquer le style *Tableau Normal* au tableau :

- Sous l'onglet **Outils de tableau/ Création**>groupe **Styles de tableau**, cliquez sur la case 🔽.

- Cliquez sur la commande Effacer. Cette commande efface le style actuel du tableau et lui restitue le style *Tableau Normal* (invisible tant qu'il n'est pas utilisé).

4-AUGMENTEZ LA HAUTEUR DES LIGNES DU TABLEAU

- Sélectionnez toutes les cellules d'une colonne, puis sous l'onglet **Outils de tableau/Disposition**> groupe **Taille de la cellule**, spécifiez `1,5` dans la zone <Tableau Hauteur ligne>.

5-CENTREZ LES TEXTES VERTICALEMENT DANS LES CELLULES

- Sélectionnez toutes les cellules du tableau, en cliquant sur le sélecteur du tableau, puis sous l'onglet **Outils de tableau/Disposition**> groupe **Alignement**, cliquez sur le bouton **Au centre à gauche**.

6-PLACEZ DES TABULATIONS DANS LES CELLULES DU TABLEAU

- Dans chaque cellule du tableau, cliquez après le caractère deux-points (:) puis saisissez deux caractères de tabulation en tapant [Ctrl]+[⇥] (car dans un tableau [⇥] fait passer le point d'insertion dans la cellule suivante).
- Sélectionnez toutes les cellules du tableau, et ouvrez le dialogue *Paragraphe* : sous l'onglet **Accueil**>groupe **Paragraphe**, cliquez sur le **lanceur** du groupe **Paragraphe**, puis cliquez sur [Tabulations...] et définissez les positions de tabulation à 2 cm et à 7 cm.

- Cliquez sur [Effacer tout] pour effacer tous les taquets de tabulation existants.
- Saisissez 2 dans la zone <Position>, puis cliquez sur le bouton [Définir].
- Saisissez 7 dans la zone <Position>, puis cochez le point de suite 4____, puis cliquez sur [Définir].
- Validez en cliquant sur [OK].

7-APPLIQUEZ DES BORDURES AU TABLEAU

- Sélectionnez le tableau, puis sous l'onglet **Outils de tableau/Création**>groupe **Styles de tableau**, cliquez sur la flèche du bouton **Bordures**, puis dans le menu, cliquez sur la commande Bordure inférieure, recommencez à nouveau et cliquez sur Bordure supérieure.

Pour modifier l'épaisseur des bordures, il faut passer par le dialogue *Bordure et trame* :

- Cliquez sur la flèche du bouton **Bordures**, cliquez sur la commande Bordure et trame, sélectionnez l'épaisseur 2 ¼ pt et la couleur du thème *Noir Texte 1, plus clair 50%*, puis cliquez sur les bordures sur la vignette, validez par [OK].

8-CRÉEZ LES PARAGRAPHES PRÉCÉDÉS D'UNE CASE À COCHER

- Cliquez dans le paragraphe vide sous le tableau, insérez un paragraphe vide en tapant [↵].
- Tapez Stages souhaités, terminez par [↵].
- Sélectionnez le texte Stages souhaités pour le mettre en forme : gras et taille 14, puis dans la règle, faites glisser la marque de retrait gauche de paragraphe à la position 1 cm, ouvrez le dialogue *Paragraphe* pour définir un espace après de 20 pt.
- Cliquez dans le dernier paragraphe vide, puis dans la règle horizontale : cliquez sur la case jusqu'à faire apparaître le symbole de tabulation droite ⅃, puis cliquez dans la règle à la position 10,5 cm. Cliquez sur la case jusqu'à faire apparaître le symbole de tabulation gauche ⌞, puis cliquez dans la règle à la position 12,5 cm ; déplacez la marque de retrait gauche sur la position 1 cm, déplacez la marque de retrait droit sur la position 15 cm.

CAS 8 : BULLETIN D'INSCRIPTION

- **Saisissez** `Initiation à la comptabilité`⬚250 €⬚8 janvier⏎.
- **Saisissez** `Soldes intermédiaires de gestion`⬚275 €⬚16 janvier⏎.
- **Saisissez** `Clôture d'exercice et report à nouveau`⬚450 €⬚25-26 janvier⏎.
- **Saisissez** `Comptes financiers et gestion de trésorerie`⬚500 €⬚7-8 février⏎.
- **Saisissez** `L'informatique et la comptabilité`⬚275 €⬚12 février⏎.

Vous avez pu noter qu'un nouveau paragraphe inséré en tapant ⏎ adopte la même mise en forme que le paragraphe précédent, dans le cas présent les tabulations et le retrait.

9-INSÉREZ LES SYMBOLES CASE À COCHER

- Placez le point d'insertion devant le premier caractère de la ligne à faire précéder d'une case.
- Sous l'onglet **Insertion**>groupe **Symboles**, cliquez sur le bouton **Symbole**, cliquez sur la commande Autres symboles..., sélectionnez la police *Windings*, double-cliquez sur le onzième symbole de la quatrième ligne.

- Tapez deux espaces entre ce caractère spécial et le texte qui suit, puis sélectionnez le caractère spécial □ et les deux espaces qui suivent et spécifiez la taille 14.
- Ouvrez le dialogue *Police* et cliquez sur l'onglet Paramètres avancés, dans la zone <Position> : choisissez *Décalage bas*, dans la zone <De> : spécifiez 2 pt, cliquez sur [OK].
- Tapez sur Ctrl+C pour copier la sélection dans le Presse-papiers.
- Cliquez devant le premier caractère de la ligne suivante, sur Ctrl+V pour coller.
- Répétez le collage devant les textes des lignes suivantes.

10-AUGMENTEZ L'INTERLIGNE DE CES PARAGRAPHES

- Sélectionnez les cinq lignes commençant par le symbole □, et ouvrez le dialogue *Paragraphe* : dans la zone <Interligne> : sélectionnez *Double*, cliquez sur [OK].

11-ENCADREZ LES PARAGRAPHES

- Sélectionnez ensemble le titre `Stages souhaités` et les cinq paragraphes commençant par □, puis sous l'onglet **Accueil**>groupe **Paragraphe** cliquez sur la flèche du bouton **Bordures** puis sur la commande Bordures extérieures.
- Le paragraphe du titre `Stages souhaités`, n'ayant pas le même interligne que les paragraphes suivants, est encadré à part. Pour réunir les deux cadres, il faut homogénéiser les espacements et les retraits : cliquez dans un paragraphe précédé du symbole □, et copiez la mise en forme du paragraphe sur le paragraphe `Stages souhaités`.

CAS 8 : BULLETIN D'INSCRIPTION

12-METTEZ UN PEU DE COULEUR

- Sélectionnez les paragraphes encadrés, puis sous l'onglet **Accueil**>groupe **Paragraphe**, cliquez sur la flèche du bouton **Bordures**, puis sur la commande Bordure et trame…, sélectionnez l'épaisseur de bordure 2 1/4 pt, la couleur du thème *Bleu foncé, Texte 2*. Validez en cliquant sur [OK].

- Sélectionnez le titre BULLETIN D'INSCRIPTION, cliquez droit sur la sélection puis dans la mini-barre d'outils, cliquez sur la *flèche* du bouton *Couleur de caractère* et choisissez la couleur du thème *Bleu Foncé*.

- Sélectionnez le tableau d'information d'identification, cliquez sur la **flèche** du bouton **Bordures** puis sur Bordure et trame… Dans le dialogue, choisissez la couleur du thème *Bleu Foncé*, puis cliquez dans la vignette sur les bordures haute et basse, cliquez sur [OK] pour valider.

13-INSÉREZ UN PIED DE PAGE

- Insérez un pied de page : sous l'onglet **Insertion**>groupe **En-tête et pied de page**, cliquez sur le bouton **Pied de page**, puis sélectionnez dans la galerie des pieds de page prédéfinis *Bloc superposés (page impaire)*. Puis dans le pied de page, cliquez sur le champ *Société* et tapez CAP International, puis cliquez sur le champ *Adresse* et tapez l'adresse 45, rue Paul Deslieux 75016 Paris, cliquez sur le bouton *Fermer l'en-tête et le pied de page*, situé sur le Ruban.

- En dernier lieu, supprimez le numéro de page, double-cliquez sur le pied de page, cliquez sur le numéro de page au-dessus de l'image, sélectionnez le numéro de page et tapez Suppr, puis faites glisser l'image vers le bas, de 1 cm. Revenez au texte du document : cliquez sur l'icône d'affichage *Page* sur la partie droite de la barre d'état.

14-CRÉEZ UNE BANNIÈRE SUR LE TITRE

- Cliquez sur le titre BULLETIN D'INSCRIPTION, puis sous l'onglet **Insertion**>groupe **Illustrations**, cliquez sur le bouton **Formes**, cliquez sur la forme ☐ sous Etoiles et Bannières, le pointeur se transforme en croix : faites glisser pour tracer la forme autour du titre.

- Sous l'onglet **Outil de Dessin/Format**>groupe **Styles de forme**, cliquez sur la flèche du bouton **Remplissage de la forme**, puis dans le menu sur Aucun remplissage.

- Définissez la taille de la forme : cliquez sur la forme puis, sous l'onglet **Outil de dessin/Format**> groupe **Taille**, spécifiez **<Hauteur de la forme>** : 1,7 cm et **<Largeur de la forme>** : 13 cm.

- Cliquez sur la forme et faites glisser pour centrer la bannière sur le titre.

15-ESSAYEZ DIFFÉRENTS THÈMES DE POLICES ET DE COULEURS

Toutes les polices et les couleurs, choisies dans le document, sont des polices et des couleurs du thème, il suffit donc de changer le thème pour les faire varier.

- Sous l'onglet **Mise en page**>groupe **Thèmes**, cliquez sur le bouton **Thèmes** et essayez d'autres thèmes : amenez le pointeur sur le thème sans cliquer et visualisez immédiatement l'effet du thème sur le document, essayez les thèmes *Civil, Urbain, Aspect*…, pour finir cliquez sur le thème de votre choix.

- Cliquez sur le bouton **Polices du thème** du groupe **Thèmes**, et essayez différents thèmes de police, puis cliquez sur un thème qui utilise la police *Trébuchet*.

- Cliquez sur le bouton **Thèmes** du groupe **Thèmes**, et cliquez sur le thème *Office* pour revenir à la police et à la couleur du thème par défaut.

16-POUR TERMINER

- Enregistrez le document sous le nom Bulletin1, dans le dossier C:\Exercices Word 2010.
- Effectuez un aperçu avant impression. Imprimez le document.
- Fermez le document.

Une publication du Comité d'entreprise

Découvrez le pays du sourire

Cher collègues,

L e comité d'entreprise a le plaisir de vous proposer cette année, du 10 au 24 septembre, un voyage de deux semaines en Thaïlande. Les réservations sont à effectuer impérativement avant le 1er septembre. Le tarif négocié pour ce séjour est de 930 € par personne, et ce circuit vous permettra de découvrir :

La plaine centrale, berceau historique : la grande plaine alluviale du Chao Praya, grenier à riz de la Thaïlande et berceau des anciennes civilisations siamoises, avec ses cités royales d'Ayuthaya et Sukhothai. Elle s'étend vers la forêt tropicale à l'ouest où coule la mythique rivière Kwaï.

Au nord-est, l'Isan en lisière d'Indochine : les populations traditionnelles ignorent les frontières politiques du Laos et Cambodge où vivent leurs ancêtres historiques. C'est une Thaïlande secrète et riche en patrimoine culturel avec les impressionnants temples khmers de Phimai ou Preah Vihar.

Au nord, le camaïeu des minorités : la rose du Nord, la porte ouverte sur les ethnies montagnardes et leurs coutumes chatoyantes, les temples dorés de Mae Hong Son, et les brumes du Triangle d'Or.

Au sud, les paradis des mers du sud : la Thaïlande de cartes postales des plages idylliques de Phuket, Phi Phi, Krabi ou Samui et les îles sauvages de la mer d'Andaman où il fait bon caboter à bord de jonques conviviales ou de clippers luxueux, pour se prendre pour des Robinsons de cinéma.

Nous consacrons donc aujourd'hui notre lettre hebdomadaire à la découverte de ce pays si varié et si étonnant.

Géographie

La Thaïlande est un peu plus petite que la France, mais elle est plus allongée puisqu'elle s'étire sur 2 000 km du Triangle d'Or au Nord de la frontière malaise. Le pays est largement ouvert sur 2 mers : l'Océan Indien d'un côté est le golfe de Siam de l'autre. La Thaïlande est entourée par la Birmanie, le Laos, le Cambodge est la Malaisie. Une plaine centrale est entourée de plateaux à l'est, et de montagnes au nord et à l'ouest (le Triangle d'Or). La plaine est prolongée au sud d'une longue presqu'île bordée de plages et d'îlots coralliens (la péninsule Siamoise). La superficie de la forêt a beaucoup diminué est l'exploitation du bois est aujourd'hui interdite. Le bambou est toujours important ainsi que les orchidées, dont la Thaïlande est le premier exportateur.

Climat

Le climat de la Thaïlande est tropical. La Thaïlande connaît globalement deux saisons. De novembre à février, c'est la saison sèche et fraîche, la meilleure pour voyager (ciel bleu et

1

CAS 9 : LETTRE D'INFORMATION

Fonctions utilisées

– *Insertion d'une image*
– *Titre avec FontWork*
– *Texte en colonnes*

– *Lettrine*
– *Coupure des mots*
– *Numérotation des pages*

15 mn

La lettre d'information sera présentée sur deux colonnes, avec un titre réalisé à l'aide de WordArt et une illustration.

1-CRÉEZ ET METTEZ EN PAGE LE DOCUMENT

■ `Ctrl`+N pour créer un nouveau document vierge sur le modèle `Normal.dotm`.

■ Sous l'onglet **Mise en page**>groupe **Mise en page**, cliquez sur le bouton **Marges**, puis sur la commande Marges personnalisées… et spécifiez les marges, et choisissez d'afficher les pages en vis-à-vis ❶ ce qui remplace marges <Gauche> et <Droite> par <Intérieur> et <Extérieur>. Notez aussi la reliure que nous avons fixée à 1 cm, l'espace de reliure s'ajoute à la marge gauche (ou à la marge intérieure en vis-à-vis).

2-FAITES DE L'ESPACE DEVANT LE PREMIER PARAGRAPHE

■ Pour commencer, insérez un paragraphe vide.

■ Créez un espace de 5 cm avant le premier paragraphe, pour y placer l'illustration : cliquez droit sur le premier paragraphe vide, puis sur la commande contextuelle Paragraphe…, sous Espacement dans la zone < Avant>, saisissez 5cm, cliquez sur [OK] pour valider.

3-INSÉREZ L'ILLUSTRATION

■ Sous l'onglet **Insertion**>groupe **Illustrations**, cliquez sur le bouton **Image**.

■ Dans le dialogue : sélectionnez le dossier `C:\Exercices Word 2010`, sélectionnez `Vacances.jpg`, puis cliquez sur [Insérer].

CAS 9 : LETTRE D'INFORMATION

4-Redimensionnez l'image

- Cliquez sur l'image pour la sélectionner, maintenez la touche ⇧ enfoncée et faites glisser la poignée se trouvant dans son coin inférieur droit pour réduire la taille de l'image à environ 3 cm de largeur, en vous repérant sur la règle.
  Lorsque vous faites glisser une poignée en maintenant la pression sur la touche ⇧, l'image est mise à l'échelle dans la même proportion en hauteur et en largeur. Pour fixer avec précision l'échelle de réduction :
- Cliquez droit sur l'image, puis sur la commande contextuelle Taille et position..., et spécifiez l'échelle en pourcentage à 70 % en cliquant sur les flèches de défilement de la zone <Hauteur>.

- Cliquez sur [OK] pour valider.

5-Positionnez l'image flottante

L'image est insérée, alignée sur le texte, c'est-à-dire traitée comme un caractère dans le paragraphe, c'est l'option de collage par défaut d'une image.
Vous allez la rendre flottante, c'est à dire superposée et mobile par rapport au texte :

- Cliquez droit sur l'image, puis sur la commande contextuelle Taille et position... Cliquez sur l'onglet Habillage du texte, cliquez sur l'icône *Devant le texte*. Enfin, faites glisser l'image dans l'espace au-dessus du premier paragraphe.
- Positionnez l'image exactement au centre et en haut par rapport aux marges : cliquez droit sur l'image, puis sur la commande contextuelle Taille et position... Cliquez sur l'onglet Position, puis choisissez les paramètres suivants :

- Cliquez sur [OK] pour valider.

6-Créez le texte WordArt : Temps libre

Cliquez dans le deuxième paragraphe vide.

- Sous l'onglet **Insertion**>groupe **Texte**, cliquez sur le bouton **WordArt**, sélectionnez dans la galerie la troisième vignette de la troisième rangée. L'objet texte est créé, avec un texte de remplissage `Votre texte ici`, remplacez ce texte en saisissant à la place `Temps Libre`.

CAS 9 : LETTRE D'INFORMATION

L'objet texte WordArt est flottant et actuellement positionné sous le deuxième paragraphe. Dans l'objet WordArt, le texte peut être formaté comme un paragraphe du document.

- Pour incurver le texte : cliquez dans le texte WordArt, puis sur le Ruban sous l'onglet **Outils de dessin/Format**>groupe **Styles WordArt**, cliquez sur le bouton **Effet du texte** puis sur Transformer. Dans la galerie sous Déformation, cliquez sur la première vignette de la deuxième rangée.

- Faites glisser la poignée de redimensionnement de couleur mauve sur la gauche de l'objet pour augmenter l'incurvation du texte.
- Faites glisser l'objet WordArt en position sur l'image précédemment insérée.

7-Créez le sous-titre

- Dans le premier paragraphe, saisissez `Une publication du Comité d'Entreprise` puis formatez les caractères de ce titre en taille `14` et centrez le paragraphe.

8-Créez le titre de l'article et les colonnes

- Tapez sur `Ctrl`+`Fin` pour aller à la fin du document.
- Tapez `Découvrez le pays du sourire` terminez par `↵`.
- Formatez les caractères que vous avez saisis en taille *24*, italique et gras, et centrez le paragraphe, définissez un espace après de *2 cm*.
- Appuyez sur `Ctrl`+`Fin` et insérez un paragraphe vide par `↵`.

9-Créez une section avec des colonnes

- Sélectionnez la marque de paragraphe de l'avant-dernier paragraphe, il est préférable que vous affichiez les marques de paragraphe si ce n'est pas déjà fait, puis cliquez dans la marge en face de la marque à sélectionner.
- Sous l'onglet **Mise en page**>groupe **Mise en page**, cliquez sur le bouton **Colonnes**, puis sélectionnez *Deux* dans le menu.

Une section à deux colonnes a été créée, elle n'est pas encore visible à l'écran tant que vous n'avez pas saisi de texte dans cette section, mais en passant en affichage *Brouillon* vous verrez les marques de section :

- Cliquez sur l'icône d'affichage *Brouillon* sur la barre d'état.

10-Insérez le texte d'un fichier

Vous allez récupérer le texte de cette lettre d'information. Il a déjà été saisi dans un fichier et se trouve dans le dossier `C:\Exercices Word 2010`, sous le nom `cas9`.

CAS 9 : LETTRE D'INFORMATION

- Cliquez dans le paragraphe de la section à deux colonnes, puis sous l'onglet **Insertion**>groupe **Texte**, cliquez sur la **flèche** sur bouton **Objet**, puis cliquez sur *Texte d'un fichier*...
  Dans le dialogue : sélectionnez le dossier `C:\Exercices Word 2010`, puis le fichier `Cas9`, cliquez sur [Insérer].

Le texte du fichier remplit alors les colonnes sur quatre pages. Passez en affichage *Page* en cliquant sur l'icône *Page* sur la barre d'état.

11-MODIFIEZ LE STYLE NORMAL

- Affichez le volet *Styles* si ce n'est pas déjà fait, cliquez droit sur le nom de style *Normal*, puis sur la commande contextuelle Modifier...

Le dialogue *Modifier le style* s'affiche.

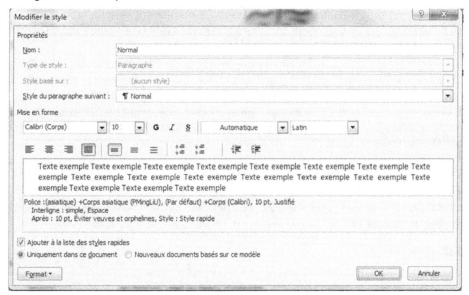

- Spécifiez la taille des caractères à 10, cliquez sur le bouton *Justifier*, puis cliquez sur le bouton [Format], puis sur *Paragraphe* et définissez <Interligne> : *Simple*, cliquez sur [OK].
- Cliquez sur [OK] pour valider.

12-ACTIVEZ LA COUPURE DES MOTS AUTOMATIQUE

Pour demander à Word de proposer de couper en fin de ligne, car par endroits la justification du texte n'est pas très esthétique.

- Sous l'onglet **Mise en page**>groupe **Mise en page**, cliquez sur le bouton **Coupure des mots**, puis sur Automatique.

13-CRÉEZ UNE LETTRINE AU DÉBUT DU TEXTE

- Cliquez dans le premier paragraphe de plusieurs lignes du texte en colonne.
- Sous l'onglet **Insertion**>groupe **Texte**, cliquez sur le bouton **Lettrine** et dans le menu cliquez sur le choix Dans le texte.

CAS 9 : LETTRE D'INFORMATION

14-NUMÉROTEZ LES PAGES

- Sous l'onglet **Insertion**>groupe **En-tête et pied de page**, cliquez sur le bouton **Numéro de page**, puis sur Bas de page, dans la galerie : sous la section Avec des Formes cliquez sur *Cercle*.

- Cliquez sur l'icône *Page* dans la barre d'état pour repasser en affichage *Page*.

15-AUGMENTEZ LA TAILLE DE LA MARGE DU BAS DE PAGE

Le graphisme rond avec le numéro de page est centré verticalement et horizontalement dans la marge du bas de page. Ce graphisme doit être suffisamment éloigné du bord de la feuille pour que votre imprimante puisse l'imprimer.

- Passez en affichage aperçu avant impression, choisissez l'imprimante que vous allez utiliser, puis voyez si le graphisme apparaît rogné vers le bas. Si c'est le cas, augmentez la taille de la marge basse à *4 cm*. Pour cela, sélectionnez tout le document (car il contient plusieurs sections), puis sous l'onglet **Mise en page**>groupe **Mise en page**, cliquez sur le **lanceur** du groupe ; sous l'onglet Marges, spécifiez 3cm dans la zone <Bas> ; sous l'onglet Disposition, spécifiez 3cm dans la zone <Pied de page>.

16-CRÉEZ UNE LIGNE SÉPARATRICE DES COLONNES

- Sous l'onglet **Mise en page**>groupe **Mise en page**, cliquez sur le bouton **Colonnes** puis sur la commande Autres colonnes..., dans le dialogue *Colonnes* : cochez la case <☑ Ligne séparatrice> et spécifiez un espacement 1cm (au lieu de 1,25), cliquez sur [OK] pour valider.

17-POUR TERMINER

- Enregistrez le document sous le nom LettreCE09, dans le dossier C:\Exercices Word 2010.
- Vérifiez la mise en page sur l'aperçu avant impression.
- Imprimez le document.
- Fermez le document.

Legrand – 1er trimestre

1 – Ventes par pays (K€)

PAYS	Janvier	Février	Mars
France	6450	5449	3897
Espagne	1278	1178	1059
Italie	2155	2356	2214
Portugal	956	1359	1263
TOTAL	10.839	10.342	8.433

2 – Ventes par produits (K€)

PRODUITS	Janvier	Février	Mars
Unités centrales	3.540	4.120	2.040
Périphériques	2.424	2.150	1.580
Logiciels	2.550	2.212	1.563
Prestations	2.320	1.860	3.250
TOTAL	10.834	10.342	8.433

CAS 10 : TABLEAUX, CALCULS ET GRAPHIQUES

Fonctions utilisées

– *Tableaux*
– *Styles de tableau*
– *Calcul de somme*

– *Graphiques*
– *Format des caractères*
– *Bulle de légende*

20 mn

Vous allez créer et mettre en forme deux tableaux comportant des calculs. Vous représenterez les données du second tableau par un diagramme.

1-Créez le nouveau document

- ■ [Ctrl]+N ou cliquez sur l'onglet **Fichier** puis sur **Nouveau**, puis sur l'icône [Créer].
- ■ Saisissez le titre legrand - 1er trimestre[↵].

Notez que, lors de la frappe, le « l » minuscule a été changé automatiquement en « L » majuscule, et les caractères er après le 1 ont été mis en exposant, c'est une option de Word.

- ■ Sélectionnez ce texte, mettez les caractères en taille 18, gras et centrez le paragraphe.

2-Créez le premier tableau

- ■ Appuyez sur [Ctrl]+[Fin] pour aller à la fin du document.
- ■ Saisissez le titre du premier tableau : 1 - Ventes par pays (K€) [↵].
  (symbole de l'euro, [AltGr]+E).
- ■ Sélectionnez ce titre, mettez-le en gras, en taille 14.
- ■ Tapez [Ctrl]+[Fin] pour aller à la fin du document.
- ■ Sous l'onglet **Insertion**>groupe **Tableaux**, cliquez sur le bouton **Tableau**, amenez le pointeur sur la case de la sixième ligne et quatrième colonne dans la grille du menu, cliquez sur la case.
- ■ Saisissez les informations dans le tableau en utilisant 🔁 pour passer à la cellule suivante.

PAYS	Janvier	Février	Mars
France	6445	5449	3897
Espagne	1278	1178	1059
Italie	2155	2356	2214
Portugal	956	1359	1263
TOTAL			

3-Mettez en forme le tableau avec un style de tableau

- ■ Cliquez dans le tableau, sous l'onglet **Outils de tableau/ Création**>groupe **Options de Style de tableau** cochez les cases <☑ **Ligne d'en-tête**>, <☑ **Ligne total**>, <☑ **Première colonne**>. Puis dans le groupe **Styles de tableau**, cliquez sur le bouton ❶ pour agrandir la galerie des styles de tableau et sélectionnez le style : sous Préfini, sur la 5ᵉ rangée, la 6ᵉ vignette.

Un style de tableau définit une mise en forme d'ensemble du tableau, avec une différenciation optionnelle des cellules de la première ligne, de la ligne des totaux, de la première colonne et de la dernière colonne.

- ■ Dans le groupe **Options de style de tableau** : décochez la case <☐ **ligne Total**> puis la case <☐ Première colonne>, constatez l'effet immédiat sur le tableau, cochez à nouveau ces cases.

CAS 10 : TABLEAUX, CALCULS ET GRAPHIQUES

4-Calculez les totaux

- Placez le point d'insertion dans la cellule du premier total : colonne `Janvier`, cellule B6.
- Sous l'onglet **Outils de tableau/Disposition**>groupe **Données**, cliquez sur le bouton **Formules**, dans le dialogue *Formule* : la zone <Formule> est préremplie par une formule faisant la somme des cellules au-dessus, dans la zone <Format de nombre> : sélectionnez le format, cliquez sur [OK].

> Le format des totaux est # ##0
> (# indique une position numérique si le nombre est suffisamment grand, et l'espace indique le séparateur des milliers).

- Répétez cette action pour la cellule C6 : cliquez dans la cellule C6 puis cliquez sur le bouton *Répéter* de la barre d'outils *Accès rapide*.
- Répétez ensuite la même action dans la cellule D6.

Vous auriez pu saisir la formule `=SUM(B2:B5)` ou `B2+B3+B4+B5` mais il n'aurait alors pas été possible de répéter l'action, car dans la cellule C6 il aurait fallu saisir `=SUM(C2:C5)`.

- Sélectionnez les cellules contenant les nombres et les totaux et alignez-les à droite : cliquez sur le bouton **Au centre à droite**, sous **Outils de tableau/Création**>groupe **Alignement**.

Notez que, si vous modifiez une cellule, le total de la colonne n'est pas modifié immédiatement, vous devez recalculer la formule : cliquez dans le total puis tapez sur la touche F9.

Notez aussi que vous pouvez saisir les nombres avec l'espace insécable comme séparateur décimal (si l'espace a été défini comme séparateur décimal dans les options régionales de Windows). Mais si vous saisissez les nombres avec un séparateur décimal non défini dans les options, les formules de calcul du tableau ne reconnaîtront pas ces nombres, et leur résultat sera erroné.

PAYS¤	Janvier¤	Février¤	Mars¤	¤
France¤	6 445¤	5 449¤	3 897¤¤	
Espagne¤	1 278¤	1 178¤	1 059¤¤	
Italie¤	2 155¤	2 356¤	2 214¤¤	
Portugal¤	9 56¤	1 359¤	1 263¤¤	
TOTAL¤	10 834¤	10 342¤	8 433¤¤	

¶

5-Créez le second tableau

- Appuyez sur Ctrl+Fin pour aller à la fin du document, insérez un paragraphe vide.
- Saisissez le titre du second tableau : `2 - Ventes par produits (K€)` ↵.
- Appuyez sur Ctrl+Fin pour aller à la fin du document.
- Sous l'onglet **Insertion**>groupe **Tableaux**, cliquez sur le bouton **Tableau**, puis sur Insérer un tableau..., dans le dialogue spécifiez six lignes et quatre colonnes, cliquez sur [OK].
- Saisissez les données dans le tableau, sauf les totaux.

PRODUITS	Janvier	Février	Mars
Unités centrales	3540	4120	2040
Périphériques	2424	2150	1580
Logiciels	2550	2212	1563
Prestations	2320	1860	3250
TOTAL			

- Calculez les totaux de chaque colonne comme pour le premier tableau.

CAS 10 : TABLEAUX, CALCULS ET GRAPHIQUES

- Mettez en forme le tableau comme le tableau précédent : choisissez le style, alignez les nombres à droite et au centre vertical des cellules, enfin insérez des espaces insécables comme séparateurs des milliers dans les nombres des quatre premières lignes.
- Recopiez la mise en forme du titre 1 - Ventes par pays sur le titre 2 - Ventes par produits : cliquez dans la marge devant le titre du premier tableau (pour le sélectionner), puis sous l'onglet **Accueil**>groupe **Presse-papiers**, cliquez sur le bouton **Reproduire la mise en forme** (Ctrl + Maj +C) puis cliquez dans la marge devant le titre du deuxième tableau.

La mise en forme du premier titre est reproduite sur le deuxième.

- Appuyez sur Ctrl + Fin pour aller à la fin du document, insérez un paragraphe vide.

6-CRÉEZ LE DIAGRAMME POUR LES DONNÉES DU PREMIER TABLEAU

Dans notre cas, Excel 2010 est installé et vous travaillez format au Word 2007/2010 (.docx). Si vous travaillez dans le format des versions antérieures à 2007, c'est Microsoft Graph qui sert à construire les graphiques.

- Cliquez dans le paragraphe sous le premier tableau et insérez un paragraphe vide.
- Sous l'onglet **Insertion**>groupe **Illustrations** cliquez sur le bouton **Graphique**, dans le dialogue *Insérer un graphique*, sélectionnez le type de diagramme *Barres* dans le volet gauche, puis sélectionnez la miniature du diagramme souhaité dans la galerie à droite, cliquez sur [OK].

Une feuille de calcul Excel s'ouvre avec un tableau de données exemples, tandis qu'un graphique est créé dans le document Word. Les deux fenêtres Word et Excel sont affichées en mosaïque à l'écran.

Il faut saisir vos données à la place des données exemples ; pour aller plus vite copiez/collez vos données du tableau Word dans la feuille Excel à la place des données exemples :

- Dans la fenêtre Word, sélectionnez les cinq premières lignes du premier tableau Word et cliquez sur le bouton **Copier** (onglet **Accueil**>groupe **Presse-papiers**), puis dans la fenêtre Excel sélectionnez un nombre de cellules équivalent dans la zone de données exemples de la feuille Excel, puis dans Excel sous l'onglet **Accueil**>groupe **Presse-papiers**, cliquez sur la **flèche** du bouton **Coller** puis sur Collage spécial..., puis sur Texte.

Le graphique dans le document Word s'actualise en fonction des données de la feuille Excel.

- Fermez la fenêtre Excel.

Le graphique et les données Excel sont incorporés au document Word.

7-CRÉEZ LE DIAGRAMME POUR LES DONNÉES DU SECOND TABLEAU

Procédez de la même façon pour représenter les données du second tableau :

- Insérez le graphique, faites un copier/Collage spécial en format *Texte* des données du tableau Word dans la zone exemple de la feuille Excel.

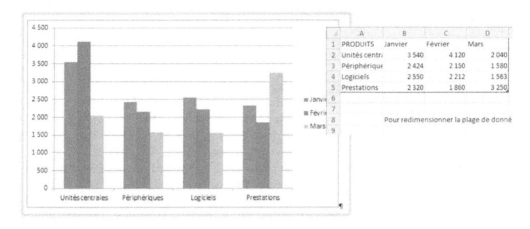

Pour redimensionner la plage de donné

8-CHANGEZ LE TYPE DE GRAPHIQUE

- Cliquez sur le graphique, puis sous l'onglet **Outils de graphique/Création**>groupe **Type**, cliquez sur le bouton **Modifier le type de graphique** ou cliquez droit sur le graphique puis sur la commande contextuelle Modifier le type de graphique...
- Dans le dialogue *Modifier le type de graphique* : sélectionnez un autre type de graphique et une autre variante, cliquez sur [OK].
- Essayez plusieurs types de graphique et plusieurs variantes.

9-CHANGEZ LE SENS DES SÉRIES

L'objectif est d'afficher sur l'axe horizontal les noms des mois et les pays en légende.

- Cliquez sur l'objet graphique, sous l'onglet **Outils de graphique/Création**>groupe **Données**, cliquez sur le bouton **Intervertir les lignes et les colonnes ❶**.

10-APPLIQUEZ UNE DISPOSITION AU GRAPHIQUE

Une disposition définit la présence et l'emplacement des titres, des légendes sur le graphique, plutôt que d'avoir à les définir et à les positionner un par un par les commandes.

- Cliquez sur l'objet graphique, puis sous l'onglet **Outils de graphique/Création**>groupe **Dispositions de graphique**, cliquez sur la case ❷ pour agrandir la galerie des dispositions prédéfinies, puis sélectionnez une vignette représentant la disposition que vous voulez.

11-APPLIQUEZ UN STYLE AU GRAPHIQUE

Un style définit des couleurs et des reliefs assortis pour les séries du graphique.

- Cliquez sur l'objet graphique, puis sous l'onglet **Outils de graphique/Création**>groupe **Styles du graphique**, cliquez sur la case ❸ pour agrandir la galerie des styles du graphique, puis sélectionnez la vignette représentant un style que vous voulez.

12-FORMATEZ LES AXES ET LA LÉGENDE

- Cliquez sur le graphique, puis cliquez droit sur l'axe vertical, puis sur la commande contextuelle Police..., spécifiez la taille 11, l'attribut <☑ Petites majuscules>, cliquez sur [OK], faites de même sur l'axe des abscisses.
- Cliquez droit sur la légende, puis spécifiez la taille de caractère 12.

CAS 10 : TABLEAUX, CALCULS ET GRAPHIQUES

13-EFFECTUEZ DES MODIFICATIONS SUR LES DEUX GRAPHIQUES

- Exercez-vous à modifier le texte des titres, à changer les polices des axes et des légendes, à changer le type de diagramme, à changer le sens des séries... Tout ceci vaut une petite exploration.

- Vous pouvez ensuite vous exercer à modifier les couleurs des formes graphiques des séries : cliquez sur une des formes de série pour la sélectionner, cliquez droit sur cette même forme puis sur Mettre en forme une série de données..., dans le dialogue cliquez sur *Remplissage* dans le volet gauche, puis cochez <⊙ Remplissage uni> dans le volet droit et choisissez la couleur Orange du thème, cliquez sur [OK].

- Affichez les étiquettes pour cette série : sous l'onglet **Disposition**>groupe **Étiquettes**, cliquez sur le bouton **Étiquettes de données**, puis sur Bord extérieur.

14-REDIMENSIONNEZ LES GRAPHIQUES

- Cliquez sur le graphique, et faites glisser la poignée de redimensionnement du coin inférieur droit en maintenant la touche ⬆ enfoncée.

- Fixez ensuite la taille exacte du graphique : sous l'onglet **Outils de graphique/ Mise en forme**>groupe **Taille**, spécifiez **<Hauteur>** = 6,5 cm et **<Largeur>** = 15 cm.

- Cliquez dans le texte, puis diminuez la marge du bas de page à 2 cm pour que le deuxième graphique tienne sur la page : sous l'onglet **Mise en page**>groupe **Mise en page**, cliquez sur le bouton **Marges**, cliquez sur Marges personnalisées... en bas du menu, puis spécifiez <Haut> = 2 cm, <Bas> = 2 cm, cliquez sur [OK].

15-ANNOTEZ LE DIAGRAMME

Vous pouvez ajouter des dessins sur le diagramme, comme par exemple une bulle de commentaire signalant un résultat.

- Sous l'onglet **Insertion**>groupe **Illustrations**, cliquez sur le bouton **Formes**, puis sous la rubrique Bulles et légende cliquez sur la deuxième bulle *Rectangle à coins arrondis*.

- Cliquez sur l'endroit où va pointer la légende, tracez l'objet par glisser-déplacer, puis saisissez le texte : Croissance.

- Sélectionnez la bulle, sous l'onglet **Accueil**>groupe **Police**, appliquez la taille 10.

- Redimensionnez la bulle en faisant glisser les poignées, puis faites glisser la bulle à la position voulue.

- Mettez le fond transparent : sous l'onglet **Outils de dessin/Format**>groupe **Style de formes**, cliquez sur le bouton **Remplissage de forme** et choisissez Aucun remplissage. Attention, si le texte Croissance disparaît, c'est que la couleur de la police est blanche, à vous de modifier la couleur de police dans la forme.

- Tracez le contour en pointillé : sous l'onglet **Outils de dessin/Format**>groupe **Style de formes**, cliquez sur le bouton **Contour de forme** et appliquez des pointillés.

16-POUR TERMINER

- Enregistrez sous le nom Tableaux, dans le dossier C:\Exercices Word 2010.
- Effectuez un aperçu avant impression.
- Imprimez le document.
- Fermez le document.

Planning de la salle de réunion
15 au 19 septembre

		Lundi	Mardi	Mercredi
MATIN	9-10			
	10-11			
	11-12			
APRÈS-MIDI	14-15			
	15-16			
	16-17			

		Jeudi	Vendredi	Samedi
MATIN	9-10			
	10-11			
	11-12			
APRÈS-MIDI	14-15			
	15-16			
	16-17			

CAS 11 : TABLEAU DE PLANNING

Fonctions utilisées

– *Tableau au crayon et à la gomme*　　– *Bordure et trame*
– *Construction d'un tableau*　　　　　　– *Orientation dans les cellules*
– *Orientation en mode paysage*　　　　 – *Insertion d'images*

20 mn

Le planning hebdomadaire que vous allez réaliser est un tableau imprimé en orientation *Paysage* et illustré par une image.

1-CRÉEZ ET METTEZ EN PAGE LE DOCUMENT

- `Ctrl`+N pour créer un nouveau document vierge sur le modèle `Normal.dotm`.
- Sous l'onglet **Mise en page**>groupe **Mise en page**, cliquez sur le bouton **Marges**, puis sur la commande Marges personnalisées. Dans le dialogue, commencez par cliquer sur l'icône d'orientation *Paysage* ❶, puis seulement ensuite spécifiez les marges ❷. Car lorsque vous changez l'orientation, vous inversez en même temps les valeurs des marges.

- Vérifiez que la page est bien orientée en paysage par l'aperçu avant impression, en cliquant sur le bouton approprié de la barre d'outils *Accès rapide*. Revenez à l'affichage *Page*, en tapant sur `Echap` ou en cliquant sur n'importe quel onglet du Ruban.
- Enregistrez sous le nom de fichier `Planning` dans le dossier `C:\Exercices Word 2010`.

2-SAISISSEZ ET METTEZ EN FORME LE TITRE

- Saisissez les deux lignes du titre dans un même paragraphe : `Planning de la salle de réunion`⇧+↵ `Semaine du 15 au 19 septembre`↵.
- Cliquez dans une des lignes du titre, appuyez sur `Ctrl`+E pour centrer.
- Sélectionnez tout le texte de la première ligne de titre, appuyez sur `Ctrl`+`Maj`+B pour mettre en gras, appuyez sur ⇧+`F3` pour mettre en majuscules, sous l'onglet **Accueil**>groupe **Police** sélectionnez la taille 22. Mettez les caractères de deuxième ligne du titre en taille 16.
- Formatez le paragraphe titre avec un espace après de 0,5 cm.
- Appuyez sur `Ctrl`+`Fin` pour aller à la fin du document.

3-INSÉREZ UN TABLEAU ET AJUSTEZ LES HAUTEURS DE LIGNE

Avant de construire un tableau compliqué, il est préférable de concevoir sa structure finale par un tracé au crayon sur un papier, car s'il est facile de construire un tableau élaboré, il est plus difficile d'y apporter des changements de structure.

- Appuyez sur `Ctrl`+`Fin` pour aller à la fin du document.
- Insérez un tableau initial de 6 lignes et 4 colonnes.

CAS 11 : TABLEAU DE PLANNING

- Sélectionnez les cellules d'une colonne entière, sous l'onglet **Outils de tableau/Disposition**>groupe **Taille** de la cellule, spécifiez une hauteur de 1cm dans la zone **<Tableau Hauteur Ligne>**.
- Réglez les hauteurs des lignes 2, 3, puis 5, 6 : sélectionnez d'abord un bloc de cellules couvrant les lignes 2 et 3, sous l'onglet **Outils de tableau/Disposition**>groupe **Taille** de la cellule, spécifiez une hauteur de 3cm dans la zone **<Tableau Hauteur Ligne>**, recommencez avec un bloc de cellules couvrant les lignes 5 et 6.

4-SAISISSEZ ET METTEZ EN FORME LES TITRES DE COLONNE

- Tapez les noms des jours dans les colonnes 2, 3 et 4 du tableau : Lundi, Mardi, Mercredi.
- Sélectionnez les cellules de la première ligne et cliquez sur le bouton **Centrer** du groupe **Alignement**, appuyez sur ⌨Ctrl+⇧+B pour mettre en gras, puis appuyez sur ⌨Ctrl+⇧+E pour afficher le dialogue *Police* puis spécifiez une taille de caractère de 14.
- Répétez les mêmes opérations (saisie et mise en forme) sur la quatrième ligne, dans laquelle vous saisissez : Jeudi, Vendredi, Samedi. Pour mettre en taille 14, cliquez deux fois sur le bouton **Agrandir la police** (onglet **Accueil**>groupe **Police**).

5-GRISEZ LE FOND DES CELLULES

- Sélectionnez les cellules de la première ligne du tableau, sous l'onglet **Outils de tableau/Création**>groupe **Styles de tableau**, cliquez sur la flèche du bouton **Trame de fond**, et sélectionnez la couleur de première colonne du thème *Blanc, Arrière-plan 1, plus sombre 25 %*.
- Répétez cette action pour la troisième ligne : sélectionnez la troisième ligne en entier, puis cliquez sur le bouton *Répéter* de la barre d'outils *Accès rapide*.

6-SAISISSEZ ET ORIENTEZ LE CONTENU DE LA PREMIÈRE COLONNE

- Tapez dans la première colonne les titres Matin dans la cellule A2 et Après-midi dans la cellule A3. Sélectionnez les deux cellules A2 et A3, puis appuyez sur ⌨Ctrl+⇧+P pour afficher le dialogue *Police* et spécifiez l'attribut <☑ Majuscules>, <Taille> *14*, <Style de police> *Italique*. cliquez sur [OK].
- Sélectionnez les deux premières cellules contenant le texte MATIN et APRÈS-MIDI en faisant glisser le pointeur sur elles. Cliquez droit sur la sélection, puis sur Orientation du texte... cliquez ensuite sur la vignette représentant l'orientation voulue, validez par [OK].

Vous pouvez aussi cliquer deux fois sur le bouton **Orientation du texte** (sous l'onglet **Outils de tableau/Disposition**>groupe **Alignement**).

- Copiez-collez les cellules A2 A3 dans les cellules A5 :A6.

7-DÉFINISSEZ LA LARGEUR DE LA PREMIÈRE COLONNE

- Sélectionnez toute la première colonne, puis sous l'onglet **Outils de tableau/Disposition**>groupe **Taille de la cellule**, spécifiez la largeur 1cm dans la zone **<Tableau Largeur de colonne>**.

La largeur de la première colonne étant diminuée, la largeur du tableau a été diminuée d'autant.

8-CENTREZ LE TABLEAU ENTRE LES MARGES DE LA PAGE

- Cliquez dans le tableau, puis sous l'onglet **Outils de tableau/Disposition**>groupe **Tableau**, cliquez sur le bouton **Propriétés**, puis dans le dialogue *Propriétés du tableau*, cliquez sur l'onglet Tableau puis double-cliquez sur la vignette *Centré*.

9-DÉFINISSEZ LES LARGEURS DES COLONNES DES JOURS

- Sélectionnez les colonnes entières 2, 3 et 4, sous l'onglet **Outils de tableau/Disposition**>groupe **Taille de la cellule**, dans la zone **<Tableau Largeur de colonne>** spécifiez la largeur 7,5cm.

10-UTILISEZ LE CRAYON POUR FRACTIONNER LES CELLULES SOUS LES JOURS

- Sous l'onglet **Outils de tableau/Création**>groupe **Traçage des bordures**, cliquez sur le bouton **Dessiner un tableau**. Le pointeur se transforme en crayon, faites glisser sans arrêt le crayon sur toute la largeur des trois colonnes pour tracer des bordures horizontales, de façon à fractionner les cellules en trois.

- Spécifiez une hauteur exacte de 1 cm pour toutes les cellules obtenues par fractionnement : sélectionnez les cellules fractionnées, puis sous l'onglet **Outils de tableau/Disposition**>groupe **Taille de la cellule**, spécifiez une hauteur de 1cm dans la zone **<Tableau Hauteur de ligne>**.

11-UTILISEZ LA GOMME POUR FUSIONNER DES CELLULES

À titre d'exercice, vous allez utiliser la gomme pour fusionner les cellules précédemment créées par fractionnement :

- Sous l'onglet **Création**>groupe **Traçage des bordures**, cliquez sur le bouton **Gomme**, le pointeur se transforme en gomme, cliquez sur les bordures que vous voulez supprimer... Dans cet exercice, supprimez les deux bordures intermédiaires en regard de MATIN et de APRÈS-MIDI. Terminez en cliquant sur Echap.
- Retracez les lignes de fractionnement, d'une hauteur de 1cm, telles qu'elle étaient.

12-MODIFIEZ L'ÉPAISSEUR D'UNE BORDURE

- Pour épaissir la bordure séparant les cellules du MATIN de celles de l'APRÈS-MIDI pour les Lundi, Mardi, Mercredi : sélectionnez toutes les cellules au-dessus de la ligne à épaissir, puis sous l'onglet **Création**>groupe **Styles de tableau**, cliquez sur la **flèche** du bouton **Bordures**. Cliquez sur la commande Bordure et trame.... Dans le dialogue, cliquez sur la bordure du bas, sélectionnez l'épaisseur de la bordure *2 ¼ pt*, puis cliquez à nouveau sur la bordure du bas de la vignette, cliquez sur [OK] pour valider.
- Répétez ces actions pour épaissir la bordure séparant les cellules du MATIN de celles de l'APRÈS-MIDI pour Jeudi, Vendredi, Samedi.

13-FRACTIONNEZ DES CELLULES EN DEUX À LA VERTICALE

Vous allez utiliser une méthode différente de celle du crayon vue précédemment.

- Sélectionnez les deux cellules sous *Lundi*, puis sous l'onglet **Disposition**>groupe **Fusionner**, cliquez sur le bouton **Fractionner les cellules**.

CAS 11 : TABLEAU DE PLANNING

- Laissez le nombre de colonnes à 2 pour scinder les cellules en deux, cliquez sur [OK].
- Sélectionnez les six cellules de gauche obtenues par fractionnement, sous l'onglet **Disposition**>groupe Taille de la cellule, la zone **<Tableau Largeur de colonne>** indique 3,5 cm (la moitié des 7 cm des cellules avant le fractionnement).
- Amenez le pointeur sur leur bordure verticale de droite, cliquez et faites glisser cette bordure vers la gauche jusqu'à ce que les cellules à sa gauche aient une largeur de 1,4 cm.
- Recommencez ces opérations sur les cinq cellules, sous *Mardi, Mercredi, Jeudi, Vendredi, Samedi.*

14-CENTREZ TOUTES LES CELLULES DU TABLEAU

- Sélectionnez toutes les cellules du tableau, puis sous l'onglet **Disposition**>groupe **Alignement** cliquez sur le bouton **Centrer** qui centre horizontalement et verticalement dans la cellule.

15-PLACEZ UNE IMAGE EN HAUT DE LA FEUILLE

- Appuyez sur [Ctrl]+[↖] une fois pour aller au début du document.
- Sous l'onglet **Insertion**>groupe **Illustrations**, cliquez sur le bouton **Image**, et sélectionnez le dossier `C:\Exercices Word 2010` puis le fichier `Salle.jpg`, cliquez sur [Insérer].

L'image est insérée dans le document dans le paragraphe, à l'endroit du point d'insertion.

- Cliquez droit sur l'image, puis sur Taille et position… Dans le dialogue, sous l'onglet Taille dans la zone <Hauteur> tapez 40 (implicitement c'est 40 %), puis tapez sur la touche [↹], l'échelle 40 % est définie à la fois en hauteur et en largeur, cliquez sur [OK] pour valider.
- Cliquez droit sur l'image, puis sur Taille et position… Dans le dialogue, sous l'onglet Habillage du texte cliquez sur l'icône *Devant le texte* pour rendre l'image flottante, puis faites glisser l'image en haut et à droite de la zone de texte de la page, aligné à gauche de la marge de gauche.

Vous trouverez sur Microsoft Office.com des images clipart à télécharger pour illustrer vos documents.

16-ÉTENDEZ LE TABLEAU SUR TOUTE LA LARGEUR DE PAGE

- Cliquez dans le tableau, puis sous l'onglet **Disposition**>groupe **Taille de la cellule**, cliquez sur la flèche du bouton **Ajustement automatique**, puis sur Ajustement automatique de la fenêtre.

Le tableau s'étend sur toute la largeur entre les marges de la page, en respectant les proportions des largeurs de cellule.

17-SAISISSEZ LES PLAGES HORAIRES

- Saisissez les plages horaires dans les six cellules en colonne sous Lundi, puis sélectionnez ces cellules et copiez/collez leur contenu dans les cellules correspondantes sous les autres jours.

18-POUR TERMINER

- Saisissez les réservations et les noms des personnes dans les cellules du tableau.
- Enregistrez le document sous le nom Planning, dans le dossier `C:\Exercices Word 2010`.
- Faites un aperçu avant impression.
- Imprimez le document, fermez le document.

Index

© Tsoft/Eyrolles – Word 2010 Initiation